高等教育发展学术论丛

中国高等职业教育发展的经济学研究

唐文忠◎著

ECONOMICS STUDIES ON
THE HIGHER VOCATIONAL EDUCATION
DEVELOPMENT IN
CHINA

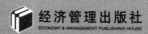
经济管理出版社
ECONOMY & MANAGEMENT PUBLISHING HOUSE

图书在版编目（CIP）数据

中国高等职业教育发展的经济学研究 / 唐文忠著 . —北京：经济管理出版社，2020.9
ISBN 978-7-5096-7527-4

Ⅰ . ①中…　Ⅱ . ①唐…　Ⅲ . ①高等职业教育—发展—关系—中国经济—经济发展—研究　Ⅳ . ① G718.5 ② F124

中国版本图书馆 CIP 数据核字（2020）第 168946 号

组稿编辑：王光艳
责任编辑：魏晨红
责任印制：黄章平
责任校对：王纪慧

出版发行：经济管理出版社
　　　　　（北京市海淀区北蜂窝 8 号中雅大厦 A 座 11 层　　100038）
网　　　址：www.E-mp.com.cn
电　　　话：（010）51915602
印　　　刷：唐山昊达印刷有限公司
经　　　销：新华书店
开　　　本：710mm×1000mm / 16
印　　　张：16.5
字　　　数：288 千字
版　　　次：2020 年 11 月第 1 版　2020 年 11 月第 1 次印刷
书　　　号：ISBN 978-7-5096-7527-4
定　　　价：68.00 元

序一

中国高等职业教育是以 1400 多所高职院校的体量存在于中国广袤国土上的一种教育，是与中国改革开放同步发展起来的一种教育。我以为，中国教育能够走向世界，能够为世界做出贡献的，很可能首先是中国的职业教育，尤其是中国的高等职业教育。

这是因为，中国高等职业教育有庞大的数量规模和迅猛的成长速度，特别是其伴随中国 40 多年成为世界第二大经济体的同步发展历程都在告诉世人：之所以能够得以生存，必然有其赖以生存的道理，而其之所以还能得以发展，也必然有其发展的规律。

高等职业教育的产生与发展，彰显了其独特的规律：不仅跨越了企业和学校的界限，更关注现代企业与现代学校发展理念的融合；而且跨越了工作和学习的界限，实现了"做中学"与"学中做"学习途径的融合；同时还跨越了职业与教育的界域，实现了职业发展规律与教育发展规律的融合。

由此，作为与经济结合最为紧密的一种教育，职业教育具有明显的跨界性，必须从经济与教育这两个维度去思考、去定位、去规划职业教育自身的坐标。一方面，职业教育要坚持以服务发展为宗旨、以促进就业为导向的社会功能和经济功能，由此必须满足社会和经济发展的需求；另一方面，职业教育还要坚守对受教育者的职业生涯设计和职业能力培养的教育功能，由此又必须满足受教育者个性发展和教育发展的需求。

作为跨界的教育，职业教育在多年发展的历史进程中，逐步形成了"校企合作、工学结合"的办学模式。2014 年，国务院召开了 21 世纪以来的第三次职业教育工作会议，习近平总书记对职业教育做了专门批示，指出职业教育要做到"产教融合、校企合作、工学结合、知行合一"。尤其在 2019 年初，国务院发布的《国家职业教育改革实施方案》明确指出："职业教育与普通教育是两种不同教育类型，具有同等重要地位。"尽管改革开放 40 多年来，职业教育为国家现代化做出了不可磨灭、不可替代、不可或缺的作用；尽管当今中国生产、服务与管理一线的高素质劳动者和技术技能人才70%来自职业院校，但是《国家职业教育改革实施方案》仍强调指出，"我国职业教育还存在着体系建设不够完善、职业技能实训基地建设有待加强、制度标准不够健全、企业参与办学的动力不足、有利于技术技能人才成长的配套政策尚待完善、办学和人才培养质量水平参差不齐等问题"。

基于此，我们必须对此进行反思：长期以来，我们只是在教育、学校和教育科学的"围城"里思索职业教育的发展，始终未能"跳出教育看教育、跳出学校看学校、跳出教育科学来看教育科学"，不能不说，这折射出我们对跨界教育研究的贫乏和缺位。

作为人力资源供给侧的我国高等职业教育，如何突破传统普通教育惯性思维的藩篱和定界视野的束缚，勇于正视和解决这些亟待解决的问题，就成为现实对一种新的跨界思考的呼唤。

值得庆幸的是，唐文忠博士审时度势，从经济学的视角来研究我国高等职业教育，其撰写的《中国高等职业教育发展的经济学研究》从理论和实证两个方面极有见地地提出了相应的对策建议，具有很强的理论意义与实践价值，体现了作者深厚的研究功力和严谨的治学态度。这使我倍感欣喜与欣慰，于是欣然写下几句话并以此为序。

本书的最大亮点在于，唐文忠博士不是基于传统的教育思维定式，而是从经济学的视域来研究职业教育的，并由此形成了一种跨界教育的研究范式。这一研究视角的可贵之处就在于正当我们囿于传统教育研究范式的桎梏，以致陷入一种"山重水复疑无路"之时，它却给人以"柳暗花明又一村"之感。这表明，跨界不仅体现在职业教育办学模式、课程模式、教学模式的跨界，而且还体现在职业教育研究的跨界。

唐文忠博士的跨界研究，其选取的第一维度是基于经济学视野对职业教育进行的历时性观察，即从历史沿革来看，"以铜为鉴，可以正衣冠；以人为鉴，可以明得失；以史为鉴，可以知兴替"。马克思主义经济学长期以来指导着我国的经济发展，其博大精深的理论需要我们不断去深度挖掘和学习探究。本书在考察与梳理了马克思主义经典作家关于职业教育发展的经济思想史后，结合西方古典和现代的经济学典籍进行了系统研究，鲜明地指出了马克思主义教育经济思想的当代价值。这种梳理有利于警醒和昭示人们，在发展高等职业教育的过程中，要理解好、应用好马克思主义教育经济思想的精髓。

唐文忠博士的跨界研究，其选取的第二维度是基于经济学视野对职业教育进行的共时性观察，即从改革开放来看，伴随着国家"一带一路"倡议与中国制造的"走出去"步伐，高职院校的国际化合作与交流也需要走出一条镌刻高职特征的"引进来"与"走出去"的协同发展之路。而如何更好地"引进来"与"走出去"，需要借鉴一些国家或地区发展高等职业教育的经验。鉴于此，本书相对完整地介绍了德国、瑞士、美国、澳大利亚、日本以及中国台湾地区职业教育的办学成果，总结了这些国家或地区结合经济发展与产业特色来发展职业教育的经验，对我国高等职业教育的未来发展具有很大的参考价值。

综上所述，本书用经济学的跨界思维去研究高等职业教育问题既有纵向的历史梳理，又有横向的国际借鉴；既有理性的思考，又有实证的调查；既有理论铺陈，又有对策建议。

在当前和今后一个时期，我国发展面临的风险及挑战前所未有，面对突如其来的新冠疫情导致的全球经济下滑，我国政府提出了增强经济发展新动能的重大措施，包括赋能智慧经济的新基建、疫情之下发挥重大经济作用的"互联网+"、为经济高质量发展带来更大可能性的数据市场，这都是具有重大实践意义的经济新课题。要继续坚持新发展理念，继续坚持以供给侧结构性改革为主线，继续坚持以改革开放为动力推动高质量发展，就需要我们打好防范化解重大风险、精准脱贫、污染防治三大攻坚战。

为此，国家进一步强调，当前要坚决实施扩大内需战略，维护经济发展和社会的稳定大局，特别是在稳就业、保就业，全面强化就业优先政策的背景下，对职业教育和职业培训提出了更加具体的任务：今明两年职业技能培训达3500万人次以上，高职院校扩招200万人，旨在使更多劳动者长技能、好就业。这就意味着，职业教育包括高等职业教育不仅是教育问题，而且已上升为服务国家宏观经济调控的首要教育举措、助力国家社会稳定治理的关键教育资源、提升国家人力资本质量的主旨教育类型，具有极其深刻的现实意义和长远意义。

这既是历史赋予高等职业教育的新使命，也是高等职业教育必须应对的新挑战，为高等职业教育创造了发展机遇和发展空间。

我相信,有一个更加广阔的中国高等职业教育的发展平台,有着坚实的科学研究成果作为支撑的作者,将在未来的行动中,继续为我国高等职业教育的发展和改革做出新的、更大的贡献。我期待着,在卓有成效的行动中,作者还会创作出更多的有价值的符合新时代要求的研究成果。

姜大源[①]

2020 年 5 月 22 日于北京

[①] 姜大源,教育部职业技术教育中心研究所研究员,原教育部职业技术教育中心研究所所长助理、《中国职业技术教育》杂志主编。现任中国职业技术教育学会常务理事、学术委员会委员,中华职教社专家委员会委员。

序二

"教育是国之大计、党之大计"，高等职业教育正在为我国经济的产业结构调整与优化升级，从而实现高质量发展培养大量技术技能型人才，特别是在中国特色社会主义进入新时代的背景下，高等职业教育在我国经济社会发展中扮演着日益重要的角色。改革开放以来，我国高等职业教育在服务经济发展过程中取得了很大的成就，为经济社会发展培养了一批又一批技术技能型人才。然而，毋庸讳言，我国高等职业教育仍存在政策机制不够完善、经费投入不够平衡、产学研合作不够深入等问题，制约了高等职业教育服务经济发展的能力。党的十八大以来，党中央、国务院高度重视职业教育发展，发布了《现代职业教育体系建设规划（2014—2020年）》（教发〔2014〕6号）、《国务院办公厅关于深化产教融合的若干意见》（国办发〔2017〕95号）、《教育部等六部门关于印发职业学校校企合作促进办法的通知》（教职成〔2018〕1号）、《国务院关于印发国家职业教育改革实施方案的通知》（国发〔2019〕4号）等一系列文件支持职业教育的发展，由此，我国高等职业教育迎来了前所未有的发展机遇。在此背景下，唐文忠博士选择了《中国高等职业教育发展的经济学研究》作为其博士论文选题，并经过进一步修改、完善，即将付梓。在我看来，此书具有以下三个突出的特点：

一、研究选题有价值

改革开放以来，中国的经济发展取得了举世瞩目的成就，高等职业教育为中国经济的腾飞、结构的调整、产业的升级培养了大量技术技能型人才，其在经济社会发展中扮演着日趋重要的角色。与此同时，当前我国高等职业教育的发展仍然滞后于经济的发展，存在一系列阻碍因素，高等职业教育未能形成与经济发展可持续的良性互动。而本书专注于这方面的研究，具有重要的理论价值与实践意义。

从理论层面来看，首先，本书系统梳理了马克思关于职业教育的相关论述。在那个年代，虽然还没有系统的职业教育，但由于工场手工业的高度发展，技术型、工艺型人才成为当时劳动者中最重要的组成部分，因此，在当时实际上已出现了职业教育的雏形。马克思虽未在相关著作中直接使用"职业教育"一词，但其关于职业教育的相关论述散见于诸多重要著作中。1847年，马克思和恩格斯在《共产党宣言》中就提出了无产阶级在取得革命胜利之后，应该"把教育同物质生产结合起来"。其后，马克思在《1857—1858年经济学手稿》《1861—1863年经济学手稿》和《资本论》等著作中提出了丰富的教育经济思想，主要包括教育的经济价值、教育与经济发展之间的关系、教育的功能、教育的投资、教育与人的全面发展等。事实上，马克思不仅提出了职业教育院校设置的雏形，还进一步明确了职业教育在经济建设中所占的重要地位。本书以马克思主义经济学有关职业教育发展的理论为基础，打破了当前西方职业教育理论的垄断地位，为进一步巩固马克思主义理论对社会主义市场经济的指导作用提供了理论依据。其次，本书关于高等职业教育的全方位研究，有利于进一步丰富经济发展理论。众所周知，人力资源是经济发展的重要动力与源泉，高等职业教育作为人力资源的培养和积累的重要内容与重要手段，对经济发展具有重要的推动作用，是实现经济发展方式转变的重要支撑。该书在这方面做了很有益的探索。

从实践层面来说，首先，本书的研究有利于进一步对我国高等职业教育发展进行合理的评价。近年来，虽然我国高等职业教育取得了一定的成绩，但是高等职业教育仍处于较低水平阶段，对经济发展的支持能力不足也是客观事实。目前，学术界对我国高等职业教育发展的成就与不足，缺少一定深度和广度的资料。本书对高等职业教育的调查研究比较详尽、全面，作者在掌握第一手大量数据的基础上对我国高等职业教育进行了合理评价，总结了经验教训，正确认识我国高等职业教育取得的成绩、存在的问题以及症结所在，提出了符合新时代经济发展要求的高等职业教育体系构想，具有较大的现实价值。其次，本书的研究内容对完善我国现代教育体系具有重要意义。高等职业教育应当成为一个国家教育体系的重要组成部分。如在德国，有70%的中学毕业生进入职业院校，而只有20%的学生进入普通大学，并且这些职业院校毕业生成为德国"经济发展的柱石和秘密武器"。然而，我国长期使高等职业教育徘徊在主流高等教育之外，许多家长与学生宁愿选择就业形势不明朗的普通高等院校，也不愿意选择具有良好职业前景的高等职业院校，使高等职业教育发展陷入恶性循环。本书提出将高等职业教育与普通高等教育并行发展，纳入主流高等教育体系，这对完善我国现代教育体系有重要意义。最后，高等职业教育的发展对新型城镇化建设有重要意义。新型城镇化是我国未来很长一段时间经济发展的重点之一。大力发展高等职业教育一方面可以为农村学生提供更丰富的教育资源，提升人力资源开发水平，从而提升农村学生就业能力；另一方面还可以为农村经济结构转化为城市经济结构与工业经济结构提供人才支持，顺利实现经济转型。发达的高等职业教育将为新型城镇化提供良好的智力、人才支持，提升新型城镇化的质量与水平。

二、应用方法有特色

本书的研究方法有四个突出的特点：一是将各种跨学科研究方法相结合。高等职业教育作为我国高等教育的重要组成部分，其发展演变与我国经济体制改革、产业结构调整、人力资源战略以及社会结构调整是密不可分的。从经济学视角研究高等职业教育，单纯运用经济学或经济史研究高等职业教育是远远不够的。该书综合运用了理论经济学、应用经济学、管理学、统计学、数量经济学、高等教育学等多门学科的知识与分析方法，并融会贯通，使研究更加科学性、全面性与客观性。二是将定量分析与定性分析相结合。在定性分析方面，书中梳理了马克思主义经典作家以及新中国成立后党和国家领导人关于职业教育与经济发展的辩证关系的一系列论述，为而后的研究提供了必要的前提。同时，本书作者在定量分析方面也着实下了一番功夫，调研、查找了我国改革开放以来经济发展与高等职业教育的相关数据与统计资料，并运用统计学方式分析了我国高等职业教育发展过程中存在的问题，材料和数据较为充实，方法规范。三是将横向比较分析与纵向比较分析相结合。本书从高等职业教育与经济发展之间的互动关系出发，以我国经济发展的阶段为基础，将我国高等职业教育划分为四个阶段。这种纵向分析科学揭示了高等职业教育与经济发展各个阶段之间的互动关系以及高等职业教育发展演变的外在动力，相对于其他同类型的研究成果，这种纵向分析更具代表性与说服力。同时，本书还对当前发达国家的高等职业教育发展进行了横向比较，全面分析评价西方发达国家德国、澳大利亚、法国、瑞士以及亚洲的日本、中国台湾地区高等职业教育的发展成绩与不足，归纳总结其发展模式，揭示高等职业教育与经济发展、社会发展的内在联系，这部分研究资料十分翔实可靠，为我国高等职业教育发展提供了重要的经验借鉴。四是将"宏大叙事"与"实证分析"相结合。职业教育是我国高等教育战略的重要组成部分，一方面，厘清我国改革开放以来职业教育发展的历史脉络，属于"宏大叙事"的范畴。从经济发展阶段以及高等教育改革的历史中研究高等职业教育，不仅需要扎实的理论功底，还要求能够准确把握我国经济发展与高等教育发展的政策走向。另一方面，作者收集了高等职业教育的发展规模、结构布局、投入产出等大量数据，综合运用时间序列与横截面分析法，总结高等职业教育的发展，挖掘其存在的不足，保证了文章分析的实证基础。此外，文章制作了丰富的图表，形象直观，有助于研究者快速清晰地了解高等职业教育各指标的变化情况。

三、提出观点有创新

当前，研究高等职业教育的成果并不少见，但将高等职业教育与经济发展相结合进行的研究却乏善可陈。因此，本书的一些见解都具有创新性。首先，从经济思想史的角度考察高等职业教育发展，重点对马克思主义经典作家的教育经济理论进行梳理，并以马克思主义经济学作为本书研究及高等职业教育发展的理论基础。目前，国内外学术界对高等职业教育经济学研究的思想史考察比较薄弱，并且主要以西方经济学特别是以人力资本理论等作为理论基础。本书则从马克思主义经济学关于教育及高等职业教育与经济关系的研究论述出发，构建以马克思主义经济学为指导，合理借鉴西方经济学有益研究成果的高等职业教育发展理论基础。其次，从经济发展阶段的角度对我国高等职业教育发展阶段进行划分。目前，学术界对高等职业教育发展阶段的划分普遍根据高等职业教育自身发展的状况进行。本书从高等职业教育与经济发展之间的互动关系出发，以我国经济发展的阶段为基础，将我国高等职业教育划分为经济恢复发展时期的高等职业教育（1978~1992年）、经济快速发展时期的高等职业教育（1992~2002年）、经济深化发展时期的高等职业教育（2002~2012年）、经济发展进入新时代时期的高等职业教育（2012年至今），真正体现了高等职业教育与经济发展之间的互动关系。最后，提出了现阶段我国高等职业教育发展必须主动适应我国经济发展新时代的观点，对经济发展新时代的典型特征"中高速、优结构、新动力"进行了深入分析，并对经济发展新时代背景下的科技发展、产业结构调整、人力资源变化、经济全球化等方面进行了研究，论述了经济发展新时代对我国高等职业教育带来的机遇与挑战，在经济发展新时代这样一个全新的背景下进行此类研究，是顺应时代潮流的全新课题。

教育事业是一项神圣而光荣的事业，只有一流的教育，才有一流的人才，才能建设一流的国家。发展高等职业教育、优化高等教育结构已成为当前我国高等教育发展的重要任务之一。在我国经济进入高质量发展的背景下，高等职业教育将在经济发展与产业结构优化升级中发挥更加重要的作用。因此，如何发展高等职业教育，使之适应我国经济发展的需要，将成为学术界长期研究的热点问题，具有十分重要的理论意义与现实意义。本书在职业教育与经济发展辩证关系的经济思想史考察、我国高等职业教育发展现状、经济发展新时代对高等职业教育发展的机遇与挑战、高等职业教育适应经济发展新时代的对策建议等方面做了一些可贵的探索，有的见解已付诸现实，成就斐然。

当然，经济发展是一个动态变化的过程，高等职业教育如何适应不断变化的经济发展本身就是一个错综复杂的问题，希望作者以该书的出版为新的起点，进一步探索高等职业教育与经济发展的新情况新问题。同时，希望作者能按照现代职业教育体系的要求，在未来向应用型本科教育进行拓展性研究的征途上，为我国高等职业教育事业发展做出更大的贡献。

是为序。

李建平[①]

2020 年春于福州

①李建平，原福建师范大学校长。现任中国特色社会主义政治经济学研究中心（福建师范大学）主任，全国经济综合竞争力研究中心福建师范大学分中心主任，教授、博士生导师，曾任理论经济学和马克思主义理论两个一级学科博士点学术带头人。福建省人民政府经济顾问、中国《资本论》研究会副会长、全国马克思主义经济学说史研究会副会长、中国经济规律研究会副会长、中国历史唯物主义学会副会长等。享受国务院特殊津贴专家、福建省优秀专家、国家有突出贡献中青年专家、中央马克思主义研究与建设工程课题组第一首席专家。

改革开放 40 多年来，中国的经济发展取得了举世瞩目的成绩，而高等职业教育无疑为中国经济的腾飞、结构的调整、产业的升级培养了大量技术技能型人才，其在经济社会发展中扮演着日趋重要的角色。党的十八大以来，我国高等职业教育迎来了前所未有的发展机遇，但也必须清醒地看到，我国高等职业教育的发展仍然滞后于经济的发展，未能形成与经济发展可持续的良性互动；社会仍然对高等职业教育持有偏见；政府对高等职业教育的引导规范作用仍有待加强；办学经费仍显不足；校企合作的广度有待拓宽，深度有待提高；教师队伍建设仍显落后。

　　本书坚持以习近平新时代中国特色社会主义思想为指导，吸收西方教育经济理论中的合理成分，在充分借鉴国内外已有研究成果的基础上，考察了马克思主义经典作家与西方近现代关于职业教育与经济辩证关系的论述。梳理了我国高等职业教育发展的历史变迁，从经济学的角度分析了我国高等职业教育发展的现状与存在的问题，并深入分析新时代下我国高等职业教育发展面临的机遇与挑战。在此基础上，考察欧洲（德国、瑞士）、美洲（美国）、澳洲（澳大利亚）、亚洲（日本、中国台湾）四大洲中高等职业教育发展得较好的国家和地区，发展高等职业教育的经验，特别是如何实现与经济发展有效契合的经验，最后提出新时代下我国高等职业教育发展的对策建议。

第一章

绪　论

第一节　选题背景

改革开放以来，我国经济发展取得举世瞩目的成就，目前已成为仅次于美国的世界第二大经济体。2008年国际金融危机爆发以来，我国面临的国内外经济形势发生了深刻的变化，经济增速放缓、产业结构亟待转型升级、"用工荒"与较高失业率现象并存、农村大量剩余劳动力需要转移。高等职业教育作为国民经济发展与产业结构转型升级的重要推动力被赋予了新的历史使命，我国高等职业（简称高职）教育发展站在了新的历史起点上。

一、现代化经济体系建设的内在使然

1978年以来，我国经济发展取得了巨大的成就，但也应当正确认识我国经济发展过程中存在的问题。长期依靠"人口红利"实现经济快速增长的发展模式面临严峻的挑战，特别是2008年美国金融危机以及欧债危机爆发以来，外需疲软、内需不振，我国经济增速不断下滑，更是对我国原有经济发展模式提出极大考验。在此背景下，应当积极推进我国经济结构调整与产业结构优化升级，建设现代化经济体系。

党的十九大报告指出："建设现代化经济体系，必须把发展经济的着力点放在实体经济上，把提高供给体系质量作为主攻方向，显著增强我国经济质量优势。"提高劳动者素质与劳动技能是建设现代化经济体系的重要支撑与着力点，高等职业教育作为提高劳动者素质与劳动技能的重要途径，理应在我国现代化经济体系建设中发挥重要作用。随着我国经济结构调整与产业结构优化升

级的不断深入，必然产生大量的高级技术人才以及各类高素质人才需求，这些高级技工及熟练工人将成为我国转变经济发展方式的重要支撑与保证。高等职业教育是开发我国人力资源，提高劳动者素质，输送生产、经营、管理、服务等各类人才的有效途径。因此，按照党的十九大报告"完善职业教育和培训体系，深化产教融合、校企合作"的要求发展高等职业教育，促进我国教育结构调整与优化，是我国建设现代化经济体系、实现高质量发展的必然要求。

二、就业市场转变的必然要求

改革开放以来，我国高等职业教育取得了较好的成绩，表现在高等职业教育体系逐步完善、招生规模不断扩大、办学质量明显提升、服务经济社会发展的能力不断增强等方面。但是 20 世纪 90 年代末大学扩招以来，我国高等职业教育发展不断被边缘化，逐渐成为我国教育体系中最为薄弱的环节，成为弱势教育，集中体现在政府投入少、教师队伍建设滞后、轻视高等职业教育观念突出、生源质量差等方面。长期形成的我国高等职业教育的弱势格局与高等职业教育本应有的地位和功能，形成了较强的反差，这种反差对我国转变经济发展方式与经济结构优化升级产生了极其不利的影响。

高等职业教育对于我国实施创新驱动发展战略，创造更大人才红利，实现转方式、调结构、促升级的目标具有十分重要的意义。党的十八大以来我国对发展现代职业教育做出了重大的战略部署与决策，使我国高等职业教育发展迎来了全新的历史时期。党的十八大报告提出"努力办好人民满意的教育……加快发展现代职业教育"，十八届三中全会《决定》提出"加快现代职业教育体系建设，深化产教融合、校企合作，培养高素质劳动者和技能型人才"，[①] 党的十九大报告指出"完善职业教育和培训体系，深化产教融合、校企合作"，为我国高等职业教育发展进一步指明了方向。2018 年 2 月，教育部等六部门印发《职业学校校企合作促进办法》的通知（教职成〔2018〕1 号），明确了职业学校校企合作的形式、促进措施及监督检查。2019 年 1 月，国务院印发了《国家职业教育改革实施方案》（国发〔2019〕4 号），提出了我国职业教育改革的 20 条措施。经济发展的需要与国家政策的大力支持，是我国高等职业教

---

① 十八届三中全会《决定》、公报、说明（全文）［EB/OL］. 东方网，http：//news.eastday.com/eastday/13news/node2/n4/n6/u7ai173782_K4.html，2014–10–24.

育发展面临的巨大的历史机遇，我国高等职业教育发展站在全新的历史起点上，必将获得快速发展。

三、高职教育发展的历史使命

1999 年后，伴随着我国普通高等教育扩招，大学入学人数急剧上升，提高了中国大学生比例，为国家培养了大批人才，对于增强我国经济发展的能力与后劲起到了巨大的作用。但是同时应当看到，由于普通大学招生规模迅速扩大、高校专业设置与市场需求错位、课程与知识较为陈旧等原因，使得大学生纷纷感叹"就业难"，并催生出"啃老族""蚁族"等社会乱象。在大学生纷纷感叹"就业难"的同时，麦肯锡全球研究院发布的《应对中国隐现的人才短缺》显示，中国"只有 10% 的大学生符合跨国公司的人才需求"。[①]虽然麦肯锡研究院的报告多少有点夸大其词的味道，但是不可否认的是，我国高等教育结构存在不少问题，这些问题已经严重影响到我国高等教育整体效益的发挥，并使大学生就业问题成为日益尖锐的社会问题。

大学生就业难的问题使社会各界开始反思我国高等教育体系的得失，同时也对社会普遍重视普通高等教育、轻视高等职业教育的根深蒂固的思想产生很大触动。在大学生就业问题日益尖锐的背景下，调整我国高等教育结构，实现高等职业教育与普通高等教育平等、公平发展逐步成为社会各界共识。

四、高职教育发展的现实挑战

虽然发展高等职业教育是我国经济发展的内在需求，国家也大力支持，但是我国高等职业教育发展仍然困难重重，面临诸多挑战。一是国家对高等职业教育财政投入不足，严重影响了专业发展与教师队伍建设，使高等职业教育不断被边缘化；二是地方政府与各个部门普遍忽视职业教育的发展，没有树立正确的高等职业教育发展观，影响高等职业教育各项政策的落地实施；三是社会对高等职业教育的偏见仍然根深蒂固，认为高等职业教育是低层次的教育，无法获得主流社会认可，只有"劣等生"才会选择的教育；四是高等职业教育办学理念与管理体制仍然比较落后，严重影响了高等职业教育的发展壮大。

---

① Diana Farrell，高安德. 应对中国隐现的人才短缺 [J]. 商学院，2005（11）.

可以说，现阶段高等职业教育是我国教育事业较薄弱的环节，其发展还远远落后于我国经济社会发展的需要，研究如何建立符合我国经济社会发展需要的现代高等职业教育体系具有重大的意义。

第二节　选题意义

"十年树木，百年树人；百年大计，教育为本。"教育对于个人、社会乃至国家都具有战略性意义，直接关系到经济社会发展与国家综合竞争能力的提升。教育通过提升人的创造能力来促进生产力的提升，从而促进经济发展与社会进步，因此教育事业是一项基础的、长期的、牵涉全局的战略性事业。不仅如此，通过教育还有利于社会均衡发展，促进社会公平、各个阶层互相融合，从而有利于社会主义和谐社会的构建。作为教育体系重要组成部分的高等职业教育，其繁荣发展直接关系到创新能力与国家综合竞争力的提升。国际金融危机爆发以来，为了推进科学技术发展以及新型工业化建设，欧洲、美国、日本、印度等发达国家与发展中国家都大力支持高等职业教育发展，将其作为提升国家综合竞争力与构建可持续竞争优势的重要手段。

改革开放以来，我国高等职业教育发展取得了巨大的成就，为经济发展提供了重要的人才支撑。但是，我国高等职业教育仍然存在不少问题，突出表现在发展理念较为落后、人才培养模式较为陈旧、社会认同度较差、培养层次结构不合理、产学研一体化结合不足、国际化程度较差等方面，造成了高等职业教育难以满足我国经济发展方式转变的要求。因此，从经济学的角度对我国高等职业教育发展进行深入研究，探讨建立符合我国经济发展需要的现代高等职业教育体系，对于丰富我国社会主义市场经济理论体系，实现人力资源强国的目标，促进中华民族伟大复兴具有重大的意义，是值得深入研究的重大课题。

一、理论意义

（1）有利于进一步完善社会主义市场经济理论。职业教育产业与市场是我国社会主义市场经济体系的重要组成部分，但是教育产业与教育市场同一般的产业与市场相比，既具有共性，同时又有比较大的区别。一般商品的生产、分配与消费主要是通过市场机制这只"看不见的手"的调节实现资源的优化配置。但是职业教育具有自身的特殊性，一方面它也要重视市场，通过市场化的运营，充分发挥各种生产要素促进职业教育事业的繁荣发展；另一方面职业教育又具有公共物品的特征，完全依靠市场调节不能实现公平的目标，必须借助政府这只"看得见的手"，才能维护公平。因此，对高等职业教育的性质进行深入剖析，研究高等职业教育的发展模式，对于进一步丰富社会主义市场经济理论具有重要的意义。

（2）有利于进一步丰富劳动价值论。马克思在《资本论》中详细论述了劳动价值论，认为价值是凝结在商品中的无差别的人类劳动，劳动是价值的唯一源泉，区分了简单劳动与复杂劳动，认为"少量的复杂劳动等于多量的简单劳动"[①]。高等职业教育目的在于培养更多的能够从事"复杂劳动"的劳动者，他们能够创造更多的价值。因此，从经济学的角度研究我国高等职业教育就必须始终坚持马克思主义经济学的指导，一方面，有利于我们深化对劳动价值论的认识；另一方面，发展高等职业教育也是劳动价值论的具体应用领域之一，有利于丰富劳动价值论，赋予其浓郁的时代感，体现其科学意义。

（3）有利于进一步丰富经济增长与经济发展理论。经济增长指的是一个国家或者一个地区生产商品或者劳务能力的增长。关于经济增长的动力与源泉，经济学家一般通过经济增长模型来描述，传统经济增长模型将劳动与资本作为经济增长的两大要素，后来又将人力资源的培养和积累与制度因素引入经济增长模型，使模型逐渐贴近经济现实。经济发展除了经济增长以外，还包括社会进步、经济结构优化升级、国民生活质量提高等内容。显而易见的是，高等职业教育作为人力资源的培养和积累的重要内容与重要手段，对于经济增长与经济发展具有重要的推动力，是实现经济发展方式转变的重要支撑。因此，对我国高等职业教育发展的经济学探讨对于丰富经济增长与经济发展理论具有重要意义。

（4）有利于进一步对我国高等职业教育发展进行合理的评价。近年来，虽然我国高等职业教育取得了一定的成绩，但是高等职业教育仍处于较低水平阶段，对经济发展的支持能力不足也是客观事实。目前学术界对我国高等职业教育发展的成就与不足，缺少第一手资料与数据支持。只有在调查研究、掌握第一手数据的基础上才能对我国高等职业教育进行合理评价，总结经验教训，正

---

① 马克思.资本论（第一卷）[M].北京：人民出版社，2004.

确认识我国高等职业教育取得的成绩、存在的问题以及症结所在，并以此提出构建现代高等职业教育体系的对策建议。

二、现实意义

（1）发展高等职业教育有利于实现我国经济转型升级。高等职业教育的目标是培养数以亿计的工程师、各类高级技工以及各种高素质专业应用型人才，这些人才是适应生产、建设、管理、服务第一线的高级专门应用型人才。高等职业教育培养的人才能够为各种科学技术转化、产业化提供各种支撑，将科学技术实实在在转化为现实生产力，并在实践中还能够发明、创造，实现研究、教学与产业化的良好互动。数以亿计的高素质职业人才将促进我国在最短的时间内消化世界上最先进的技术和管理，迅速提高生产力，从而为我国经济结构转型升级、打造中国经济升级版做出重要贡献。

（2）发展高等职业教育有利于缓解我国严峻的大学生就业问题。长期以来，由于过度重视普通本科教育而忽视高等职业教育，造成了学生一窝蜂参加普通本科教育，轻视甚至不接受高等职业教育。然而普通本科教育毕竟偏向理论化与研究型，与实践操作有一定距离，再加上普通本科教育扩招太快，师资力量无法保证，课程设置不合理，课程内容与现实差距较远等，导致大学生毕业以后很难找到理想的工作，成为"高不成、低不就"的典型。而高等职业教育则是致力于培养高素质的技术技能型人才，比较贴近企业人才需求，如果能办好高等职业教育，则无疑能够较好地缓解大学毕业生的就业压力。

（3）发展高等职业教育对于完善我国现代教育体系有重要意义。高等职业教育应当成为一个国家教育体系的重要组成部分。如在德国，有70%的中学毕业生进入职业院校，而只有20%的学生进入普通大学，并且这些职业院校毕业生成为德国"经济发展的柱石和秘密武器"。然而，我国却由于各种错误的观念与做法，长期使高等职业教育徘徊在主流高等教育之外，许多家长与学生宁愿选择就业形势不明朗的普通高等院校，也不愿意选择具有良好职业前景的高等职业院校，使高等职业教育发展陷入恶性循环。高等职业教育与普通高等教育应当各有侧重，并行不悖。大力支持高等职业教育发展，将其纳入主流高等教育体系，对于完善我国现代教育体系有重要意义。

（4）大力发展高等职业教育是新型城镇化发展的要求。新型城镇化是我国未来很长一段时间经济发展的重大动力。在这期间，一方面有大量的人口转化为城镇人口，另一方面农村的经济产业基础也要发生重要变革。在推进城镇化过程中，如果不能处理好劳动力转移、就业、教育方面的问题，必然会产生大量的社会问题。大力发展高等职业教育一方面可以为农村学生提供更丰富的教育资源，提升人力资源开发水平，从而提升农村学生就业能力；另一方面还可以为农村经济结构转化为城市经济结构与工业经济结构提供人才支持，顺利实现经济转型。发达的高等职业教育将为新型城镇化提供良好的智力、人才支持，提升新型城镇化的质量与水平。

第三节　文献研究综述

教育关乎国家的发展能力与发展后劲，特别是在国际竞争日益激烈的当下，归根结底是人才的竞争，而人才源自教育。鉴于包括职业教育在内的教育对经济、社会发展具有重大的战略意义，从古至今，国内外思想家、学术界都做了大量的论述与研究，这些研究成果为高等职业教育经济学研究奠定了坚实的基础。

一、国外研究成果

（一）关于教育对经济增长贡献的研究

国外思想家以及学术界很早以前就开始论述教育的经济功能。古希腊思想家柏拉图曾提出："在生产工艺中有两个部分，其中之一与知识关系更为密切。"[①] 但是在农业时代，教育与生产力之间的关系并不是很显著，相反地，教育经常被视为一种纯消费支出。因此，直到进入资本主义时代，教育与生产力之间的关系日益紧密，关于教育对经济增长贡献的研究才逐渐成为研究的热点，并发展成为独立的学科。

古典经济学创始人威廉·配第（William Petty，1676）在《政治算数》等著作中提出劳动创造价值，复杂劳动比简单劳动能够创造更多的价值，复杂劳

---

① 邱渊.教育经济学导论［M］.北京：人民教育出版社，1989.

动必须经过教育或者培训才能获得。[①] 威廉·配第实际上已经对教育与经济增长之间的关系做出了比较明确的论断。

古典经济学的创立者亚当·斯密（Adam Smith，1776）在《国民财富的性质和原因的研究》等著作中继承并发展了威廉·配第的观点，他指出资本积累、人口增长和技术进步是经济增长的三大要素，其中劳动者的知识、技能及经验的积累能够提高劳动效率，从而促进经济增长。劳动者要想获取知识、技能以及经验必须进入学校接受教育或者花费时间做学徒。同时斯密还指出接受教育或者培训的过程需要花费一定的费用，但是这些费用可以收回并且可以获得一定的回报。[②] 亚当·斯密加深了对教育性质与功能的理解，认为教育是一种投资性支出，不仅会对经济增长起到促进作用，同时还对个人收入增长有帮助。

进入 19 世纪以后，随着资本主义生产的进一步发展，技术工人及技术进步对生产效率的提升作用更加显著，人们对教育的经济功能认识更加深入。德国历史学派的代表人物李斯特（Georg Friedrich List，1841）在《政治经济学的国民体系》中提出"培养和促进教育、科学、艺术的人的精神劳动具有生产性"[③]，已经明确指出了教育对生产具有重要的促进作用。

卡尔·马克思（Karl Marx，1867）在《资本论》等一系列著作中不仅关注教育在经济发展中的重要性问题，还从人的全面发展的角度审视教育功能。马克思在考察机器大工业对人的客观要求、资本主义生产方式下劳动者的身心发展问题中，科学地揭示了教育与劳动相结合的历史必然与重要作用。马克思提出"教育同生产劳动的结合是提高社会生产的一种方法""教育同生产劳动相结合是改造现代社会的最强有力的手段"，是未来社会"造就全面发展的人的唯一方法"。可以说，马克思最为系统地论述了教育在经济社会发展中的重大意义，也是第一次将教育上升到关系人的全面发展与人类解放的高度。马克思关于教育的论述及其教育思想应当成为我国高等职业教育发展的指导思想。

英国剑桥学派创始人马歇尔（Alfred Marshall，1890）在《经济学原理》中十分注重进行国民教育，认为国民教育对经济发展具有重要意义。马歇尔提

---

① 威廉·配第.政治算数［M］.北京：中国社会科学出版社，2010.
② 亚当·斯密.国民财富的性质和原因的研究［M］.上海：上海三联书店，2009.
③ 李斯特.政治经济学的国民体系［M］.邱伟立译.北京：人民日报出版社，2009.

出在经济发展过程中除了要保证资本、土地、劳动力等生产要素的投入外，还要加大对教育的投入。马歇尔认为教育投入能够增强劳动者的普通能力与专门能力，这两项能力的提高对于生产效率的提高很有帮助，而这两项能力的提高关键在于教育投入。更重要的是，马歇尔对于教育的正外部效应与准公共物品特征有了正确的认识，认为国家应当在教育投资方面起到积极的作用。[①]

进入 20 世纪以来，随着数学工具在经济学应用中的使用，经济学家们开始对教育与经济增长之间的关系进行定量研究，并通过数量模型尝试描述教育对经济增长的贡献度。苏联、美国、英国等各国经济学家都在这方面做了大量的工作，虽然采取的模型与实证方式各有不同，但是都得出了相同的结论，即教育对经济增长具有促进作用。[②] 传统的经济增长模型将劳动力数量与资本作为解释经济增长的两个变量，而技术进步则被假定不变，因此经济增长有一部分无法得到合理的解释说明，即出现"残值"。为了解释"残值"，新古典增长理论的代表人物索罗（Robert Solow, 1956）通过模型提出技术进步是解释"残值"的最终原因，间接地指出了教育是解释"残值"的原因。然而索罗模型的缺陷在于假设技术进步是外生变量，无法解释技术进步的原因。针对索罗模型的缺陷，以罗默（Paul M.Romer）、阿罗（Kenneth J.Arrow）、卢卡斯（Lucas）等为代表的经济学家提出了内生化经济增长理论，对技术进步（教育）与经济增长之间的定量关系进行深入研究。

关于教育与经济增长的关系，美国著名的经济学家舒尔茨（Theodore Schultz, 1960）在长期研究农业经济中发现，美国农业产量迅速增加的原因在于农业工人知识与技能的提高，同时农业工人知识与技能的提高还带动工资的大幅增长。工人知识与技能的提高则得益于由于教育而形成的人力资本。舒尔茨所提出的人力资本理论在西方有较大影响，但也存在争议，有学者认为这一理论是反马克思主义的。

（二）关于教育收益率的研究

教育投资是一项较为长期的投资，其能否以及取得多少收益或者回报关系到国家、企业以及个人的投资意愿，因此关于教育收益率的研究也是国外学术

① 马歇尔.经济学原理［M］.彭逸林译.北京：人民日报出版社，2009.

② 蒋义.我国职业教育对经济增长和产业发展贡献研究［D］.财政部财政科学研究所博士学位论文，2010.

界关注的重点问题之一。教育收益率的研究方法有两种，分别是明瑟收益率和内部收益率法，由于"明瑟收益率分析法"的样本数据容易获得，因此"明瑟收益率分析法"是应用最为广泛的方法。

美国经济学家萨卡洛普洛斯（Psacharopoulos，1985）对教育收益率与经济发展程度之间的关系进行了研究，认为教育收益率会随着经济发展程度的提升而降低。[1] 因此，发展中国家教育收益率最高，新兴国家教育收益率次之，而发达国家教育收益率最低，原因在于发展中国家受良好教育的劳动者较为稀缺，而发达国家受良好教育的劳动者供给十分丰富。

艾莉亚（Arias）和麦克马洪（Mcmahon）（1998）对美国大学收益率进行了研究，发现美国1975~1995年大学教育收益率在8.2%~13%，远远超过同期股票及政府债券的收益率。Luis-Eduardo Vila 等对西班牙20世纪80年代不同教育层次的收益率进行研究发现大学的收益率最高。[2]

教育收益率在男性与女性之间的差异也是研究的重要领域之一。Siphambe（2000）对博茨瓦纳的教育收益率进行研究，发现女性教育收益率高于男性教育收益率。但是对于同等教育水平来说，男性的绝对收入要高于女性，因为女性常常会因为生育等原因被迫终止工作。[3]Alfonso Aliba-Ramriez 等在对西班牙教育收益率的研究中也发现，女性的教育收益率高于男性教育收益率。同样地，艾莉亚（Arias），奥马尔（Omar）和麦克马洪（Mcmahon）在对美国教育收益率的研究中也发现，在同等教育水平上，男性的收入增长率明显高于女性。

（三）关于教育经费投入的研究

教育是一项投资性支出，是否足额的教育经费投入关系到教育质量的好坏，教育经费投入主体及来源渠道是国外学术界研究的热门话题之一。

关于教育经费投入主体的问题，美国经济学家弗里德曼（Milton Friedman，1986）在《资本主义与自由》的第六章"政府在教育上的角色"中对教育经费

---

[1] Pascheropoulos. Returns to Education：A Further International Update and Implications［J］. The Journal of Human Resources，1985（20）.

[2] Luis-Eduardo Vila and Jose-Gines Mora. Changing Returns to Education in Spain during the 1980s［J］. Economics of Education Review，1998（17）.

[3] Siphambe H.K. Rates of Return to Education in Botswana［J］. Economics of Education Review，2000（19）.

的投入问题进行了研究，他认为"政府无法为所有学校提供足额的办学经费，教育经费的投入更多的需要依靠市场机制进行调节，学校应当建立多元化的资金筹集渠道"①。公共选择理论之父布坎南（James Mcgill Buchanan Jr.，1991）认为教育是准公共物品，国家财政要给予必要的支持。

虽然国家财政在教育经费投入上发挥积极作用，但是教育经费短缺却是常态。针对这一问题，美国经济学家、纽约大学校长约翰斯通（D. Bruce Johnstone，1986）提出高等教育成本分担理论，认为教育投资应当由政府、学生、学生家长以及社会人士共同承担，其依据是教育是一种投资性支出，会产生投资收益，理应由收益分享者共同承担成本。②

二、国内研究成果

我国对高等职业教育的经济学研究从引进、吸收国外教育经济学的理论开始，并随着我国高等职业教育的发展而发展。从 20 世纪 80 年代开始，我国学者翻译了多部国外职业教育经济学的著作，作为我国研究职业教育经济学的借鉴，典型的著作包括贾玉心等翻译的英国经济学家里奥纳德·康特所著《职业教育与经济发展》，闵维芳翻译的美国经济学家 Martin Carnoy 所著《教育经济学国际百科全书》。借鉴国外的研究成果，伴随着我国职业教育的不断发展，我国职业教育经济学研究成果不断涌现，为我国职业教育发展提供了理论支持。国内学术界对我国高等职业教育的经济学研究主要集中在高等职业教育的价值、高等职业教育与经济发展、高等职业教育投资的成本与收益、高等职业教育与人力资本积累、高等职业教育的供需均衡、高等职业教育发展对策建议等方面。

（一）关于高等职业教育与经济发展的研究

关于教育对经济发展的促进作用，我国古代思想家就已经认识到教育是实现富国强兵的重要方法，如墨子曾经指出"教人耕者其功多"。近代以来，面对饱受帝国主义欺凌的社会现实，魏源、龚自珍等一批知识分子呼吁通过教育

---

① 米尔顿·弗里德曼.资本主义与自由［M］.张瑞玉译.北京：中国商务印书馆，2004.
② 布鲁斯·约翰斯通.高等教育财政与管理：世界改革现状报告［J］.陈运超，沈红译.高等教育研究，1999（6）：5–11.

促进社会变革，实现富国强兵。清末康有为、梁启超等认为落后的教育导致落后的思想，导致了中国的贫穷落后，要想改变中国被欺凌的现状，就要重视教育的发展。20世纪初，孙中山、蔡元培更是极力提倡兴办"实业教育""职业教育"等。黄炎培先生就曾指出随着现代工业的发展，会产生大量接受过职业教育人才的需求，且接受职业教育也是工人解决生计的重要手段。[①] 我国著名的进步教育家古梅在1934年发表的《中国教育之经济观》成为我国教育经济学的早期雏形，他从教育在经济社会发展中的地位出发，认为教育应当有经济视角，要提高教育支出的经济效率，达到经济效益最大化。

新中国成立特别是改革开放以来，教育被确定为经济社会发展的重大战略领域之一，随着我国教育事业的发展，对高等职业教育与经济发展研究成果不断丰富起来。国内学术界关于高等职业教育与经济发展的研究大概可以分为三个阶段：1978～1985年初步探讨阶段、1985～1992年初步发展阶段、1992年以来蓬勃发展阶段。

1978～1985年，国内学术界主要翻译、学习、借鉴国外对高等职业教育的研究成果，并对我国高等职业教育与经济发展的关系做了初步的分析与探讨，认为教育对我国经济发展具有直接的促进作用，但同时会受到经济发展水平、政治、文化等因素的制约。

1985～1992年，在国内关于计划经济与商品经济大争论的学术背景下，关于高等职业教育与经济发展关系的研究范围比较狭窄，主要集中在市场经济改革对高等职业教育的影响，研究视角局限于教育与有计划的商品经济。典型的研究成果如潘懋元的《正确对待商品经济对职业教育的冲击》《引进竞争机制与教育规律的关系》《引进竞争机制重视能力培养》等，薛天祥、杨德广（1989）的《社会主义初级阶段高等教育》。

1992年以来我国确立了发展社会主义市场经济体制的方向，伴随着我国市场经济的蓬勃发展，对高等职业教育人才需求与日俱增，因此关于高等职业教育与经济发展关系的研究成果颇丰。

学者们认为高等职业教育能为我国经济社会发展提供大量的高层次的技术型、操作型人才，对我国实现现代化、产业结构优化升级、提升就业率、解决"三农"问题具有重要意义，有利于构建社会主义和谐社会。周扬明、李春风（2000）分析了高等职业教育与经济发展之间的潜在关系、现实关系与隐

---

① 朱宗震，徐汇言.黄炎培研究文集［M］.成都：四川人民出版社，2009.

含关系，并对高等职业教育与经济发展的相关度及其规律进行了初步的研究探索。[1] 李迪（2001）从经济全球化的角度认为大力发展高等职业教育是解决我国面临的产业结构调整、就业等经济问题的重要条件和基础。[2] 熊惠平（2006）认为通过构建"平民化""个性化"与"全人化"三位一体的职业教育体系有助于实现和谐就业，防止阶层固化，对于我国构建和谐社会具有重要意义。[3] 谢海琼（2007）从经济学的角度认为大力发展职业教育是建设和谐社会、缓解"三农"问题、推进城市化与现代化建设的有效途径。[4]

这一时期有一些硕士、博士将学位论文选题定位在高等职业教育经济学研究，对我国高等职业教育与经济发展的关系进行深入探索。如蒋义（2007）的博士学位论文《我国职业教育对经济增长和产业发展贡献研究》、陈用芳（2007）的硕士学位论文《经济增长、经济增长方式的转变与高等职业教育》等。

（二）关于高等职业教育投资成本与收益的研究

高等职业教育投资成本与收益反映了高等职业教育的投资效益。关于高等职业教育投资成本的研究，主要包括三个方面的内容：一是对于高等职业教育投资成本的理解，目前主要有"资源说"与"价值说"两种看法。"资源说"观点持有者认为高等职业教育投入的直接与间接资源构成各项成本，"价值说"观点持有者则认为高等职业教育的投资成本包括投入各项资源的价值。二是对高等职业教育投资成本进行分类，按照不同的划分标准有不同的分类方法。按照会计核算方法，投资成本可以分为现付成本与非现付成本；按照成本的发生形式，投资成本可以划分为实际成本与机会成本；按照成本负担主体，投资成本可以分为院校服务成本与学生求学机会成本。[5] 三是关于高等职业教育投资成本由谁承担问题的研究。目前比较一致的看法是，高等职业教育是一种准公共物品，政府应当至少承担一部分投资成本。有学者认为，接受高等职业教育会使个人产生收益，因此个人理应承担部分投资成本。基于高等职业教育投资量

---

① 周扬明，李春风.高等职业教育与经济发展的相关性探索［J］.山西师范大学学报（社会科学版），2000（4）：19–23.

② 李迪.发展我国职业技术教育的经济学思考［J］.职业技术教育，2001（13）：5–7.

③ 熊惠平.关注"穷人经济学"：中国职业教育发展新话语［J］.教育科学，2006（2）：77–79.

④ 谢海琼.大力发展职业教育的经济学分析［J］.教育与职业，2007（12）：10–12.

⑤ 邓蓓，周世学.高等职业教育成本特征的研究［J］.中国成人教育，2008（1）：103–104.

大，单纯依靠政府及个人投资无法满足办学经费需求，因此有些学者提出应扩大投资主体范围，将企业及社会捐赠纳入投资主体范围。[①]

对于高等职业教育投资收益的研究主要集中在三个方面：一是关于高等职业教育投资收益内涵的研究。有学者从宏观与微观两个角度对高等职业教育的收益进行分析，从宏观上看，高等职业教育投资收益应当是高等职业教育贡献的经济增加值扣除高等职业教育投资成本后的余额；从微观上看，高等职业教育投资收益应当是受教育者未来因接受教育而获得收益与成本之间的差额。[②]有学者则认为高等职业教育投资收益包括投入产出比、高等职业教育产出与经济社会发展需要之间匹配度两层含义。[③]二是对我国高等职业教育收益率的研究。赵人伟等（1994）采用明瑟分析法对我国教育投资个人收益率进行研究，得出每增加一年的教育，个人收益率能提高3.8%。褚建芳等（1995）通过抽样调查对我国教育投资的个人收益率进行研究，个人每增加一年基础教育年收入可增加1.8%收益，每增加一年专业教育年收入可增加3%收益。[④]三是关于提高高等职业教育效益的对策研究。学者们提出的建议主要有三点：提高学生素质、确保毕业生质量；科学设置专业与课程，与用人需求紧密联系；即时就业，可探索以销促产模式。

（三）关于高等职业教育与人力资本积累研究

按照西方经济学理论，人力资本指的是通过凝结在劳动者身上的知识、技能表现出来的生产能力，这种能力是提高生产效率的关键，这种能力同时还可以为劳动者带来超额的收益，它是一种具有经济价值的资本。狼群秀（2000）认为，人力资本是一种稀缺性资源，要加大积累与投入的力度，认为教育与培训是人力资本积累的重要手段，高等职业教育由于教育内容的特殊性，在培养高素质科技型、操作型人才方面具有不可替代的作用。[⑤]王川（2008）从经济学理论视角出发，认为我国当前教育体系筛选功能大于人力资本积累的功能，从

① 皮江红.论高等职业教育成本的社会分担［J］.浙江工业大学学报（社会科学版），2007（3）：74-78.

② 王兆吉.高等职业技术教育办学经济效益浅析［J］.西安建筑科技大学学报（社会科学版），2002（3）：66-69.

③ 肖球福.谈职业技术教育的经济效益观［J］.理论研究，2000（5）：13-14.

④ 褚建芳.中国人力资本投资的个人收益率研究［J］.经济研究，1995（12）：55-63.

⑤ 狼群秀.对我国高等职业教育发展的教育经济学审视［J］.职业技术教育，2000（19）：15-17.

而使人们倾向于投资普通高等教育，盲目追求高学历，导致高等职业教育的地位远低于普通教育的地位。然而事实上高等职业教育致力于培养技能型人才，是解决我国技工荒的重要手段。[①] 钱津（2013）认为，在中国经济转型升级过程中，高等职业教育必须接受现代高等职业教育理念，应当适应智能时代的发展要求和工业化转型的需要，致力于培养"高智能的应用型人才"。[②]

（四）关于发展高等职业教育的经济政策研究

关于高等职业教育如何发展，经济学界也从经济学的角度提出了自己的看法与主张。牛征（2002）从经济学的角度提出了促进高等职业教育资源优化配置的对策建议，他认为应当综合采用立法、税收、拨款、补贴等方式促进高等职业教育投资。[③] 陈先运（2005）在梳理高等职业教育与地方经济发展关系的基础上，提出高等职业教育应当融入地区经济发展，走产学研结合的办学道路。[④]

三、简要评述

我国高等职业教育研究从 20 世纪 80 年代起步，伴随着高等职业教育实践的发展不断前进。然而由于我国高等职业教育长期处于"二流教育"的弱势地位，导致我国高等职业教育研究属于偏冷的研究领域之一，虽然也涌现出了不少杰出的学者与成果，但整体而言，仍处于比较初级的阶段。近年来，国家加大了对高等职业教育的重视，出台了支持高等职业教育发展的政策措施，这些都有助于推动我国高等职业教育研究的繁荣发展。

（1）我国高等职业教育理论基础依然比较弱，依附于国外理论的现象较为严重。我国高等职业教育理论从翻译、学习、借鉴国外高等职业教育理论为起步，理论基础主要是劳动价值论、公共物品理论、人力资源理论、经济增长理论等，对高等职业教育的投资收益率分析方法也主要采取国外学术界通行的明瑟分析法、内部分析法等，缺乏融入我国实际的独立理论体系。

---

① 王川.浅论经济学理论对职业教育发展的启示 [J].教育与职业，2008（8）：5-6.

② 钱津.关于中国高等职业教育建设的经济学思考 [J].教育与经济，2013（1）：16-21.

③ 牛征.职业教育经济学研究 [M].天津：天津教育出版社，2002.

④ 陈先运.高等职业教育与地方经济建设发展的关系 [J].中国高教研究，2005（3）：48-50.

（2）对高等职业教育发展缺乏科学有效的评价体系。目前国内学术界对高等职业教育发展的绩效评价集中于定性分析，虽然有不少学者进行了定量分析的尝试，但是总体上说评价指标不够完善、不够科学，评价方法有待进一步改进，目前尚未有学者能构建科学有效的评价体系对我国高等职业教育发展的绩效进行评价。

（3）高等职业教育如何服务新型城镇化建设研究比较薄弱。我国是一个农业人口大国，有农村劳动力需要转移就业，农村高等职业教育将成为我国推进新型城镇化建设的重要手段。因此，研究构建与我国广大农村实际相适应的农村高等职业教育体系，对于实现新型城镇化建设目标、实现城乡一体化、缩小城乡差距具有重要的意义。

（4）我国现有高等职业教育经济学研究领域过于狭窄，视野有待进一步开阔。我国现有高等职业教育经济学研究主要集中于高等职业教育与经济发展的关系探讨、高等职业教育成本与收益等方面，研究领域有待拓宽。另外，还应从转变经济增长方式、产业结构优化升级、新型城镇化建设、农村劳动力转移、人的全面发展等视角研究我国高等职业教育的角色与功能。

第四节 研究内容和研究方法

一、研究对象

本书以高等职业教育为研究对象。一般认为，高等职业教育包括学历教育与非学历教育，学历型高等职业教育包括高等职业专科、应用技术本科、专业学位研究生教育三个层次；非学历高等职业教育包括职业资格证书、技术等级培训和闲暇教育。[1] 本书以专科层次的学历型职业教育为研究对象，[2] 书中所指的高等职业教育均指专科层次的学历型职业教育，相关的论述及数据均指该类

① 周明星.高职教育人才培养模式新论——素质本位理论［M］.天津：天津教育出版社，2005.

② 改革开放至今，高等职业教育以专科层次学历型教育为主体，应用技术本科及专业学位研究生教育在高等职业教育中占比很小，因此本书以专科层次学历型教育为研究对象。应用技术本科及专业学位研究生教育是笔者今后需进一步深化研究的对象。

型的教育。

（一）高等职业教育的内涵界定

职业教育（Vocational Education）作为一种教育类型，是指让受教育者获得从事某种职业或生产劳动所需要的知识、操作技能和职业道德的教育。其教育目标就是培养具有一定文化知识和专业知识、熟练掌握专业技术技能的人才。与普通教育相比较，职业教育则更加重视职业技能和实际工作能力的培养。

由于职业教育的发展情况与现有体系在各国差异较大，高等职业教育并不是国际通行的概念，而是具有中国特色的教育概念，在其他国家使用较少。在我国，高等职业教育起步于 20 世纪 80 年代，是改革开放后经济发展催生的新鲜事物。随着高等职业教育实践与理论探索不断深入，对高等职业教育内涵本质的认识也在不断深化，概念的外延也在不断发生变化。目前我国教育界较广泛接受的是，"高等职业教育是与研究型高等教育并行的、以培养素质型高等应用型专门人才为目标的一种高等教育类型，是职业教育的高级层次和一种全新的教育形式"。[①] 学历教育上的高等职业教育包括专科、本科、研究生层次，非学历上的高等职业教育包括职业资格证书、技术等级培训和闲暇教育。国家对高等职业教育体系的最新顶层设计也是基本参考这种思路进行的。

基于我国当前高等职业教育的发展格局、理论研究倾向以及社会大众认知，高等职业教育一般是特指专科层次的学历职业教育。专业层次高等职业教育以接收高中或中等职业教育以上的毕业生为主，以培养学生面向特定职业的专业技能与职业素养为目标，使受教育者成为具有实际技术、专门技能的技术技能型人才。

为了对高等职业教育这个概念进行更清晰的界定，同时为了能展开与其他国家（地区）的比较研究，必须采用一种相对较为公认的教育分类标准进行参照，将其内涵特质做进一步说明。根据联合国教科文组织（UNESCO）制订的"国际教育标准分类"（International Standard Classification of Education, ISCED），我国高等职业教育对应的应该是 ISCED5B，属于第三级教育层次——中学后的教育，而第三级教育即被作为高等教育阶段。5B 为"实际的 / 技术的 / 职业的特殊专业课程"（Practical/Technical/Occupationally

Secific Pogrammes）。在同一层次与 5B 相对的是 5A 类，5A 为"面向理论基础 / 研究准备 / 进入需要高精技术专业的课程"（Theoretically Based/ Research Preparatory/Giving access to Professions with High Skills Requirements Programmes），对应我国的教育类型即普通本科教育类。5A 以完全高中文化程度为入学条件，其课程计划"具有较强的理论基础"，并可与 ISCED6 相衔接，它传授历史学、哲学、数学等基础科学知识以达到"具有进入高等研究领域的能力"的要求，或者传授医药学、牙医学、建筑学等技术科学知识以达到"能进入一个高精技术要求的专门职业"的要求。至于 5B 的课程计划则是一种"定向于某个特定职业的课程计划"，它"主要设计成获得某一特定职业或职业群（A Particular Occupation or Trade or Class of Occupations or Trades）所需的实际技术和专门技能——对学习完全合格者通常授予进入劳动力市场的有关资格证书"，它"比 5A 的课程更加定向于实际工作，并更加体现职业特殊性，而且不直接通向高等研究课程"。[①]

对应上述界定的高等职业教育内涵，不同的国家实施该类型教育的办法与机构不同。如在英国是继续教育学院，在美国与加拿大是社区学院，在德国是高等专科学校、高级专科学校和职业学院，在日本是短期大学和高等专门学校，在澳大利亚是技术与继续教育学院（Technical and Further Education，TAFE），在法国则是短期技术学院承担实施该类型教育。[②]

（二）高等职业教育的经济特征 [③]

在我国，普通高等教育是准公共产品，同样，高等职业教育也属于"准公共产品"的范畴。作为一种典型的准公共产品，其具有非排他性、有限的非竞争性等特征；作为高等层次的职业教育，其又具备正外部性、生产性等特征，而这些特征客观上也要求加大高等职业教育的投入（尤其是政府要发挥引领示范作用），优化高等职业教育的投入结构，提高高等职业教育的产出效益。

（1）非排他性。一个人在享受高等职业教育这一准公共产品时，并不排斥

① 陈英杰.高职研究中的概念和问题的梳理［J］.职业教育研究，2006（9）：4-6.

② 周建松，唐林伟.中国高等职业教育研究十年（2001-2010）［M］.杭州：浙江大学出版社，2012.

③ 唐文忠.我国高等职业教育投入产出的经济学分析与对策思考［J］.福建师范大学学报，2015（2）：16.

其他人也同时享受高等职业教育，即一个人在消费高等职业教育产品时并不排斥他人的消费，也不排斥他人获得利益。这一特征决定了政府应成为高等职业教育的投入主体，而要吸引民营资本的投入，必须要有相应的激励措施。

（2）有限的非竞争性。纯公共产品的非竞争性有两层含义：一是一个人消费公共产品并不影响其他人消费公共产品的数量与质量；二是增加一个人消费公共产品，并不会增加公共产品的边际成本。而高等职业教育的非竞争性则表现得不充分，我们谓之有限的非竞争性，即在一定范围内，增加学生的边际人数，成本不会相应增加，公共产品的数量和质量也不会发生明显变化。然而，当学生超过某一限度时，继续增加边际人数，其边际成本并不为零，公共产品的数量与质量也会发生改变。这一特征就要求政府需要优化投入结构，避免各个地区、各个高职院校因投入差距悬殊而造成的高职院校资源未被充分利用及利用过度的情形。

（3）正外部性。高等职业教育培养的人才是为经济社会发展服务的，具有明显的正外部性。获益的学生为此付学费，政府也投入很多，但同时获益的企业、社会较少为之埋单。因此，应积极探索混合所有制，形成多元化的投资结构，引导企业、社会人士投资高等职业教育，让大家共同分享高等职业教育发展的成果，也适当补充高职教育正外部性的费用。

（4）生产性。高等职业教育是要培养适应生产、建设、管理、服务等需要的应用型专门人才。在这样的定位下，教学体系需要以技术应用的培养为主线，专业设置应紧扣市场与经济社会发展的需要，生产建设的实训基地、实验室、仪器设备也应能够满足学生进行模拟生产、创新的需要，教师也应是"双师型"的。教学体系的构建、专业设置、实训基地建设、"双师型"教师的培养决定了高职教育比普通教育要花费更多的成本，因此，也需要加大对高职教育的投入，包括常规性的投入与专项的投入。

二、研究思路

本书以习近平新时代中国特色社会主义思想为指导，遵循"理论基础—历史考察—机遇挑战—经验借鉴—对策建议"的思路展开研究，如图1-1所示。基于经济学视角研究我国高等职业教育的发展问题，具体考察了马克思主义经典作家关于高等职业教育的经济思想史，西方近现代关于高等职业教育的经济思想史，我国高等职业教育的发展现况，新时代下我国高等职业教育面临的机遇与挑战，力求在借鉴发达国家（地区）高等职业教育发展经验的基础上，为实现我国高等职业教育的高质量发展提供对策建议。

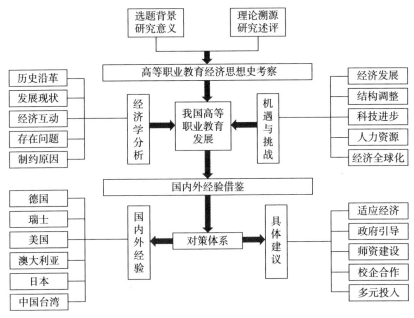

图1-1　研究思路

三、研究内容

本书的研究内容结构安排如下：

第一章，绪论。本章对本书选题的背景、意义进行论述，对国内外关于高等职业教育的经济学研究进行综述与简要评价，阐明本书研究对象、研究思路、主要研究内容、研究方法，归纳其创新之处与重要观点，总结需要进一步深化研究的问题。

第二章，马克思主义经典作家关于职业教育的经济思想史考察。本章是论文的理论基础部分，提出我国高等职业教育发展应当始终坚持以马克思主义经济学为理论基础。本章共分为四节：第一节马克思、恩格斯关于职业教育与经济辩证关系的论述；第二节列宁、斯大林关于职业教育与经济辩证关系的论述；第三节毛泽东、邓小平关于职业教育与经济辩证关系的论述；第四节马克思主义教育经济思想的当代价值。

第三章，西方近现代高等职业教育发展的经济思想史考察。近代西方引领世界工业化浪潮，在工业化推进过程中有着丰富的高等职业教育经验，其研究成果具有较强的借鉴意义。本章对西方近现代关于高等职业教育的经济思想进行考察，力图为我国高等职业教育经济学研究提供参考。本章共分为五节：第一节西方高等职业教育的产生与发展；第二节古典经济学家与德国历史学派关于职业教育与经济关系的论述；第三节新古典经济学家关于职业教育与经济关系的论述；第四节西方当代经济学家关于职业教育与经济关系的论述；第五节西方职业教育经济思想的借鉴意义。

第四章，我国高等职业教育发展的经济学分析。本章对我国高等职业教育的发展历史与现状进行研究，实证分析我国高等职业教育与经济社会发展的关系，剖析我国高等职业教育存在的问题。本章共分为四节：第一节我国高等职业教育的发展历史；第二节我国高等职业教育的发展现状；第三节我国高等职业教育发展存在的问题；第四节制约我国高等职业教育发展的原因。

第五章，新时代我国高等职业教育发展面临的机遇与挑战。本章论述当前经济形势下我国高等职业教育面临的机遇与挑战。本章共分为五节：第一节高质量发展对高等职业教育发展的机遇与挑战；第二节产业结构调整对高等职业教育发展的机遇与挑战；第三节新一轮科技革命对我国高等职业教育发展的机遇与挑战；第四节人力资源变化对高等职业教育发展的机遇与挑战；第五节经济全球化对高等职业教育发展的机遇与挑战。

第六章，发达国家（地区）高等职业教育与经济联动发展的经验及其启示。本章对部分发达国家以及国内部分地区发展高等职业教育的经验教训进行总结，为我国高等职业教育发展提供经验借鉴。本章共分为七节：第一节以经济发展为导向的德国高等职业教育；第二节与社会经济良性互动的瑞士高等职业教育；第三节与社区经济相耦合的美国高等职业教育；第四节以行业技能需求为驱力的澳大利亚高等职业教育；第五节以产学结合为特征的日本高等职业教育；第六节与产业结构调整紧密结合的中国台湾高等职业教育；第七节发达国家（地区）发展高等职业教育与经济联动发展的共同经验及其启示。

第七章，新时代实现高等职业教育高质量发展的对策。本章从经济学的角度提出促进我国高等职业教育发展的对策建议。本章共分为五节：第一节增强高等职业教育发展对新时代的适应性；第二节发挥政府在高等职业教育发展中的引导与规范作用；第三节构建新时代"双师型"师资队伍；第四节完善市场导向下的校企合作与工学结合模式；第五节建立多元化的办学主体与经费投入模式。

四、研究方法

本书在马克思主义经济学的指导下，根据研究目标与研究内容的安排，以唯物辩证法为根本方法，综合运用规范研究与实证研究相结合、多学科交错分析法、系统分析法、比较研究法等研究方法。

（1）理论研究与实证研究相结合的方法。应用理论研究方法论述对高等职业教育的属性进行剖析，论述高等职业教育发展对经济影响的重要性，提出应当加大对高等职业教育发展的支持力度，研究我国高等职业教育发展的目标模式，探求建成什么样的高等职业教育体系。运用实证研究的方法对我国高等职业教育的现状、取得的成效以及存在的不足进行分析。

（2）多学科交叉研究方法。吸收借鉴其他学科的研究方法，最终形成集经济学、管理学、教育学等多学科的综合研究方法。

（3）系统分析法。高等职业教育不仅是我国教育体系的重要组成部分，同时对我国经济社会转型发展产生重要的影响，是由一系列子系统框架构成的一个系统。运用系统分析方法有助于更准确地把握高等职业教育对于完善我国教育体系、促进经济社会发展的重要意义，有利于更为全面地分析评价我国高等职业教育及世界主要国家高等职业教育的发展成绩与不足，有助于提出更加符合我国国情的高等职业教育发展对策与建议。

（4）比较研究法。运用比较研究的方法对我国高等职业教育发展历史进行比较，即对我国改革开放以来各个历史阶段高等职业教育规模、布局、投入产出、特征进行比较。运用比较研究的方法对世界主要国家的高等职业教育发展进行横向比较，对各国高等职业教育特征、模式、政策、成效、不足等方面进行比较，总结各个国家的经验与教训。

第二章

马克思主义经典作家关于职业教育发展的经济思想史考察

"百年大计,教育为本。"大力发展教育事业是我国实现民族振兴、社会进步的基础,是提高我国国民素质、促进人的全面发展的根本手段,是促进我国转变经济发展方式,实现产业结构优化升级的重要抓手。关于教育对经济发展与促进人的全面发展的重要性,马克思主义经典作家都做了深刻的论述。特别需要指出的是,虽然马克思主义经典作家并没有直接对高等职业教育进行论述,但是他们所生活的时代,职业技术教育是教育的重要组成部分,他们关于教育的论述也多指职业技术教育。我们应当坚持以马克思主义经济学、马克思主义教育思想为指导,促进我国高等职业教育的发展。

第一节 马克思、恩格斯关于职业教育与经济辩证关系的论述

伟大的无产阶级革命导师马克思、恩格斯在批判继承古典经济学的基础上建立了工人阶级自己的经济学,即马克思主义政治经济学,在对资本主义经济进行深入剖析的过程中,科学地阐述了教育的经济价值、教育与经济发展之间的关系、教育对生产力提升的作用及原理、教育的投资问题、教育与人的全面发展等问题,为发展教育事业、提升劳动生产力、促进人类解放提供了指导思想。马克思、恩格斯虽然没有关于"职业教育"的提法,但是他们所论述的以"训练"和提高"劳动技能"为特征的教育实际上指的就是职业教育。

一、马克思关于职业教育与经济辩证关系的论述

马克思在《资本论》《1857—1858 年政治经济学手稿》《剩余价值理论》等著作中提出了丰富的教育经济思想，主要包括教育的经济价值、教育与经济发展之间的关系、教育的功能、教育的投资、教育与人的全面发展等。

马克思通过对资本主义经济与教育的批判，提出了实现"人的全面而自由的发展"进而实现"人类的解放"的目标。可以说，通过教育实现人的全面发展是马克思教育思想的宗旨，也是马克思教育思想的核心与精髓，这是马克思对教育理论做出的突出贡献。

马克思通过对资本主义经济社会的剖析，批判了资本主义社会造成人的片面、畸形的发展。马克思研究了人类社会分工的历史，他认为人的片面发展与社会分工具有密切关系，特别是随着资本主义的快速发展，社会分工越来越精细，人的片面化发展越趋严重。人的片面化、畸形化发展不仅严重损害人的体力和智力，还会对人的精神和道德产生极大的消极影响。在批判资本主义造成人的片面化、畸形化的基础上，马克思提出要实现人的全面发展，他认为人的全面化发展不仅是发展现代工业的要求，也是实现人类解放的重要内容。要实现人的全面发展，马克思认为一是要消灭私有制；二是要有发达的物质财富作为基础；三是要依靠科学的教育体系。马克思十分注重教育在实现人的全面发展中的作用，他认为教育能够培养人的各种能力，摆脱分工造成的人的片面发展，促进人的全面发展。同时，马克思还认为应当发展全面的教育，教育应当包括智育、体育、技术技能等全方位的内容，才能使人的体力与脑力协调发展，实现人的全面发展。[①]

（一）马克思关于教育的经济价值的论述

马克思通过考察资本主义大工业，发现教育是现代工业的必备条件，揭示了教育具有经济价值。教育的经济价值是通过对劳动者进行教育从而提升劳动者生产能力来实现的。马克思认为劳动是创造价值与物质财富的源泉，而教育可以提升人的劳动能力，"要改变一般人的本性，使他获得一定劳动部门的技能和技巧，成为发达的或专门的劳动力，就需要有一定的教育和训练"[②]。教育

---

① 李正元.马克思恩格斯教育思想及其在中国的发展 [J].甘肃社会科学，2008（6）：99–102.

② 马克思，恩格斯.马克思恩格斯全集（第 23 卷）[M].北京：人民出版社，1972.

是使劳动者成为发达劳动力的必要条件。教育一方面能提升劳动者劳动能力，使劳动力由简单劳动力转化为复杂劳动力；另一方面教育还能改变人的劳动形态，把以体力、经验为特征的劳动形态培养成为以脑力、科学知识形态为特征的劳动形态。马克思认为复杂劳动是需要经过教育与培训从而使劳动者具备的具有一定劳动知识与技能的劳动，复杂劳动是倍乘的简单劳动，复杂劳动是教育的结果，并且复杂劳动的复杂程度与受教育的程度密切相关，并且复杂劳动在单位时间内创造的价值比简单劳动多得多。马克思认为："比较复杂的劳动只是自乘的或不如说是多倍的简单劳动，因此，少量的复杂劳动等于多量的简单劳动。"①

（二）马克思关于教育与经济发展关系的论述

马克思在《资本论》等著作中多次提及教育与经济发展之间的关系，认为教育是生产与再生产劳动力的手段，对经济发展具有巨大的促进作用。教育对经济发展的促进作用并不是直接的，而是通过生产与再生产劳动力并提升劳动生产能力对经济发展产生影响。

马克思认为教育是劳动力生产与再生产的手段，他指出："教育是直接把劳动能力本身生产、训练、发展、维持、再生产出来的劳动。"②"要改变一般的人的本性，使他获得一定劳动部门的技能和技巧，成为发达的和专门的劳动力，就要有一定的教育和训练。"③可见教育不仅是劳动力生产与再生产的手段，还是生产复杂劳动的手段，由教育生产出来的复杂劳动力成为生产过程中不可缺少的生产要素。

马克思从生产力演进历史的角度对教育形式的发展进行考察，他认为在人类历史上，教育生产劳动力的形式主要有两种：家庭教育与学校教育。在资本主义生产方式确立以前，产品生产完全依赖手工生产，家庭教育是再生产劳动力的主要形式，生产技能依靠世代相传或师徒传授实现传承。而在资本主义生产方式下，机器生产替代了手工生产，家庭教育已经远远不能满足再生产劳动力的要求，出现了专业从事教授科学知识与生产技能的学校，学校教育成为再生产劳动力的主要形式。

通过教育，可以源源不断地为社会提供复杂劳动力，提升生产效率，从而

---

①③　马克思，恩格斯．马克思恩格斯全集（第23卷）[M]．北京：人民出版社，1972.

②　马克思，恩格斯．马克思恩格斯全集（第26卷）[M]．北京：人民出版社，1972.

对经济发展起到促进作用。马克思认为教育对经济发展的促进作用主要体现在两个方面。一是通过教育，劳动者能在同一时间内创造出更多的价值，对此，马克思明确指出："比社会平均劳动较高级较复杂的劳动，是这样一种劳动力的表现，这种劳动力比普通劳动力需要较高的教育费用，它的生产要花费较多的劳动时间，因此它具有较高的价值。既然这种劳动力的价值较高，它也就表现为较高级的劳动，也就在同样长的时间内物化为较多的价值。"[①] 二是通过教育改变了劳动力素质，提升劳动力的生产效率。关于教育对提升劳动力生产效率的作用，马克思指出："劳动生产力是由多种情况决定的，其中包括：工人的平均熟练程度，科学的发展水平和它在工艺上应用的程度，生产过程的社会结合，生产资料的规模和效能以及自然条件。"[②] 决定劳动生产力的上述因素或多或少与教育都有关联，有的因素甚至取决于教育的发展程度，由此可见，教育对劳动生产力的提高是至关重要的。

（三）马克思关于教育与劳动力关系的论述

马克思对教育的功能展开了全面、精彩的论述，他认为教育至少有六个方面的功能：第一，马克思认为"教育会生产劳动能力"[③]"工人阶级的再生产，同时也包括技能的世代传授和积累"[④]，也就是说，教育会再生产人的劳动能力。第二，马克思认为教育能够提升劳动力价值，他指出："对于价值的增值过程来说，资本家所占有的是简单的社会平均劳动，还是较复杂的、比重较高的劳动是毫无关系的。比社会平均劳动较高级较复杂的劳动，是这样一种劳动力的表现，这种劳动力比普通劳动力需要较高的教育费用，它的生产要花费较多的劳动时间，因此它具有较高的价值。"[⑤] 第三，马克思认为教育可以使人的劳动能力和劳动性质发生变化，教育可以"使劳动能力改变形态""使劳动能力具有专门性"。第四，教育是科学技术传递、积累和发展的重要方式。马克思在肯定科学技术是第一生产力的基础上提出科学的进步速度"同前一代人遗留下来的知识量成正比"[⑥]，而教育一方面使人类世代积累下来的经验、科学知识得以保存并不断传续下去，为科学技术的进步奠定基础；另一方面教育还有利于拓展科学研究领域，生产出新的科学，实现科学的发展。第五，教育

---

①②④⑤　马克思，恩格斯.马克思恩格斯全集（第23卷）[M].北京：人民出版社，1972.

③　马克思，恩格斯.马克思恩格斯全集（第25卷）[M].北京：人民出版社，1972.

⑥　马克思，恩格斯.马克思恩格斯全集（第1卷）[M].北京：人民出版社，1956.

是科学转化为技术的桥梁。马克思在《资本论》中详细论述了资本主义世界在产业革命的推动下逐步发展成为机器大工业，在此进程中产生了许多职业技术学校，它们成为科学转化为技术、知识转化为现实生产力的桥梁。第六，教育是实现科学知识再生产的最便捷的手段。科学知识再生产指的是科学知识在人类中的传递。对于科学知识的再生产，马克思指出："对脑力劳动的产物——科学的估值，总是比它的价值低得多，因为再生产科学所必要的劳动时间，同最初生产科学所需要的劳动时间是无法相比的，如学生在一小时内就能学会二项式定理。"[①] 教育将人类积累的科学知识进行归类、概括、整理，并以科学的方法进行传授，因此教育可以大大降低科学知识再生产的必要时间，提高科学知识传递的效率。

二、恩格斯关于职业教育与经济辩证关系的论述

恩格斯没有写过关于教育的专著，但是恩格斯与马克思一样都对教育问题给予了极大的关注，在对资本主义经济及生产关系的研究中将教育作为一项重要的内容进行了论述，成为马克思主义教育理论的奠基人之一。恩格斯与马克思创立的马克思教育理论开创了人类教育理论的新篇章，赋予了教育新的使命与内涵，应当成为我国高等职业教育发展的指导思想。恩格斯在教育的本质、教育的公平等方面做了深刻的论述。

（一）恩格斯认为教育的性质受制于一定阶段的经济

恩格斯认为教育作为上层建筑的一部分，它随着社会的发展而不断发展。在不同的生产力发展水平与不同的社会制度中，教育有不同的宗旨、方针、目标、内容和方法，教育的性质也会存在巨大的差异，教育受制于经济、政治，因此对教育的考察要置于特定的历史背景。恩格斯在《英国工人阶级状况》中对资本主义社会的教育进行了研究与论述，分析了资本主义工业革命对教育产生的影响，敏锐地指出了资本主义社会中资产阶级对工人进行教育的阶级性与虚伪性。恩格斯尖锐地指出，在英国资本主义社会中，资产阶级为了达到自身目的，控制了一切知识的来源，使英国工人阶级接受的是可怜的、极其片面的教育；资产阶级向工人阶级灌输的全是宗教的狂热与偏见，而绝不是健康的、

---

① 马克思，恩格斯.马克思恩格斯全集（第 26 卷第 1 册）[M].北京：人民出版社，1972.

智力的、道德的教育。针对资本主义社会教育的阶级性以及资产阶级否认教育的阶级性，恩格斯极力号召消灭教育的资产阶级性质并一针见血地指出："而你们的教育不也是由社会决定的吗？不也是由你们进行教育的那种社会关系决定的吗？不也是由社会通过学校等进行的直接或间接干涉决定的吗？共产党人并没有发明社会对教育的影响；他们仅仅是要改变这种影响的性质，要使教育摆脱资产阶级的影响。"[①] 由此可见，教育产生于社会，必然带有深深的历史烙印，深受一定阶段的经济与政治的影响。恩格斯用辩证唯物主义与历史唯物主义的观点对教育的本质进行阐述，改变了以往教育研究领域唯心主义盛行的情况。

（二）恩格斯认为教育公平建立在一定的经济基础之上

教育公平思想是恩格斯教育思想的重要组成部分，对于实现我国教育公平具有重要的指导意义。恩格斯通过对资本教育公平缺失的批判提出了教育公平思想。恩格斯所处的资本主义时代处处充满不平等，在教育领域更为严重。恩格斯揭示了造成教育不公平的制度根源在于生产关系，对此恩格斯指出："工人阶级处境悲惨的原因不应到这些小的欺压现象中去寻找，而应到资本主义制度本身中去寻找。"[②] 恩格斯通过对教育公平缺失的分析，指出了资本主义制度是造成教育公平缺失的根源，据此提出了人人接受免费教育的理念。

在深刻指出教育公平缺失的制度根源后，恩格斯从历史唯物主义角度出发提出了实现教育公平的路径。首先，恩格斯认为实现教育公平的先决条件是实现平等接受教育权，他指出平等接受教育应该是每个公民应有的权利，他提出"由国家出资对一切儿童毫无例外地实行普遍教育"[③]。其次，恩格斯认为实现教育公平必须建立在一定的经济基础之上，离开经济谈教育公平只能是一句空话。再次，恩格斯认为消灭以私有制为基础的雇佣劳动制度是实现教育公平的政治基础。正如前文所述，恩格斯认为教育公平缺失的根源在于制度，生产关系的不公平导致教育的不公平，在资本主义制度下，教育最终还是为资产阶级服务。因此，恩格斯指出："只要掌握在资产阶级手中，工人就不可能受到真

---

① 人民教育出版社教育室. 马克思恩格斯列宁论教育［M］. 北京：人民教育出版社，1993.

② 马克思，恩格斯. 马克思恩格斯文集（第1卷）［M］. 北京：人民出版社，2009.

③ 马克思，恩格斯. 马克思恩格斯全集（第2卷）［M］. 北京：人民出版社，1957.

正平等的教育。"① 最后，恩格斯认为实现人的全面而自由的发展是教育公平的目标。资本主义社会教育公平缺失是工人畸形化、片面化发展的原因之一，共产主义条件下实现教育公平应将人的全面而自由的发展作为目标。

第二节 列宁、斯大林关于职业教育与经济辩证关系的论述

一、列宁关于职业教育与经济辩证关系的论述

列宁是世界无产阶级的伟大革命导师，是列宁主义的主要创建人，是苏联的设计者与创建者，对世界无产阶级革命产生了巨大的影响。列宁将一生都献给了无产阶级革命，在革命实践中，十分重视对工农阶级的教育问题，并将教育提升至事关无产阶级革命与社会主义建设成败的高度。列宁关于教育的论述主要体现在《论无产阶级文化》《在全俄教育工作第一次代表大会上的演说》《苏维埃政权的当前任务》《论综合技术教育》等论著中。列宁在这些论著中提出了无产阶级教育的理论，他的教育思想不仅丰富了马克思主义教育理论，还为苏联发展社会主义教育事业指明了方向。

（一）列宁关于教育对劳动生产率与经济发展影响的论述

十月革命胜利之后，面对经济上落后，生产力水平低下，再加上战争的破坏，新建立的苏联经济十分困难，产业百废待兴。对此，列宁认为苏联现阶段最主要的矛盾是先进的政治制度与落后生产力之间的矛盾，他敏锐地指出新兴的苏维埃政权当前的主要任务是提高劳动生产率，快速发展国民经济。② 列宁认为，国民经济生产率高低取决于国民的文化素质与职业技能，但是当时苏联的情况是全国 3/4 的人口几乎是文盲。③ 列宁在《苏维埃政权的当前任务》中认为在这种条件下，提高劳动生产率"第一就是提高居民群众的文化教育水

① 华东师范大学教育系.马克思恩格斯论教育［M］.北京：人民教育出版社，1979.

② 列宁.列宁全集（第3卷）［M］.北京：人民出版社，1972.

③ 苏联部长会议中央统计局.苏联国民经济六十年［M］.上海：三联书店，1979.

平……第二就是提高劳动者的纪律、工作技能、效率、劳动强度、改善组织，这也是发展经济的条件"。① 列宁认为教育对于提升劳动生产率以及发展经济具有重要的促进作用，他指出"全国的经济恢复工作要在基于现代科学技术和电力的现代化基础上"② 进行，但是劳动者必须"有更高水平的文化和教育"。列宁还指出"如果把国际关系撇开不谈，只就国内经济关系来说，应当把重心转移到文化建设方面"③，"使文化和技术教育进一步上升到更高的阶段"④。可见，列宁对十月革命胜利后苏联国情有着深刻认识，从教育对提高劳动生产率与促进经济发展的积极作用出发，认识到教育发展对经济发展具有重要的意义。

（二）列宁关于教育如何与经济协调发展的论述

列宁认为教育对一国经济的发展具有重要作用，但是在现实社会中，教育经常出现与政治经济偏离的情况，严重阻碍了教育的经济功能的发挥。如何实现教育与政治经济协调发展，从而充分发挥教育对经济的促进作用是列宁教育思想的重要内容之一。首先，列宁认为必须将教育与政治、经济密切结合起来，始终坚持教育服务于政治与经济。他指出："教育不能不联系政治"⑤，无产阶级取得政权后，"主要的政治应当是：从事国家的经济建设"。⑥ 他认为："使学校以及'一般民族文化'脱离经济和政治是不行的。"⑦ 其次，列宁认为教育的目标应与政治经济发展的目标相一致。列宁认为一个国家政治经济的目标决定了教育培养人才的目标，因此苏联教育的目标就是"培养真正的共产主义者"⑧，培养"一大批受过现代教育、具有共产主义觉悟并取得全部科学技术知识和艺术的劳动者"⑨。再次，列宁认为教育的内容与方法必须与时俱进，与生产劳动的实际协调发展。就教育的内容而言，列宁认为教育的内容必须与社会生产的需要紧密联系在一起，生产过程中涉及的科学技术必须全面涵盖在教育的范围之内。例如，1921 年列宁根据苏联煤炭生产的情况指出："在学校和高等技术学校增设煤炭开采的必修课，编写教科书。"⑩ 对于教学方法，列宁认为必须与生产的方法相一致，要将教育与生产劳动相结合。列

① 列宁 . 列宁全集（第 3 卷）[M].北京：人民出版社，1972.

②③⑤⑥⑧⑨ 列宁全集（第 4 卷）[M].北京：人民出版社，1972.

④⑦ 列宁 . 列宁全集（第 30 卷）[M].北京：人民出版社，1972.

⑩ 列宁 . 列宁全集（第 35 卷）[M].北京：人民出版社，1972.

宁指出："利用经济企业和经济设施进行综合技术教育。" 否则 "无论是脱离生产劳动的教学或教育，或是没有同时进行教学和教育的生产劳动都不能达到现代科技水平和科学技术知识现状所要求的高度"。 最后，列宁认为教育的性质必须与社会的性质相一致。国家的社会经济性质发生改变，相应地，教育的性质也要发生变化。在十月革命胜利后，列宁认为："学校的教育和教学工作的性质以及社会教育的性质都应当改变……要使教学工作的性质适应正在发展的变化，看到现在要进行和平建设，要实行从工业和经济上改造国家的远大计划。"

（三）列宁关于从经济上支持教育发展的论述

列宁认为经济是教育发展的必备条件，各级政府应当为教育发展提供相应的经济支持。首先，列宁认为政府应当在教育经费投入中起主导作用，他认为"国家的各级自治机关应拨款创办这种学校"，政府应当将教育支出纳入年度支出预算，"使整个国家预算首先满足初级国民教育的需要"，如果支出预算减少，"首先应当缩减……其他部门的开支，以便把缩减出来的款项转作人民教育委员部的经费。" 其次，列宁认为应当为教育发展提供良好的物质条件，如教室、宿舍、教学器材等。最后，列宁认为要提高教师的经济待遇，为教师提供良好的工作条件。列宁认为对知识分子要"使他们有比资本主义制度更好的工作条件"、要"提高他们的思想意识，使他们真正具有符合他们的崇高称号的各方面的素养，而最重要的是提高他们的物质文化生活条件""尽可能地使他们有较好的生活条件，这将是顶好的政策，这将是最经济的办法，不然的话，我们节省了几亿，却可能丧失甚至用几十亿也不能补偿的东西""多给一点，不仅值得，而且是应当的，从理论上看也是必要的"。

---

① 列宁.列宁全集（第32卷）[M].北京：人民出版社，1972.

② 列宁.列宁全集（第2卷）[M].北京：人民出版社，1972.

③ 列宁.列宁全集（第30卷）[M].北京：人民出版社，1972.

④ 列宁.列宁全集（第24卷）[M].北京：人民出版社，1972.

⑤⑥ 列宁.列宁全集（第4卷）[M].北京：人民出版社，1972.

⑦ 列宁.列宁全集（第3卷）[M].北京：人民出版社，1972.

（四）列宁关于教育经济效果评价问题的论述

教育具有经济价值，但是如何对其进行评价与衡量呢？列宁认为教育"这种事业中，只有那些已经深入日常生活习惯的东西，才能算作已达到的成就"[①]。"政治教育的成果只有用经济状况的改善来衡量"[②]。由此可以看出，列宁认为可以从两个方面对教育的经济效果进行评价：一是教育通过使劳动者形成良好的思维与工作习惯，提高劳动力的职业素养，从而提升劳动生产率，在这方面，教育的效果体现为劳动者素质的提升；二是在劳动者素质提升的基础上，教育的功能体现在促进整个社会经济的繁荣与发展，从而实现物质文明与精神文明同步发展。

二、斯大林关于职业教育与经济辩证关系的论述

斯大林是苏联的主要领导人之一，同时也是国际共产主义运动的领导人，对 20 世纪世界及苏联产生了很大的影响。斯大林在接替列宁成为苏联的领导人之后，继承了列宁关于经济建设的一系列政策方针。他在领导苏联进行社会主义建设中坚持发展教育，坚持教育与生产劳动相结合为社会主义建设服务，并在实践中进一步丰富与发展了列宁的教育思想，尤其重视职业技术人才的培养，为苏联经济建设与教育发展做出了巨大贡献。斯大林教育思想主要包括教师是劳动大军的一部分、教育必须与生产劳动相结合、大力发展专业技术教育等，这些职业教育思想对于我国发展高等职业教育具有借鉴作用。

（一）斯大林认为教师是劳动大军的一部分

斯大林十分重视教师的培养工作，他认为教师是发展教育的关键。对于教师的作用，斯大林指出："人民教师的队伍是我国正在按社会主义原则建设新生活的劳动大军中的一个最必需的部分。"[③]在斯大林的指导下，一方面苏联政府为教师的学习、工作、生活提供了良好的条件，为教师提供十分优厚的福利待遇；另一方面苏联政府通过各种方式培养了大批教师队伍，建立了大

---

① 列宁.列宁全集（第 4 卷）[M].北京：人民出版社，1972.

② 列宁.列宁全集（第 33 卷）[M].北京：人民出版社，1972.

③ 斯大林.斯大林全集（第 7 卷）[M].北京：人民出版社，1958.

量培养教师的学校及机构,仅在1930~1950年就培养了65万的教师[①]。强大的教师队伍保证了苏联教育事业的蓬勃发展,为苏联社会经济发展提供了人才支持。

(二) 斯大林认为教育必须与生产劳动相结合

关于职业技术教育、教学是否与生产劳动相结合的问题在理论上存在分歧,在实践中存在手艺性劳动冲击普通教育及职业技术教育的现象,即忽视了普通教育、职业技术教育与工农业生产的相结合。针对这种现象,斯大林指出教育应当与生产劳动紧密结合,才能培养出社会主义建设所需要的人才,同时社会主义建设才能取得很好的发展。在斯大林指导下制定、发布的《关于小学和中学的决定》指出:"由于综合技术教育是共产主义教育的组成部分,它应当授给学生'科学基本知识',使学生'从理论上和实践上了解一切主要的生产部门',并使'教学跟生产劳动紧密结合起来'。"[②]

斯大林分析了教育与生产劳动脱节所带来的严重后果,认为教育应当同生产劳动相结合,且这种结合应当是工作与所学专业相对应,才能培养出理论与实践紧密相结合的专家型人才。斯大林在《关于中央委员会和中央监察委员会四月联席全会的工作》报告中指出:"那些没见过矿井也不愿意下矿井的年轻专家,那些没有见过工厂也不愿意在工厂里弄脏自己的年轻专家,是永远不能战胜旧的、经过实际工作锻炼的,但是仇视我们事业的专家。因此,很容易理解,为什么不仅旧的专家,不仅我们的经济工作人员,就连工人也往往很不欢迎这种年轻专家。"[③]他们之所以不受欢迎,是因为"他们学的是书本上的东西,他们是书本上的专家,没有实际经验,和生产脱节,他们自然会遭到失败。难道我们需要的这样的专家吗?不,我们需要的不是这样的专家……我们需要的专家,不管他们是不是共产党员,必须不仅在理论上,而且在实际经验上、在和生产的联系上都是很强的"[④]。斯大林进一步指出:"必须改变对他们的教育,并且必须这样改变:使年轻专家进入高等技术学校学习的头两年起就和生产、工厂、矿井等有密切的联系。"[⑤]

---

①③④⑤　斯大林.斯大林选集(下卷)[M].北京:人民出版社,1979.

②　中华人民共和国教育部翻译室.苏联普通教育法令选译[M].北京:人民教育出版社,1956.

（三）斯大林提出要大力发展专业技术教育

1925 年，斯大林在苏共第十四次代表大会上提出实现社会主义工业化的总路线。然而当时苏联社会主义工业化面临工业技术人才短缺的困境，根据苏联经济学家日尔诺夫的统计显示，苏联第一个五年计划开始之初，在工业领域工程师、技术员占从业人员的比重不到 1%；在农业领域，受过高等教育或者中等教育的专家占从业人员的比重不到 1/1000。鉴于此，斯大林指出要大力发展专业技术教育，培养工人阶级的技术骨干。首先，斯大林指出要改革教育管理体制，"必须使教育人民委员部、最高国民经济委员会和交通人民委员部三个机关分担加速培养新的技术知识分子的工作"，[1] 改变以往教育部门与经济部门脱离的局面，从而实现教育与经济部门需要相结合的目标。其次，增加专业技术教育的投资。斯大林认为教育是一项投资性支出，能够产生巨大的经济效益。1928 年 7 月，斯大林主持通过了《关于改进培养专家的工作》的决议，提出将教育拨款"同国民经济部门中基本建设的拨款同等看待，同时这方面的用款绝大部分应列入全苏联预算之内"。[2] 最后，斯大林还提出将高等学校、共产主义大学、工人进修学校等作为培养经济技术骨干人员的学校。在斯大林的领导下，1935 年开始苏联取消了中高等院校招生中生源身份的限制，大规模招收中高等职业技术学生，在短期内为苏联培养了大批专业技术骨干及人才。

第三节　毛泽东、邓小平关于职业教育与经济辩证关系的论述

中国共产党是伟大的无产阶级革命政党，历代领导人都十分重视教育的发展，将发展教育作为实现共产主义事业的重要基础。新中国成立以来，毛泽东、邓小平、江泽民、胡锦涛、习近平对发展教育及高等职业教育的战略意义、目标、宗旨、路线等都做出了精辟的论述，提出了一系列科学可行的观

---

① 斯大林.斯大林全集（第 11 卷）[M].北京：人民出版社，1955.

② 中共中央著作编辑局.苏联共产党代表大会、代表会议和中央全会决议汇编（第三分册）[M].北京：人民出版社，1956.

点，这些思想与观点是对马克思主义教育理论的继承与发展，促进了我国教育事业的繁荣。

一、毛泽东关于职业教育与经济辩证关系的论述

毛泽东是伟大的马克思主义者，是中国共产党及新中国的领导人，同时也是一位伟大的马克思主义教育学家，提出了许多教育思想，对我国教育事业与社会主义现代化建设产生了深远的影响。毛泽东教育思想的典型特征在于从宏观的角度把握教育的发展，特别注重从教育与政治、经济、现代化建设的相互关系来论述教育事业。毛泽东关于教育的论述主要体现在三个方面：一是教育与经济之间是辩证统一的；二是教育必须适应经济发展的需要；三是教育要与生产劳动相结合。

（一）教育与经济基础的关系

毛泽东认为教育与经济之间的关系是辩证统一、相互促进的。从教育与经济之间的关系来看，一方面教育是上层建筑，由经济基础决定，经济基础决定了教育的性质、目的以及任务，并且教育的发展建立在一定的物质基础之上；另一方面教育对经济基础具有反作用，能够促进或者阻碍经济的发展。关于教育与经济之间辩证统一的关系，毛泽东指出："一定的文化（当作观念形态的文化）是一定社会的政治和经济的反映，又给予伟大影响和作用于一定社会的政治和经济；而经济是基础，政治则是经济的集中表现。"[①]"教育一要有钱，二要有人，三要有机关。"[②]

毛泽东在1942年12月召开的陕甘宁边区高级干部会议上做了《经济问题与财政问题》的报告，进一步对经济是教育的物质基础进行论述。他指出在当前条件下，绝大多数同志的工作重心是经济工作与教育工作，但是"教育（或学习）是不能孤立去进行的，我们不是处在'学也禄其中'的时代，我们不能饿着肚子去'正谊明道'，我们必须弄饭吃，我们必须注意经济工作。离开经

---

① 毛泽东.毛泽东选集（第2卷）［M］.北京：人民出版社，1991.
② 毛泽东.毛泽东书信选集［M］.北京：人民出版社，1983.

济工作而谈教育或学习，不过是多余的空话"。①毛泽东以简单明了的词语阐明了经济是教育发展的基础。

而对于如何处理教育与经济的关系，毛泽东在《经济问题与财政问题》中提出二者不可偏废的观点，他认为："生产与教育不可偏废，各部必须精密地计划二者的工作及其相互间的配合，恰当地分配二者的时间。"②也就是说，教育与经济必须同时抓两不误，才能使二者互相促进，良性发展。

（二）教育必须适应经济发展的需要

教育必须适应经济发展的需要是毛泽东教育思想的核心观点之一。毛泽东认为教育通过科技文化知识的传递来培养人才，并通过培养人才、提升管理水平、提高劳动生产力来促进经济发展，因此教育必须为社会主义现代化建设服务，为经济建设培养大量合格人才。1933年，毛泽东就认识到了教育对经济发展的重要意义，在中央革命根据地大会报告上提出："用文化教育工作提高群众的政治和文化的水平，这对于发展国民经济同样有极大的重要性。"③毛泽东认为教育对经济发展的重要性无异于"查田行动"，即消灭封建土地私有制。毛泽东在党的七届二中全会报告中指出文化教育等活动必须紧紧"围绕着生产建设这一中心任务工作并为这个中心工作服务"。④新中国成立以后，我国成为社会主义国家，毛泽东多次提出教育要为我国共产主义事业服务，要培养具有社会主义觉悟的有文化的劳动者。新中国成立以后，各项事业百废待兴，需要大量的科学家、艺术家、工程师、技术骨干等专业技术人才，然而"我们的国家是一个文化不发达的国家。五百万左右的知识分子对于我们这样一个大国来说，是太少了"⑤。他认为教育必须为新中国的发展培养大量的有文化、懂技术的职业人才。

（三）教育要与生产劳动相结合

教育要与生产劳动相结合是毛泽东对马克思教育思想的继承与发展，毛泽

①② 中国人民大学中共党史系资料室.中共党史教学参考资料［M］.北京：中国人民大学出版社，1980.

③ 毛泽东.毛泽东选集（第1卷）［M］.北京：人民出版社，1991.

④ 毛泽东.毛泽东选集（第4卷）［M］.北京：人民出版社，1991.

⑤ 毛泽东.毛泽东选集（第5卷）［M］.北京：人民出版社，1977.

东从旧中国教育普遍与生产劳动脱节的批判中提出教育要与生产劳动相结合的观点。早在 1919 年，毛泽东在《学生之工作》中对教育与生产劳动脱离造成学生不谙社会现实的弊端进行了批判，提出"工读并行"的主张，并提出了三种办法解决教育与生产脱节的问题：第一，"须有一种经济的工作，可使之直接生产，其能力之使用，不论大小多寡，皆有成效可观"；第二，直接生产的产品"必为现今社会普通之要需"；第三，直接生产的工作场所"必在农村之中""必为农村之工作"。[①]1920 年，针对当时社会存在的受教育的人不能做工，而做工的人不能受教育的现象，毛泽东在《上海工读互助团募捐启》中提出"教育与职业合一、学问与生计合一"的主张。1921 年，毛泽东在湖南自修大学"组织大纲"中提出"本大学学友为破除文弱之习惯，图脑力与体力之平均发展，并求知识与劳力两阶级之接近，应注意劳动"。1934 年，毛泽东在第二次全国苏维埃代表大会报告中提出必须实行教育与生产劳动相结合的根本方针，"在于以共产主义精神来教育广大的劳苦民众，在于使文化教育为战争和阶级斗争服务，在于使教育与劳动联系起来，在于使广大中国民众都成为享受文明幸福的人"。[②]新中国成立以后，毛泽东更是强调教育必须与劳动相结合，提出了"劳动人民要知识化，知识分子要劳动化"的思想。从上述论述可以知道，毛泽东自始至终都坚持教育必须与生产劳动相结合的观点，在继承马克思教育思想的基础上，提出了"半工半读""勤工俭学""以生产养学校"等职业教育思想，进一步丰富了马克思主义教育理论。

二、邓小平关于职业教育与经济辩证关系的论述

作为中国共产党第二代领导集体的核心和我国改革开放与现代化建设的总设计师的邓小平，不仅改变了中国，还对世界产生了深远的影响。邓小平在继承马克思主义教育思想的基础上，从中国社会主义现代化建设的实际出发，提出了一系列重要的教育理论，丰富与发展了马克思主义教育理论。邓小平关于教育的论述主要集中在教育与经济发展的关系、教育与现代化的关系、教育与科技和经济发展的关系、教育必须与生产劳动相结合等方面，其中，"科教兴国"是邓小平教育思想的核心与精髓。在邓小平关于职业教育思想的引领下，

---

① 毛泽东 . 毛泽东早期文稿（1912.6—1920.11）[M].长沙：湖南出版社，1990.

② 中央教育科学研究所 .老解放区教育资料（一）[M].北京：教育科学出版社，1981.

国家教委、国家计委、国家经委、劳动人事部等部门召开了新中国成立以来的第一次与第二次全国职业教育工作会议，促进了我国高等职业教育的恢复与发展。

（一）教育与经济发展的关系

邓小平把教育视为经济发展的基础，他认为教育是"我们事业必定要兴旺发达的希望所在"。首先，邓小平认为社会主义经济发展需要依靠教育。他认为教育事业能够为国民经济的发展提供智力支持与技术保障，国民经济各个部门的发展除了需要物质投入以外，还都需要依靠教育培养人才。他认为教育事业是我国经济发展的支柱与依托，"没有人才不行，没有知识不行……现在要抓紧发展教育事业"。[1]因此，邓小平提出要加大教育的投入，使"教育事业的计划成为国民经济计划的一个重要组成部分"[2]。其次，邓小平认为教育是实现经济现代化建设的基础，他认为"不抓科学、教育，四个现代化就没希望，就成为一句空话"，所以"教育要狠狠地抓一下，一直抓它十年八年。我是要一直抓下去的"。[3]为什么要如此重视教育呢？邓小平认为"我们的国家，国力的强弱，经济发展后劲的大小，越来越取决于劳动者的素质，取决于知识分子的数量和质量。一个十亿人口的大国，教育搞上去了，人力资源的巨大优势是任何国家比不了的。有了人才优势，再加上先进的社会主义制度，我们的目标就有把握达到"[4]。再次，邓小平认为教育是一个民族最根本的事业。邓小平认为应当从经济发展、民族复兴的角度来看待与理解教育，发展教育有助于提高劳动者的综合素质与提升科技发展水平，从而促进经济发展，他指出"教育是一个民族最根本的事业。四化建设的实现要靠知识、靠人才，政策上的失误是很容易纠正过来的，而知识不是立即就能得到，人才也不是一天两天就能培养出来的"。[5]最后，邓小平认为教育投资是一种生产性投资，应当解决好教育投入的问题。针对我国教育投入长期较少的情况，邓小平指出"我们非要大力增加教科文卫的费用不可。否则现代化就化不了"。[6]邓小平特别强调教育与经济是"互相依赖的关系，不能顾此失彼"。

---

[1][4][6]　邓小平.邓小平文选（第3卷）[M].北京：人民出版社，1993.

[2][3]　邓小平.邓小平文选（第2卷）[M].北京：人民出版社，1994.

[5]　邓小平.教育是一个民族最根本的事业[N].人民日报，1986-04-02.

（二）教育与现代化的关系

邓小平认为教育是现代化的基础，而教育事业必须面向现代化。首先，邓小平认为实现现代化建设目标的基础在于教育，我国当前的主要任务是实现社会主义现代化，而如何实现社会主义现代化的目标呢？他指出"我们要实现现代化，关键是科学技术要能上去，发展科学技术，不抓教育不行。空讲不能实现现代化，必须有知识，有人才。没有知识，没有人才，怎么上的去？……现在看来，同发达国家相比，我们的科学技术和教育整整落后了二十年。科技人员美国有一百二十万，苏联有九十万，我们只有二十多万，还包括老弱病残，真正顶用的不很多。日本人从明治维新就开始注意科技，注意教育，花了很大的力量。明治维新是新兴资产阶级干的现代化，我们是无产阶级，应该也可能干的比他们好"。[①] 其次，邓小平认为教育应当在我国现代化建设中占据优先位置。改革开放以后，我国正处于全面开展现代化建设的起步期，邓小平认为应当将教育作为重点工作来抓，经济建设要转变为依靠科技进步与劳动者素质提高，他指出"我们的工作重点，应该包括教育。一个地区，一个部门，如果只抓经济，不抓教育，那里的工作重点就没有转移好"[②]。最后，邓小平认为教育必须面向现代化。1983 年邓小平考察景山学校时为其题词"教育要面向现代化、面向世界、面向未来"。邓小平表达了两层含义：一是教育必须为我国社会主义现代化事业服务，为现代化事业培养大量的高素质人才；二是教育自身也要实现现代化。

邓小平认为科学技术是第一生产力，现代经济的发展更多的要依靠科学技术的进步，而科技归根结底是掌握在人身上，要依靠教育将科学技术转化为人的劳动能力，并通过劳动者生产力的提高来促进经济的发展。首先，邓小平指出"社会生产力有这样巨大的发展，劳动生产率有这样大幅度的提高，靠的是什么？最主要的是靠科学的力量，技术的力量"，而"科学技术人才的培训，基础在教育"。[③] 其次，关于科技与经济相结合的问题，邓小平设计了两者结合的路径。他认为"解决科技与经济结合的问题，在方针和认识都明确了以后，要解决体制问题，要进行科技体制改革。经济体制，科技体制，这两方面的改革都是为解放生产力。新的经济体制应该是有利于科技进步的体制，新的

---

①③ 邓小平.邓小平文选（第2卷）[M].北京：人民出版社，1994.

② 邓小平.邓小平文选（第3卷）[M].北京：人民出版社，1994.

科技体制，应该是有利于经济发展的体制的"。① 再次，邓小平提出"科学技术是第一生产力"的观点。他指出"马克思说过，科技是生产力，事实证明，这话说得很对。依我看，科技是第一生产力"②。最后，邓小平提出"尊重知识、尊重人才"的理念。他说"改革经济体制，最重要的，我最关心的是人才，改革科技体制，我最关心的，还是人才"。③ 邓小平认为要充分发挥、调动人才的创造性，为我国经济发展服务。

（三）教育必须与生产劳动相结合

邓小平继承并发展了马克思主义教育理论关于教育必须与生产劳动相结合的观点。邓小平认为要把教育与生产劳动相结合的原则作为新时期教育改革和发展的根本方针之一。邓小平提出："必须认真研究在新的条件下，如何更好地贯彻教育与生产劳动相结合的方针。更重要的是整个教育事业必须同国民经济发展的要求相适应。"④ 在邓小平教育思想的指导下，1993年中共中央、国务院颁布的《中国教育改革和发展纲要》明确规定，"教育必须为社会主义现代化建设服务，必须同生产劳动相结合"。并且，在1995年我国颁布的第一部《教育法》中将"教育必须与生产劳动相结合"这一原则以法律形式确立。

第四节　马克思主义教育经济思想的当代价值

由马克思、恩格斯创立，并经由列宁、斯大林及毛泽东、邓小平等继承与发展的马克思主义教育经济思想，蕴藏着丰富的职业教育思想，对职业教育与经济之间的关系做出了许多深刻的论述，这些论述在今天看来仍然具有巨大的现实意义，是我国高等职业教育发展的指导思想。

从马克思主义教育经济的相关论述中我们可以得出以下结论：经济发展与高等职业教育之间存在着辩证的关系，经济基础决定高等职业教育发展，高等职业教育反作用于经济社会的发展。

---

①②③　邓小平. 邓小平文选（第3卷）[M]. 北京：人民出版社，1994.

④　邓小平. 邓小平文选（第2卷）[M]. 北京：人民出版社，1994.

一、经济基础决定高等职业教育发展

经济基础对高等职业教育发展产生决定性的作用，表现在以下四个方面：

1. 经济发展是高等职业教育发展的基础

物质生产活动是人类社会赖以生存与发展的最基本的社会活动，是其他一切社会活动的基础。作为经济社会发展到一定阶段的历史产物，作为一种社会实践活动，高等职业教育也必然要以经济为基础。经济社会的发展不仅为高等职业教育提供了各种条件，也对高等职业教育的发展提出新的要求，促进高等职业教育与经济社会发展水平相适应，推动高等职业教育又好又快地发展。

2. 经济发展是高等职业教育发展的保障

高等职业教育的建设、受教育者的培养需要大量的人力、物力、财力，归根结底，需要大量的经费投入，这些经费来源于国家财政性拨款、社会团体和公民个人办学投资、社会捐赠、学费和杂费等，所有的经费来源渠道都与一个国家的经济发展水平及富裕程度息息相关。即经济发展水平是高等职业教育发展的保障，直接影响着一个国家在高等职业教育上的投入力度，直接关系着高等职业教育的发展规模与速度。

3. 经济发展决定着高等职业教育的发展目标

由于高等职业教育的发展是为经济社会的发展服务的，所以，高等职业教育的发展要以是否有利于经济发展为准绳。经济发展对劳动者提出的要求，最终要在高等职业教育的发展目标中得以体现。高等职业教育的目标要随着经济发展方式的转变与产业结构的调整而相应改变。此外，经济发展水平还决定高等职业教育发展目标的实现方式与实现过程，决定着高等职业教育发展目标中的人才培养模式。

4. 经济发展决定着高等职业教育的发展体系

高等职业教育的人才培养要能适应产业结构调整、科学技术进步，这就必须合理设置专业结构、课程结构、人才培养方式。高等职业教育的发展重点应是面向当期在国民经济中占据主导地位的产业，这就要求专业结构、课程结构与这些产业息息相关，否则，有可能因为人才培养结构不合理而造成结构性失业。另外，人才培养中，如果还是采用"满堂灌""填鸭式"的教学，容易与经济社会发展相脱节，难以培养出适应经济社会发展的应用型人才。因此，经济发展又决定了人才培养可以采用订单培养、校企合作等灵活的培养模式。

二、高等职业教育反作用于经济社会发展

高等职业教育对经济社会发展的反作用力体现在以下三个方面[①]：

1. 高等职业教育为经济发展提供直接生产力

高等职业教育为经济发展提供专门劳动力，这种专门的劳动力为经济社会的发展创造直接的、更多的财富。马克思说，教育"使劳动能力改变形态""使劳动能力具有专门性"[②]。高等职业教育培养的技术型专门人才能掌握某一特定生产领域的生产原理、劳动技能与劳动技巧，其只要与一定的生产条件及生产实践相结合，就能创造出一定的经济价值，促进经济社会的发展。高等职业教育培养的劳动者是科学劳动者，科学劳动者的劳动是复杂劳动，复杂劳动在同样的劳动时间内，可以创造出比简单劳动更多的价值量，即创造更多的经济价值。

2. 高等职业教育为经济发展准备间接生产力

高等职业教育能进行科学技术这一间接生产力的生产与再生产，从而促进经济社会的发展。首先，高等职业教育具有传递、积累、发展科学技术的职能。高等职业教育对科学技术知识的传播，受教育者或相关产业部门将这些科学技术应用与推广，使生产力中人的因素、物的因素相结合，转化为现实生产力，促进经济发展。其次，高等职业教育具有直接生产科学技术的功能。高等职业教育除了培养人才外，还承担着科学技术研发的任务，研发出来的科研成果为社会使用，实现了科学技术本身的生产与创新，促进了生产力的转化。最后，高等职业教育还具有科学技术的再生产功能。高等职业教育为科学技术的"生产"部门培养大量的专门性、科学性、复杂性劳动人才，从而促进了"科学技术'生产'部门的'再生产'[③]。"总之，高等职业教育的发展是科学技术进步的重要推动力。

3. 高等职业教育为经济发展铸就精神生产力

马克思把完整的生产力划分为物质生产力与精神生产力，物质生产力决定精神生产力，精神生产力反作用于物质生产力。精神生产是一种脑力劳动，具有能动性，能不断拓展对客观事物的认识，不断创造新观点、新见解、新理

---

① 唐文忠.我国高等职业教育促进经济发展的理论与实证研究［J］.东南学术，2015（4）：227.

② 马克思，恩格斯.马克思恩格斯全集（第26卷）［M］.北京：人民出版社，1972.

③ 周婧.高职院校服务地方经济建设的现状与对策研究［D］.江西农业大学博士学位论文，2013.

论、新形象，用于指导实践，提高劳动效率，促进经济发展。高等职业教育对受教育者进行专业技术教育、文化科学教育的同时，也注重其在人生观、价值观、世界观、精神、道德等方面的素质教育。素质教育有助于受教育者形成正确的人生方向，从而使受教育者表现出主动性、创造性等积极的能动性，形成强大的精神生产力，使生产劳动更具活力，大大提高劳动生产力，增加经济效益。由此可见，高等职业教育所生产的劳动力是全面发展的劳动力。马克思认为，教育劳动不仅是提高社会生产的一种方法，而且是造就全面发展的人的唯一方法。经济社会的发展要求劳动者不仅要具备物质生产的能力，还要具有精神生产的思想素质，劳动者的全面发展又反过来多维度地作用于社会的发展，促进经济的繁荣。

西方近现代高等职业教育发展的
经济思想史考察

高等职业教育是西方高等教育体系的重要组成部分，高等职业教育问题也是西方经济学家关注的重点领域之一。第一次工业革命以来，科技发展日新月异，社会分工不断扩大，对工人的技能要求不断提高，催生了建立系统的职业教育体系的需求。西方经济学家在对经济进行研究的同时，对高等职业教育的经济功能、高等职业教育与经济发展之间的关系等问题进行了研究，取得了较丰富的研究成果。西方近现代经济学家关于高等职业教育的经济学分析虽然存在不少的谬误，但是客观地反映了高等职业教育的经济属性，这些研究成果对于我国高等职业教育的发展具有重要的借鉴意义。本章对西方工业革命以来的高等职业教育发展史进行考察，在此基础上考察西方经济学家对高等职业教育的经济学分析，从思想史的角度为我国高等职业教育发展提供理论借鉴。

 ## 第一节　西方高等职业教育的产生与发展

在西方各国，高等职业教育与其他类型教育一样，有着悠久的历史，经历了萌芽、初步发展、规模化发展、内涵化发展等阶段。

一、西方高等职业教育萌芽时期（18世纪60年代以前）

早在第一次工业革命以前，西方就有了高等职业教育的萌芽，这一阶段西方高等职业教育的主要表现形式是依附于学徒制及其他机构，包括学徒制、行业协会和教会学院等职业教育形式。学徒制已经具备了职业教育的基本特征。

由于当时社会分工比较简单，对专门的技术人才需求很弱，并不具备开展正规高等职业教育的条件，这些教育形式没有依托正规的院校，最初成立的初衷也并非进行专门的职业教育，因此这个阶段的职业教育具有零散性、非正规性、非系统性的特征。

学徒制是通过师傅在生产过程中传帮带，使学徒获得相应的技术与技能。关于学徒制，早在古希腊时期柏拉图在《理想国》中就有相关的描述。随着分工不断扩大，逐渐出现了行会，行会的功能之一就是组织、维护学徒制的实施，如德国的行会就组织了学徒、帮工、师傅三个层次的教育。学徒制重在通过实践进行教学，培养了许多优秀人才，如达·芬奇等艺术家就是通过学徒制的教育方式培养出来的。

除了学徒制，这一阶段职业教育的形式还有教会学院、行业协会等。这些机构并不以培养市场需要人才为目的，但是客观上都给学员传授了技术与操作技能，并开设了少数科学课程，具备高等职业教育的某些特征。中世纪一些教会在对僧侣进行培训中开设了一些科学的课程，以使他们掌握一技之能，如英国在 1362 年成立的埃特伯雷学院以及 1380 年成立的达勒姆学院都具有类似的功能。[①]一些行业协会特别是政府公办的行业协会，在进行科技研究的同时也进行一些高职教育活动。例如，1660 年英国查尔斯二世成立的皇家协会，在进行机械制造科技研究的同时，还致力于将其研究成果通过教育的形式扩大在实践中的应用。这一时期还出现了学校教育的雏形，如法国 17 世纪建立的炮兵技术学校，其致力于培养高层次的技术型人才，具有明显的高等职业教育的特征。

二、西方高等职业教育初步发展时期（18 世纪 60 年代至 20 世纪 50 年代）

第一次工业革命以来，科学技术发展日新月异，特别是第二次工业革命以后，科学技术更是飞速发展，社会分工越来越细化，对劳动力的技术水平及专业能力提出了越来越高的要求，这为西方高等职业教育发展提供了良好的契机。在这一阶段，西方国家建立了大量正规的高职院校，高职教育逐渐制度化，高职专业多样化。总体来说，在这一阶段，西方高等职业教育取得了初步发展。

---

① 姜惠. 当代国际高等职业技术教育概论［M］. 兰州：兰州大学出版社，2002.

（1）建立了大量正规的高等职业教育院校。18世纪60年代第一次工业革命以后，西方国家的生产方式发生了巨大的变化，专业化分工不断扩大，生产过程不断复杂化。为了适应日益增长的人才需求，英国、法国等国家成立了大量的职业教育院校。法国在路易十五以及路易十六期间成立了许多专业性很强的职业院校，如1747年成立土木学校、1778年成立矿山学校；另外，单单制图学校就成立了27所。这些学校以培养各种高水平的工程师、技术员为目标，开设了包括物理、水利、测量、数学等在内的科学课程，为法国工业发展输送了大量的高级人才。工业革命的发源地英国也建立了为数不少的职业教育院校，与法国由政府主导不同的是，英国由行业协会及民间力量主导高职教育的发展，更加契合生产发展的需要。德国虽然在工业上比较落后，但是也通过行业协会成立了不少职业教育学校。随着工业革命的持续推进，社会分工更加细化，对劳动力的要求不断提高，因此进入19世纪以后，欧洲各国不断加大建立高职院校的力度，正规的高等职业教育院校数量不断增加，办学水平不断提升。19世纪初，法国分门别类地成立了数量不等的理工学校、师范学校、工艺学校、卫生学校。德国在19世纪初加大发展高职院校的力度，成立了大量工科类院校，截至1835年，德国已经成立35所工业院校，并适时将这些院校升格为大学。[①]

（2）高等职业教育发展逐渐进入制度化。第一次工业革命以前，欧洲的职业教育依附于其他机构，不以培养市场需求人才为目标，开展职业教育更多依靠的是行业与民间的自发行为，根本未能形成制度化发展。进入工业革命以后，欧洲的生产方式发生了巨大的变化，工业成为国民经济的支柱产业。相应地，市场对专业性与技术性的人才需求量大增，原有的非正规化、非制度化、零散型的职业人才培养模式显然不能适应经济发展的需要。因此，西方各国都将职业教育纳入正规化教育范围，建立起高等职业教育院校的正规学制。19世纪上半叶，美国、德国率先建立高等职业教育制度，将高职院校纳入国家的正规学制。19世纪下半叶，英国、法国也建立了高等职业教育制度，高职院校成为国家的正规学制。

（3）高等职业教育专业方向多样化。第一次工业革命以前，西方各国以农业及贸易为主，工业主要以手工业为主，因此社会分工范围仍然比较狭窄，对劳动力的专业性及技术性要求不高。第一次工业革命以后，工业成为西方国家

---

① 匡瑛. 高等职业教育发展与变革之比较研究［D］. 华东师范大学博士学位论文，2005.

的主要经济组成，科技进步日新月异，社会分工不断扩大、不断细化，每个细分领域的工种都要求劳动者有相应的专业素养与技术技能。因此，在这一阶段，西方各国的高等职业教育呈现出专业方向多样化的趋势。例如，法国按照专业的分类成立了理工学院、师范学院、工艺学院、卫生学院，每个学院又下设了若干不同的专业方向。

（4）高等职业院校发展方向多样化。工业革命以后，为了顺应人才培养的需要，以法国、英国、德国等为代表的西方国家建立了大量的职业院校。进入工业化时代之后，为了顺应人才需求的变化，这些职业院校调整自己的发展方向，有的院校向综合大学发展，有的院校向专科学院发展，有的院校向专业培训机构转变，发展方向呈现出多样化特征。首先是向综合性大学发展，如德国柏林工业专门学校升格为工业大学，美国麻省理工学院等综合性大学即是由工艺学院升格而来。其次是向专科学院发展，比较典型的是美国。20 世纪初，美国将一部分高职院校转变为两年制或者三年制的专科学院。最后是向专业培训机构转变，比较典型的是英国。英国充分发挥行业协会在职业教育中的作用，行业协会成立了大量的讲习所，这些讲习所拥有良好的科研与教学条件，成为培养行业高级人才的重要机构。

三、西方高等职业教育规模化发展阶段（20 世纪 50~70 年代）

自第二次世界大战结束到 20 世纪 70 年代是西方高等职业教育发展的黄金时期，这阶段西方高等职业教育呈现出规模化发展的特征。二战结束后，西方高等职业教育之所以呈现出规模化发展的态势，主要有以下几方面原因：首先，西方各国经历了两次工业革命，特别在二战期间，科技进步速度更是飞速，社会分工不断细化，生产过程日趋复杂化与专业化，客观上要求大量受过专业培训的技术型与专业型人才，催生了高等职业教育的规模化发展。其次，第二次世界大战结束后，一方面各国人民经过长时间的颠沛流离，都渴望安居乐业，接受职业教育然后拥有一份安稳的工作成为人民的迫切愿望；另一方面战争结束后有大量军事人员需要退伍安置，参加职业教育培训成为安置的重要举措之一。最后，二战后，各国经济社会稳定，人口增长较快，就业问题慢慢凸显，发展职业教育成为就业问题解决的重要途径。因此，二战以后西方各国高等职业教育进入规模化发展的阶段，表现为建立大量新的院校以及原有院校规模的扩张。例如，英国专门成立了为高等职业教育服务的四大学院以及高级工程技术学院，并在 20 世纪 60 年代将四大学院的数量分别增加至 350 所、165 所、25 所和 28 所[①]；美国则在全国 300 多所大学里面增加了具有高等职业教育功能的技术学院，同时扩张职业教育机构社区学院到 200 多所；德国在战后更是充分发挥其民族文化的特征，将职业教育发展至极致，为德国制造业提供了大量的优秀人才。

四、西方高等职业教育内涵化发展阶段（20 世纪 70 年代至今）

20 世纪 70 年代以来，西方高等职业教育进入内涵化发展阶段，在规模继续扩大的同时，更加强调高职教育的质量，呈现出渐成体系、各具特色的特征。20 世纪 70 年代以前，西方国家构建了高等职业教育基本的框架与模式。从 70 年代开始，随着西方各国战后重建的逐步完成以及新科技革命的不断推进，各国的科技进步加快、社会分工更加细化、对劳动力的专业要求不断提高，这些都对原有高职教育提出了新的挑战，在应对这些新的挑战中，西方高等职业教育进入不断丰富与特色化的时期。

（1）更加强调高等职业教育办学质量。20 世纪 70 年代以来，西方高等职业教育的办学质量与市场需求的差距问题不断显现出来，教育内容与市场需求脱节，毕业生就业难等问题逐渐凸显。在此背景下，西方各国纷纷加大对高等职业教育办学质量问题的关注力度，出台一些新的高等职业教育计划与改革措施力图提升办学质量。例如，美国出台了《1976 年职业教育修正案》、德国出台了《高等教育区域化发展计划》、英国出台了《21 世纪的教育与培训》等，这些计划对提高高等职业教育办学质量提出了目标与对策。

（2）更加重视建立符合国情的特色化高等职业教育办学模式。20 世纪 70 年代以前，西方各国为了满足经济发展的需要，大规模推进高等职业教育发展，对国情及文化因素重视不够。经过长期的实践与经验积累，西方各国不断调整本国的高等职业教育政策，努力探寻适合本国国情的特色化高等职业教育办学模式，效果显著。德国在高等职业教育中不断强化严谨、缜密、求实的民族文化，致力于培养思维缜密、训练有素、技术过硬的高级技术型人才，为德

---

① 石伟平．比较职业技术教育［M］．上海：华东师范大学出版社，2001．

国制造业保持世界一流水平做出了巨大的贡献。美国则从其崇尚自由、民主的文化出发，探索出满足国民多样化需求、以社区学院为代表的高等职业教育办学模式。

（3）重视高等职业教育功能的多样化发展。20世纪70年代以前，高等职业教育的功能主要是满足经济发展中的人才需求，为经济发展提供专业性人才。20世纪70年代以后，高等职业教育的功能出现了多样化发展，不仅是为经济发展提供具备符合岗位条件的人才，还在于为劳动者提供转岗需求、满足劳动者职业生涯规划需求、促进人的发展等。

（4）重视高等职业教育与国民教育体系中其他教育层次的互通与衔接。高等职业教育在西方很早就被纳入国民教育体系范围，但是与其他教育层次的互通与衔接是不顺畅的。20世纪70年代以后，西方各国着手解决高等职业教育与其他教育层次的互通与衔接。以德国为例，原来德国的高等职业教育与普通教育之间是互不沟通的两个系统，高职毕业生提升学历存在很大困难，德国教育部门制定相应的政策允许高职毕业生攻读博士学位，实现高职教育与其他教育的互通与衔接。在美国，中学生可以在"社会大学"接受高职教育，其在"社会大学"获得一定的学分后，可以被授予"副硕士"学位。

第二节　古典经济学家与德国历史学派　关于职业教育与经济关系的论述

从威廉·配第（William　Petty）开始的古典经济学，在对资本主义生产过程的研究中提出了劳动创造价值的观点，并对资本主义剩余价值进行初步的研究，为马克思主义政治经济学的创立提供了思想的来源。古典经济学家和德国历史学派在对资本主义经济问题进行研究的过程中，也关注了包括职业教育在内的教育问题，对教育的经济功能进行研究，提出了一些看法与见解，一定程度上促进了教育和经济事业的发展。

一、配第关于职业教育与经济关系的论述

威廉·配第出生在英国的一个小业主家庭，从事过水手、医生、教师等工

作，因著有《赋税论》《政治算数》《献给英明人士》等著作而闻名于世。马克思十分欣赏威廉·配第的才华，他认为"古典经济学在英国从威廉·配第开始"。[①] 威廉·配第不仅经济思想上对古典经济学产生了很大影响，还对教育问题做了一些论述，他是英国近代史上第一个提出应当由国家财政支持教育发展的思想家。

首先，威廉·配第认为应当用科学的方法研究教育问题，教育问题与经济问题、社会问题等都可以借助数学工具进行研究，主张通过在全国范围内进行教育调查，对已有的教育机构、专业设置、学生生源以及学生数量进行摸底，在此基础上制定相应的教育政策。其次，威廉·配第从经济学的角度认为必须大力推进教育的发展。威廉·配第认为"劳动是财富之父，土地是财富之母"，提出了朴素的劳动价值论，并且他认为土地、资本等是物的因素，价值的创造归根结底要依靠劳动者，而科技及劳动者素质则是最终的决定因素。在此基础上，威廉·配第认为教育对经济发展具有促进作用。再次，威廉·配第认为教育是国家公共的事务，应当把发展教育作为国家的义务。他认为应当把教育纳入公共预算，"公共经费的第三项，就是为拯救人的灵魂，启导他们的良知的经费"。[②] 对于教育费用的必要性，威廉·配第指出："也许有人认为这种经费是另一个世界的……但是，我们如果考虑到逃避人类的法律、罪犯找不到证据的罪行、捏造证词、曲解法律的意义等行为是多么容易，那么，我们就会认为有必要缴纳一种公共经费，用以使人们通晓神的戒律。"[③] 最后，威廉·配第认为国家应当为教育部门提供足额的经费。他认为国家应承担"各种学校以及大学，特别是当他们教给上面那些人诵读、写作和算数的时候所需的经费"。[④] 他进一步论证为教育机构提供经费的必要性，他认为："学校或学院这些机构……如果他们的目的是在于给最优秀而有天资的人提供一切可以想象得到的帮助，使其从事于探求自然界的一切运行规律，那无疑是一种善举。在这个意义上，它们所需经费也应当算是公共经费。"[⑤]

威廉·配第从经济学的角度阐述了大力发展教育的意义，指出国家应当大力支持教育的发展，反映了资本主义发展过程中的客观需求，对于当时重视职业教育的发展起到了一定的作用。

---

① 马克思，恩格斯．马克思恩格斯全集（第 13 卷）[M]．北京：人民出版社，1995．

②③④⑤ 威廉·配第．赋税论 献给英明人士 货币略论 [M]．北京：商务印书馆，1963．

二、斯密关于职业教育与经济关系的论述

亚当·斯密（Adam Smith）是英国著名的古典经济学家，是西方古典经济学的开创者，对西方经济学的发展产生了巨大的影响，其代表作《国民财富的性质和原因的研究》及《道德情操论》成为西方经济学最经典的著作，他也因此被誉为"现代经济学之父"。亚当·斯密在对国民财富增长进行研究的过程中，也关注了国民教育的问题，特别是他提出了适当的劳动分工、通过教育和适当年限的学徒制来提高劳动者的生产技能将更好地促进经济发展等观点，是很独到的职业教育经济思想。

（一）斯密关于教育与社会经济关系的论述

斯密认为教育提高劳动者的素质和技能有利于经济建设和社会稳定。首先，斯密认为教育能够提高劳动者的素质从而带动经济的发展。斯密认为劳动力数量的增加固然是国民财富增长的动力，然而劳动者的素质与劳动技能的提高更是经济发展的源泉。他认为："要增加一国土地和劳动的年产物的价值，没有其他的办法，只有靠增加生产性劳动者的人数，或增进以前所雇用的生产性劳动者的生产力。"[①]增进生产性劳动者的生产力有两种方式：一是增加或改进促进生产力提高的工具；二是适当分工，提高劳动者的素质及技能。斯密认为劳动者素质及技能的提高关键在于教育，他一方面正面论述劳动者素质及生产技能提升对经济发展带来的好处，另一方面从反面论证劳动者素质及生产技能低下对经济的阻碍作用。其次，斯密认为教育有利于形成良好的社会秩序，维护社会稳定，从而为经济发展营造良好的环境。斯密认为："受到的教育越多，越不容易受到狂热和迷信的欺骗，这些在愚昧民族中常常造成最可怕的骚乱。此外，受过教育的有智力的人民，常常比无知的和愚蠢的人民更懂礼节，更守秩序。"[②]

（二）斯密关于教育与就业关系的论述

首先，斯密认为应当加大对普通人民的教育力度，他认为受过更高级教育的阶层往往能够从事更为复杂的脑力劳动，而没受过教育或者只受过很少教育的阶层往往只能从事简单的体力劳动。其次，斯密认为教育对就业的影响要视

---

①②　亚当·斯密.国民财富的性质和原因的研究［M］.西安：陕西人民出版社，2001.

行业而定，他认为："任何一个人在其所受教育中能否取得就业的资格，依不同的职业而非常不同。在大部分机械行业中，成功几乎是肯定的；但在自由职业中，则极其难于肯定。"① 最后，斯密对当时欧洲普遍存在的"学徒制"进行研究，他认为由行业协会控制的欧洲"学徒制"虽然还不具备现代教育的意义，但确实已经具备了一些教育的功能。斯密认为欧洲的行业协会通过控制学徒人数及规定学习期限来达到控制行业从业人数的办法是极其粗暴的，是对工人正当权益的侵犯，同时也阻碍了企业主与工人的自由选择。同时，斯密还认为"长久的学徒年限完全是不必要的"。

（三）斯密关于人力资本的论述

"人力资本"的概念并非由斯密提出，但是斯密的思想里面已包含"人力资本"的思想。斯密关于人力资本的论述，体现在两个方面：一是对人力资本含义的论述，二是对人力资本影响因素的论述。

首先，人力资本的含义。斯密对国家的总资产进行分类，他认为可以分为预留消费、固定资本和流动资本，预留消费部分不产生利润，固定资本与流动资本能够产生利润。固定资本由四个部分组成，其中"社会所有居民或成员获得的有用才能。这种才能的获得需要维持获取人去接受教育，进行研究或充当学徒，总是要花费一笔实在的开支，这好像是固定并实现在他身上的资本。这些才能构成他的财产的一部分，也构成他所属的社会财产的一部分"。② 这种"有用才能"即是现代意义上的"人力资本"。斯密认为这种"有用才能"一方面需要花费一定的费用，是需要进行投资的，另一方面这种"有用才能"还会像物质资本那样产生收益，"他学习去从事的工作，超过通常的工资和普通的劳动，能补偿他所受教育的全部支出，至少还要带来同等有价值资本的普通利润"。③ 斯密认为人力资本投资越多，相应地，回报也应当越高，"精巧艺术和自由职业的教育更加冗长乏味和费用高昂。因此，画家和雕刻师、律师和医生的货币报酬应当更加丰厚"。④

其次，人力资本的影响因素。斯密认为人力资本的影响因素主要有劳动分工和教育两个。关于劳动分工对人力资本的影响，斯密认为"劳动在任何地方运作，或应用中所体现的技能、熟练和判断的大部分，似乎都是劳动分工的结果"。⑤ 他甚至认为"不同的人所具有的天赋才能的差异在实际上比我们所想

---

① ② ③ ④ ⑤　亚当·斯密. 国民财富的性质和原因的研究［M］. 西安：陕西人民出版社，2001.

象的要小得多；成年人从事不同的职业所表现出来的非常不同的才能，在许多场合，与其说是劳动分工的原因，不如说是劳动分工的结果。最不相同的人物之间的差异，例如一个哲学家和一个普通的街头搬运夫之间的差异，似乎不是由于天赋，而是由于习惯、风俗和教育所产生的。当他们来到这个世界上，在六岁或八岁之前，他们或许非常相像，他们的父母或游戏伙伴看不出他们有什么显著的不同。大约在那个年龄，或随后不久，他们开始从事非常不同的职业。于是，才能的不同开始被注意到，并且逐渐扩大，直到最后，哲学家的虚荣心就不肯承认有任何相似之处"。① 由此可见，斯密认为人与人之间的原始差异是很小的，正是由于分工及所从事职业不同，才使人与人之间的能力产生差距，并且分工是差距产生的主要原因。关于教育对人力资本的影响，斯密认为教育在人力资本的形成过程中起到非常重要的作用。斯密认为，通过道德及音乐教育能够改善人们心灵、陶冶人们情操，使人成为遵纪守法的好公民；通过体育与军事教育能够坚强人们身心，增强体质；通过科学知识教育，能够提高人们分析、解决问题的能力，提高生产技能。教育对人这几个方面的改善都是人力资本形成的表现及过程。

（四）斯密关于教育成本分担的论述

斯密在《国富论》中提出了解决教育成本问题的方法，并着重论述了国家对教育的责任问题。斯密认为教育经费的来源主要有三个渠道：一是学生支付的学费；二是国家对教育的经费投入；三是君主、社会及某些个人的捐赠投入。斯密对三种经费来源对办学效率的影响进行了研究，他认为以学生支付老师学费的方式能够促使教师勤勉工作，以国家投入为主，教师"酬金全部甚至主要由国家付给，他很快就会学会忽视他的业务"②，以捐赠投入为主，"必然或多或少减少教师们做出努力的必要性"③。

三、李斯特关于职业教育与经济关系的论述

弗里德里希·李斯特（Georg Friedrich List）是德国 19 世纪最出名的经济学之一，也是德国历史学派的先驱，其代表作《政治经济学的国民体系》对落后国家的经济发展问题进行研究，提出了许多深刻的论点。李斯特承认英国古

①②③　亚当·斯密.国民财富的性质和原因的研究［M］.西安：陕西人民出版社，2001.

典经济学的价值理论，但在经济哲学方法上反对英国古典经济学，因此，一般认为李斯特属于历史学派。但在教育问题上，李斯特与配第、斯密等古典经济学家一样，特别重视教育在国民经济发展中的作用，所以本书把李斯特关于职业教育与经济关系的论述也置于本节。李斯特把物质资本与精神资本作为资本的两种形式，提出通过教育促使科学技术进步，提高劳动者操作技术，培养既有熟练技术水平又有实战经验的管理者；还提出培养创新、创造能力和特殊才能的人才将更有效地提高经济效益等职业教育经济思想，对教育经济理论的发展做出了一定的贡献。

（一）李斯特关于精神资本的论述

李斯特认为要对"资本"这一名词进行划分，因为它不仅仅包含传统意义上的物质资本，人的智力及精神也是资本的范畴，从而提出了"精神资本""智力资本"的概念。李斯特据此将资本划分为物质资本与精神资本两种形式，并对两种形式资本的内容及性质进行研究，他认为精神资本是指"个人所固有的或个人从社会环境和政治环境得来的精神力量和体力"。[①] 李斯特提出传统认为的体力劳动是物质财富的唯一创造者的观念是错误的，他举例说明古代国家劳动人数占总人口比重以及劳动强度远高于现代国家，而古代人民的生产力及生活水平却远低于现代。李斯特认为对这一现象能够合理解释的因素就在于科学发现、技术进步、智力提高等精神资本的积累。李斯特进一步认为，物质资本与精神资本都是促进财富增长的手段，但是经济增长最终的源泉在于精神资本的增长，精神资本的增加能够提高物质资本的利用效率，发现并利用新的资源，从而促进经济更快增长。

（二）李斯特关于教育经济功能的论述

李斯特认为教育的经济功能在于开发智力资源。李斯特认为"人的因素——生产物品的愿望和能力"比起物质资本来说重要得多，科学技术、操作技能、价值观念等精神资本的组成要素必须通过教育才能实现传承、积累，才能发挥实际的作用。对此，李斯特指出："自然界以水力、风力、畜力和蒸汽力补充和增强人的生产力，提高产量。但是，只有当人发展了必要的智力之后，他们才能利用这些自然力，建立先进的工场和工厂。他们必须受过启蒙和良好的教

---

① 李斯特.政治经济学的国民体系［M］.北京：商务印书馆，1983.

育，他们应该有良好的科学知识和高水平的技能。"[1] "一个社会，若让它的大部分体力和智力资源腐烂在闲置中，是愚蠢的"[2]，要使体力和智力资源发挥最大作用，就必须大力发展国民教育。李斯特通过"两个地主—五个儿子"的例子来说明教育是经济增长的源泉。李斯特举例说一个地主重视对儿子的教育，而另一个地主却因是守财奴而忽视对儿子的教育。结果是前一个地主的儿子因受过良好教育而拥有专门技术及掌握良好的管理技巧，从而使家庭的财富不断增长；后一个地主的儿子由于未受过教育只能从事简单的体力劳动，结果是家庭财富越来越缩水。李斯特认为，教育对于一个家庭的意义同样适用于一个国家与民族。[3] 李斯特对教育的经济功能进行总结，认为教育的经济意义主要体现在以下四个方面：一是教育能够培养出具有"技能和新的工作习惯"的劳动力；二是培养出具有科学知识、擅长管理的企业主；三是能够培养出具有创造力以及创新性的人才；四是教育通过上面三个方面的功能能够增强一个国家的产品竞争力。

（三）李斯特关于如何发挥教育经济效益的论述

教育具有很强的经济功能，但是什么样类型的教育才能充分发挥经济效益却是需要进一步深化研究的问题，对此，李斯特从三个方面进行了论述：一是要把教育与实践相结合，从而使教育的对象能够产生经济效益。要达到这种目的，就要通过各种方式把技术工程师、有实战经验的管理者等"具有特殊才能的人"吸引到教育事业从事教学工作，提高教育的质量。二是教育的发展必须与国民经济的需求相适应，即使教育结构与国民经济对人才需求结构相适应。李斯特指出："有些国家可能会有这样的情况，哲学家、语言学家、文学家这类人才有余，而熟练技工、商人和海员却感到不足。……像这样'针头过多'的国家，它所过剩的是一大堆无用的书本、难以究诘的理论体系和学说的空泛争论，结果使整个国家在理智上越来越糊涂而不是越来越开朗，对于实用工作则置之不顾，生产力的发展受到了阻滞，这就好像处于这样一种畸形状态，国内的僧侣很多而缺少诱导青年的教师，军人很多而缺少政治家，行政官很多而缺少公理与正义的裁判者和捍卫者。"[4] 三是改革各种社会制度，营造有利于教育发展的社会氛围，从而促进教育为经济发展服务。李斯特认为不仅学校的正规教育对人具有教育作用，社会环境也是人们接受教育的场所，必须要对影

---

①②③④ 李斯特. 政治经济学的自然体系（英文版）[M]. 伦敦：弗兰克·卡斯出版公司，1983.

响社会环境的各种社会制度进行改革，营造出有利于人们身心发展及努力拼搏的社会氛围。他认为："每一个有责任感的政府都应该努力消除那些阻碍文明进步的障碍。……健全的法律、制度和有效的行政管理能够消灭盲从，迷信、懒散、无知和浪费；能够消灭特权和有害的制度；能够改进教育，培养自由和提高道德水平；能够吸引国外的技能和资本；能够创造出有益于国家的新的经济资源。"①

第三节　新古典经济学家关于职业教育与经济关系的论述

　　新古典经济学从 1871 年的"边际革命"开始持续到 20 世纪 30 年代的"凯恩斯革命"结束。新古典经济学家在坚持古典经济学市场经济理论的同时，以边际效用论取代劳动价值论，主要研究资源配置、经济增长等问题，主要包括了以门格尔（Carl Menger）为代表的奥地利学派、以瓦尔拉斯（Léon Walras）为代表的洛桑学派、以马歇尔（Alfred Marshall）为代表的剑桥学派。新古典经济学从经济增长的角度来看待人力资本与教育的问题，由于摒弃了劳动价值论，所以他们对教育与人力资本的看法充满了矛盾，对教育的观点经历了从轻视、重新发现，到重视并形成人力资本理论萌芽的过程。

一、杰文斯等忽视教育对经济的促进作用

　　19 世纪 70 年代初，以杰文斯（William Stanley Jevons）、门格尔、瓦尔拉斯等为代表的经济学家进行了"边际革命"，提出了边际效用论以及边际生产力理论，摒弃了劳动价值论。新古典经济学否定劳动价值论，将劳动力视为与其他物质资本一样的要素，将劳动力视为同质化，否认简单劳动与复杂劳动之间的区别。杰文斯认为价值的决定因素是商品的效用，可以用边际效用和总效用来描述商品的交换价值和使用价值，从而否认了劳动是价值的源泉。以门格尔、庞巴维克等为代表的奥地利学派坚持劳动并非创造价值的源泉，他们认为

---

　　①　李斯特.政治经济学的自然体系（英文版）[M].伦敦：弗兰克·卡斯出版公司，1983.

价值是人的一种主观上的感受，价值之所以存在以及价值的大小主要在于物品能够满足人的欲望以及在多大程度上满足人的欲望，突出了主观评价在价值中的决定性作用。门格尔等认为不是商品的社会必要劳动时间决定商品价值，而是商品的边际效用决定商品的价值，原材料有价值是因为成品商品有价值，因此价值产生于消费领域而非生产领域。瓦尔拉斯在其著名的经济均衡理论中，将商品市场区分为消费品市场以及生产资料市场，在消费品市场上，消费者购买厂商提供的消费品；而厂商在组织生产时需要资本、土地以及劳动力等生产要素，支付利息以及工资给各个要素的所有者。瓦尔拉斯认为通过两个市场的价格调整，所有商品都会自动达到均衡的状态，将劳动创造价值的痕迹抹得一干二净。美国经济学家克拉克（John Bates Clark）将劳动与资本归纳为两个主要的生产要素，并分别研究了其价格决定机制。克拉克将最后追加的劳动与资本的生产力叫作边际生产力，并认为劳动与资本均存在边际生产力递减的规律，边际报酬决定了工资与利息的高低。在克拉克的研究框架中，劳动力之间是同质的，是不存在简单劳动与复杂劳动区别的，不认为复杂劳动应该获得更高的报酬。

新古典经济学早期阶段通过"边际革命"以边际分析取代古典经济学的劳动价值论，将市场作为无所不能的制度安排，经济运行被高度抽象化。在他们的研究框架中，劳动力被高度抽象化，被作为与土地、资本等物质资本具有同等作用、同等地位，甚至可以互相取代的生产要素。在这里，劳动力之间是没有任何差别的，经济增长只与劳动力投入数量有关，劳动力质量是无关紧要的。既然劳动力之间是没有差异的，那么人力资本投资也就显得无关紧要，经济增长与人力资本的积累毫不相关，作为人力资本积累重要手段的教育也就失去了存在的意义。因此，新古典经济学早期普遍轻视教育在国民经济发展中的作用，更别提对职业教育做深入研究。

二、马歇尔等重新发现教育对经济的促进作用

新古典经济学在边际分析方法的基础上初步建立了经济学分析的基本框架，放弃了劳动价值论，忽视了教育的经济功能。这种研究方法使理论与经济、社会现实相去甚远，许多经济现象无法得到合理的解释。

新古典经济学的杰出代表、现代微观经济学的奠基者马歇尔重新注意到了教育的经济功能，并将人的能力资本化，提出了包括职业教育在内的教育具有

人力投资功能的观点。马歇尔重新审阅了古典经济学家对教育与劳动力的论述，他认为威廉·配第对"人的价值"的核算是"极其精辟"的，他也十分赞同亚当·斯密等对教育经济功能以及人力资本投资的论述。在吸收古典经济学家关于简单劳动与复杂劳动、教育的人力投资功能等思想的基础上，马歇尔对人的能力进行划分，提出可以将人的能力区分为"通用能力"和"特殊能力"。"通用能力"指的是人通用的知识与智力，决策与责任能力；"特殊能力"指的是人的体力、特殊的操作技能以及劳动的熟练程度。其实"通用能力""特殊能力"都是人的职业能力。

马歇尔研究了"特殊能力"的形成过程，他认为"特殊能力"的形成就是劳动者增强体质、提升职业技能、提高劳动熟练程度的过程，这其实也是人力资本投资的过程，这个过程主要依靠职业教育和培训的方式来实现。马歇尔分析了劳动者个人人力投资的不同阶段，未成年以前人力投资主要来自父母，成年以后人力投资主要来自个人及企业。马歇尔对人力投资的特征进行研究，他认为："培养和训练有工作能力的劳动所需要的时间是很长的，而且这种训练产生的报酬也是很慢的""不论谁用自己的资本来提高工人的本领，这种本领终归都是工人自己的资产""所有资本中最有价值的是对人本身的投资。"① 他还提出："我们必须从另一方面来探索国家从许多人的普通教育和职业教育的改良上，所得到的直接经济利益的一部分。"由此可见，马歇尔认为人力资本投资具有时间长、回报慢、归属劳动者所有、很大的经济效益等特征。

马歇尔分析了决定人力投资的影响因素，他从家庭收入、父母预见能力、雇主投资意愿等角度分析了人力投资的影响因素。在劳动者未成年的阶段，决定其能否受教育的因素在于家庭收入以及父母的预见能力，父母的经济状况直接决定了子女接受教育的程度，收入丰厚的父母更倾向于让孩子接受完整、良好的教育，而生活窘迫的父母则会缩减孩子在接受教育方面的开支；在家庭条件相同的情况下，父母的预见能力也会对孩子接受教育产生很大的影响，思想开明、预见能力强的父母往往更愿意让孩子接受教育，而守财奴、预见能力差的父母更倾向于缩减教育开支。在劳动力成年以后，马歇尔认为其继续教育受雇主的影响比较大，在经济环境好、雇主预见能力较强的情况下，雇主往往愿意花更多的资源用于员工的教育与培训，从而提高劳动生产力；而在经济环境不好或者雇主预见能力差的情况下，雇主往往在员工的教育与培训方面显得

---

① 马歇尔.经济学原理（上册）[M].北京：商务印书馆，1997.

各啬。

　　马歇尔明确指出教育是进行人力投资的最重要的方式，他认为教育能促进社会生产力的提高，教育投资最终会带来更多的回报。马歇尔指出："有助于物质财富之迅速增加的变化，无过于我们学校的改良""一个伟大的工业天才的经济价值，足以抵偿整个城市的教育费用，因为，像白塞麦的主要发明那样的一种新思想之能增加英国的生产力，等于十万人的劳动那样多。"①除了肯定教育的经济功能以外，马歇尔还对通用性人才培养与专门性人才培养进行区分。

三、沃尔什等重视教育对经济的促进作用

　　"边际革命"以后，20世纪30年代以前新古典经济学在西方国家十分盛行，是当时主流的经济学，在他们的分析框架里面，劳动成为抽象化的生产要素，劳动之间的差别被忽视，因此劳动力投资及教育也处于被忽视的地位。但是，新古典经济学理论与现实之间的差距使他们不断地修正理论框架，新古典经济学开始注意人力资本积累对于经济增长的重要意义，开始重视教育在人力资本积累中的重要性，形成了人力资本理论的萌芽。

　　1935年，美国经济学家约翰·沃尔什（John R.Walsh）在《经济学季刊》发表了《人力资本观》，被学术界普遍认为是教育经济学的第一篇论文，也是他第一次提出"人力资本"的概念。②沃尔什通过问卷调查、查阅历史资料及相关统计数据的方法对美国各级毕业生的教育成本及收益进行研究，通过对比个人教育投入与日后产生的收益来衡量教育的经济效益。沃尔什在文章中对不同教育程度学生个人的教育费用和这些学生毕业后因能力提高收入增加的情况进行分析，研究结果表明，各级学生在教育上的花费会产生各自的收益，这种方式与物质资本的投资及收益类似，因此沃尔什认为资本理论也适用于人。

　　沃尔什提出的"人力资本"概念以及采用的教育经济效益核算方法是对新古典经济学理论分析框架的修正，表明新古典经济学家已经认识到了理论上存在的缺陷，沃尔什提出的一些有关人力资本的论述是现代人力资本理论的萌芽状态。

---

① 马歇尔.经济学原理（上册）[M].北京：商务印书馆，1997.
② 桑光淇.新古典经济学人力资本思想的特征[J].扬州教育学院学报，2012（6）：23-26.

第四节　西方当代经济学家关于职业教育与经济关系的论述

　　20世纪60年代以来，随着西方各国战后重建到逐步完成、新科技革命的推进到进步加快、社会分工不断细化到专业化，对劳动力的专业化水平要求不断提高，职业教育在服务经济社会发展中发挥不可替代的作用，备受经济界的关注。以舒尔茨（Thodore W.Schults）、丹尼森（Edward Fulton Denison）、维泽（J. E. Vaizey）、斯宾塞（Andrew Michael Spence）等为代表的经济学家对包括职业教育在内的教育经济问题进行深入研究，特别是对教育与经济发展的关系、教育投资、教育经济效率等问题进行系统论述，出版了一系列的专业论著，形成了西方教育经济学的基本理论体系。

一、舒尔茨等构建人力资本理论

　　20世纪60年代，在舒尔茨、贝克尔（G.S. Becker）、丹尼森等的努力下，教育经济学逐步成为一门独立的学科，构建了以人力资本理论为基础与核心的西方教育经济学。

　　舒尔茨是西方经济学中第一次明确阐述人力资本理论的经济学家，为西方教育经济学的形成奠定了理论基础。1960年，舒尔茨在美国经济学会年会上发表《人力资本投资》的演说，提出了人力资本是国民经济增长的主要原因的观点。舒尔茨在《人力资本投资》《对人投资的思考》《教育的经济价值》等论著中阐述了人力资本理论。舒尔茨因为构建人力资本理论而获得了1979年诺贝尔经济学奖。舒尔茨在对农业经济以及战后各国经济发展的研究过程中，明确提出了人力资本是国民经济增长的主要原因。舒尔茨提出的人力资本理论主要包括五个方面的观点：一是否定了劳动同质性的观点，坚持认为不同劳动之间是异质的；二是认为人力资本包括量与质两个方面，应当把人力资本的质量作为一种稀缺性资源来对待；三是人力资本的形成来自投资；四是人力资本的积累是社会经济增长的源泉；五是教育有利于缩小国民之间的收入分配差距。舒尔茨不仅在理论上阐述人力资本理论，还通过采用收益率法对美国

1929～1957 年的教育投资经济增长贡献率进行测算，该实证结果在教育的经济贡献率研究中被广泛引用。

贝克尔是美国著名的经济学家与社会学家，他曾与舒尔茨一起在芝加哥大学担任教师，是人力资本理论及西方教育经济学主要创建人之一，他因著有《人力资本》《生育率的经济分析》等被西方学术界认为是"经济思想上的人力投资革命"的起点，并因此获得了 1992 年诺贝尔经济学奖。贝克尔主要强调了正规教育和职业培训的支出所形成的人力资本。与舒尔茨人力资本理论关注宏观经济领域不同，贝克尔将人力资本理论应用于微观经济领域的研究。他运用实证研究方法对不同教育等级之间的收益率进行测算与研究，认为劳动者个人可以通过教育等方式进行人力资本积累，从而提高工作能力与综合能力，并获得更高的收入。贝克尔从微观的教育阐述人力资本理论，一定程度上弥补了舒尔茨只从宏观角度论述人力资本理论的不足。

丹尼森是美国著名的经济学家，也是人力资本理论及西方教育经济学的主要推动者之一。1962 年，丹尼森出版了《美国经济增长因素和我们面临的选择》一书，对美国经济增长的因素进行分析与估算。丹尼森认为教育因素是促进美国经济增长的重要因素之一，他认为增加教育量促进劳动者教育程度提高，这种教育程度的提高一方面是过去经济增长的原因，另一方面也会改变未来经济增长的方式。丹尼森通过精细分解计算方法得出美国 1929～1957 年的经济增长有 23% 的比例归功于教育发展所引起的人力资本的积累。[①]丹尼森对教育经济贡献率的计量分析使得许多人甚至认为 20 世纪 60 年代以后全球各国教育经费的大幅增长很大程度上归功于他的研究。

舒尔茨、贝克尔以及丹尼森等创立的人力资本理论始终坚持了教育对经济增长的重要性观点，认为人力资本是经济增长的重要因素，而教育则是人力资本积累的重要方式。人力资本理论的提出使西方教育经济学基础理论不断夯实。

1962 年，英国布鲁诺大学社科院院长维泽出版了《教育经济学》，阐述了教育经济学的基本理论，这是第一部以教育经济学学科命名的著作，标志着教育经济学作为一门独立的学科正式形成。随后，1963 年召开了第一次教育经济学研讨会，会后出版了《教育经济学选集》，这些事件的发生使西方教育经

---

① 左玲玲 . 西方教育经济学基础理论的嬗变和演进［J］. 北京理工大学学报（社会科学版），2004（12）：6-8.

济学的影响力不断扩大。

二、斯宾塞等对人力资本理论的质疑

自 20 世纪 70 年代以来，西方学术界关于教育经济学的研究不断深入，研究成果层出不穷，研究成果被广泛应用于现实经济生活，特别是发展中国家纷纷借鉴他们的研究成果，增加教育经费的投入。西方教育经济学在学术上以及现实经济生活中影响力不断扩大的同时，20 世纪 70 年代以美国为代表的西方国家却陷入了滞胀时期，经济增长停滞不前与通货膨胀率居高不下现象并存。西方国家在教育投资上的增加所带来的人力资本的积累并没有如舒尔茨等经济学家所描述的那样带来国家经济的快速增长，人力资本理论在理论上出现了重大的危机。在此背景下，西方教育经济学家对以人力资本理论为基础的教育经济学进行深刻的反思，对教育的经济价值进行重估，提出了一系列新教育经济学理论，使西方教育经济学获得了新的发展。以迈克尔·斯宾塞（Andrew Michael. Spence）和罗伯特·索洛（Robert Merton Solow）为代表的经济学家提出了筛选假设理论，以斯特·瑟罗（Lester C. Thurow）、迈克尔·皮奥里（Michael J. Piore）、彼得·多林格尔（Peter B. Doeringer）等为代表的经济学家提出了劳动力市场分割理论，以萨缪·鲍尔斯（Samuel Bowles）和赫伯特·金迪斯（Herbert Gintis）等为代表的经济学家提出了社会化理论，这三种理论被并称为第二代人力资本理论。这些理论都对人力资本理论进行了反思，分别从不同侧面对人力资本理论进行修正与补充，进一步完善了西方教育经济学理论体系。

（1）筛选假设理论。筛选假设理论也叫作文凭理论，由斯宾塞、索洛等创立，他们将教育视为雇主识别不同能力求职者的筛选装置，以便将求职者安置到不同行业、不同岗位。斯宾塞、索洛等认为，20 世纪 50 年代发展中国家的教育发展对当地经济增长贡献有限，相反却带来了大量的失业人口，因此他们认为教育的主要作用不在于提高受教育者的劳动生产率，而在于为不同能力的人提供筛选机制。他们把求职者的受教育水平视为雇主了解求职者的重要信息，从而了解求职者的能力，帮助雇主挑选合适的员工。虽然筛选假设理论否认了教育对人力资本积累的重要作用，但是却从促进劳动力资源优化配置的角度指出了教育对经济增长贡献的路径。因此，筛选假设理论指出了一个被人们长期忽视的事实，即教育的人力资源筛选功能对经济发展具有重要意义，为教育经济学的发展提供了一个新视角。

（2）劳动力市场分割理论。劳动力市场分割理论由美国经济学家多林格尔、皮奥里等提出，将新制度经济学的一些观点与方法应用到教育经济学领域，对劳动力市场的特性以及教育与工资关系问题做了深入的研究。劳动力市场分割理论认为由于当地社会与制度等因素会形成不同部分、互不开放的劳动力市场，而不同的人群获取就业信息及进入就业市场的渠道与能力不同，从而形成不同人群就业部门、职位以及待遇的明显差异。多林格尔、皮奥里等认为舒尔茨的人力资本理论将劳动力市场视为完全统一的竞争市场是不正确的，造成了理论与实践的偏差。劳动力市场分割理论将劳动力市场分为主要劳动力市场与次要劳动力市场，在主要劳动力市场，劳动者的工资与受教育程度呈正相关，而在次要劳动力市场，工资与受教育程度并无必然关联。总体而言，劳动力市场分割理论并没有否定教育对人力资本积累以及经济发展的重要作用，而是将教育与制度、雇主等因素并列作为考察经济增长的内生变量。因此，劳动力市场分割理论是人力资本理论的重要补充。

（3）社会化理论。社会化理论诞生于 20 世纪 70 年代。1976 年，鲍尔斯与金迪斯合作出版了《资本主义美国的学校教育：教育改革与经济生活的矛盾》，主张资本主义教育的主要功能是维护资本主义制度的生存与发展，该观点在西方产生了很大的反响。鲍尔斯与金迪斯采用西方新马克思主义的观点与方法，强调教育的阶级性即美国教育主要是为维护资本主义制度服务，这是教育的社会功能。社会理论认为教育的经济功能源于教育的社会功能，教育的社会功能远比教育产生的人力资本积累功能重要。他们认为现代资本主义社会大部分工作仅需要简单的知识技能就能满足，决定劳动者表现的是劳动者自身拥有的非知识化的个性特征因素，而教育则是形成这些个性特征的重要方式。社会化理论虽然否定了人力资本理论关于教育、人力资本积累、经济增长之间的关系，但是从另一个角度揭示了教育对经济增长的贡献，拓展了教育经济学的研究视角。

三、布迪厄等对人力资本理论的发展

自 20 世纪 80 年代以来，教育成为世界各国关注的重点领域之一，西方教育经济学也随之不断向前发展，不断开拓新的研究视角，提出新的理论观点，比较典型的有社会资本理论、教育产权理论等。[1]

---

[1]　陈舒，王学 . 教育经济学理论研究文献综述［J］. 课程教育研究，2012（8）：9-10.

（1）社会资本理论。社会资本理论目前并没有权威的定义，但是普遍地认为是指一个国家或者地区的人民将自身拥有的人力资本进行横向组合，从而形成有利于国家与地区经济社会可持续发展的社会关系结构与社会心理结构。社会资本理论认为教育的作用在于促进个人与社会共同发展，它一方面有助于提高一个国家或地区人力资本积累的存量；另一方面还帮助提高社会资本（包括提升社会关系的认知能力、制定合理的共享规范和合理的组织结构等）存量，从而达到提高经济增长和社会发展的目的。法国社会学家皮埃尔·布迪厄（P. Bourdieu）是第一个对社会资本进行系统分析的学者。1980 年，布迪厄在《社会科学研究》杂志上发表了《社会资本随笔》一文，正式提出了"社会资本"的概念。随后，美国学者科尔曼（James S. Coleman）等将社会资本理论应用到教育经济学领域，补充了人力资本理论的不足。与人力资本理论相比，社会资本理论具有以下特征：首先，社会资本理论提升了人的社会地位；其次，社会资本理论更侧重于宏观分析；最后，社会资本理论将社会心理关系引入了教育经济学的研究中。社会资本理论是人力资本理论的补充与扩展，提升了教育的经济功能，扩大了教育经济学的研究视角。

（2）教育产权理论。20 世纪 90 年代，随着新制度经济学研究范式的崛起，教育业成为新制度经济学研究的新领域之一。新制度经济学在教育经济研究领域的应用主要表现在两个方面：一是应用新制度经济学制度变迁理论研究高等教育体制改革与教育结构调整问题，将新制度经济学研究方法作为教育经济学研究的一个新的视角，并将其作为教育经济学的研究方法研究教育问题；二是将新制度经济学的产权理论应用于教育领域，对教育资源配置公平与效率问题进行研究，探索教育活动中不同层面之间的联系。

第五节　西方职业教育经济思想的借鉴意义

西方职业教育经济思想集中反映了西方发达国家在职业教育经济领域实践方面的经验与教训，成果较为丰富。深入挖掘西方职业教育经济思想，吸收其合理的观点与理论，对于我国高等职业教育发展不无裨益。

1. 大力发展高等职业教育，实施人才强国战略

西方经济学家在教育对经济发展促进作用的问题上经历了从肯定到否定，

再从否定到肯定的过程，现代西方经济学家在教育对经济发展具有重要促进作用方面达成了共识。他们普遍认为教育对于劳动者来说会形成不断积累的人力资本，而人力资本是提升劳动者生产效率的重要因素，从而推动国家经济的发展。作为教育重要组成部分的高等职业教育应将发展的重点放在培养高层次应用型人才，这些人才应当拥有更出色的工作能力以及更高的工作效率，在实践操作、技术攻关、研究开发等领域比一般劳动者拥有更出色的能力。因此，应合理借鉴西方人力资本理论，大力推进高等职业教育发展，重点培养区域产业发展急需的高素质技术技能型人才，使我国从人力资源大国转变为人力资源强国，为经济发展提供人才支撑。

2. 强调高等职业教育应增强对经济发展及产业结构调整的适应性

一个国家或者地区经济发展及产业结构的现况及发展趋势决定了其对人才的需求结构，因此高等职业教育的方向应根据经济发展及产业结构调整的需要进行调整。高等职业教育对产业结构调整的适应性体现在三个方面：一是高等职业教育的专业设置要与经济发展及产业结构调整需求相适应，应从经济发展的实际需要特别是产业发展的需求开设相关专业，体现高等职业教育的应用性；二是高等职业教育人才培养目标应与产业结构调整的目标相适应，高等职业教育应能满足地方产业结构优化升级对技术技能型人才的需求；三是高等职业教育发展要与当地经济产业布局相适应，重点培养及优先满足当地重点发展的战略性产业的人才需求。

3. 坚持高等职业教育服务经济建设，走产学研及校企合作的办学道路

高等职业教育的最大价值在于通过教育投资，提升劳动者的人力资本，提高劳动者的职业技术技能及劳动熟练程度，从而提升生产效率，促进经济发展。因此高等职业教育应坚持服务当地经济建设的办学思路，与经济发展的需要、企业的人才需求紧密结合，并在办学方面与产业、企业形成良好的互动关系，才能真正发挥高等职业教育对经济发展的促进作用。鉴于高等职业教育、人力资本、经济发展之间的内在联系，必将坚持走产学研及校企合作办学的道路，将高等职业教育的目标、功能、定位与经济发展的需要、产业转型升级的人才诉求紧密结合，将高等职业教育的教学与产业的研发、企业的生产实践紧密结合，与产业、企业实现零距离对接，在产学研相结合及校企合作过程中，增强高等职业院校服务产业、企业发展的能力，提高学生培养的质量。

我国高等职业教育发展的经济学分析

改革开放 40 多年来，中国的经济发展取得了举世瞩目的成绩，而高等职业教育无疑为中国经济的腾飞、结构的调整、产业的升级培养了大量技术技能型人才，在经济社会发展中扮演着日趋重要的角色。通过对高等职业教育历史、现状的分析可以发现高等职业教育近年来所取得的成就及存在的弊端，并由此探索制约我国高等职业教育发展的因素，实现高等职业教育在新时代下的跨越式发展。

第一节　我国高等职业教育的发展历史

党的十八大以来，国家开始对职业教育的发展进行顶层设计，陆续出台促进职业教育发展的各项政策文件。2019 年 1 月出台的《国务院关于印发国家职业教育改革实施方案的通知》（国发〔2019〕4 号）明确了职业教育发展的总体目标，即"经过 5~10 年，职业教育基本完成由政府举办为主向政府统筹管理、社会多元办学的格局转变，由追求规模扩张向提高质量转变，由参照普通教育办学模式向企业社会参与、专业特色鲜明的类型教育转变，大幅提升新时代职业教育现代化水平，为促进经济社会发展和提高国家竞争力提供优质人才资源支撑"。由此可见，高等职业教育作为职业教育与普通高等教育的重要范畴，在我国迎来了历史性的发展机遇。但当前的高等职业教育仍然无法适应经济发展方式转变的要求，存在发展理念落后、行业企业参与不足、人才培养模式陈旧等问题，解决这些问题的前提就是梳理高等职业教育产生与发展的历史。唯有结合我国国情追根溯源，才能找出目前我国高等职业教育发展相对落

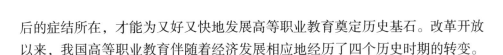

后的症结所在，才能为又好又快地发展高等职业教育奠定历史基石。改革开放以来，我国高等职业教育伴随着经济发展相应地经历了四个历史时期的转变。

一、经济恢复发展时期的高等职业教育（1978～1992 年）

中国近现代具有高等职业教育性质的院校可追溯至清朝末期的"壬寅—癸卯学制"中的"高等实业学堂"与"高等师范学堂"，民国时期"壬子癸丑学制"和"壬戌学制"下的专门学校与高等师范学校则是中国近现代高等职业院校的拓展。新中国成立后，政府也鼓励职业教育的发展，但这一时期主要发展中等职业教育。"文化大革命"期间，我国经济几近处于崩溃的边缘，职业教育也随之遭到重创。1977 年，我国经济发展进入探索与徘徊期，在此期间，我国恢复高考制度，"1978 年我国有 98 所专科学校[①]"（包括恢复的和新建的）。专科教育以学科为基础培养人才，在一定程度上满足了经济发展所需的人才，但这样的人才培养模式难以迅速适应经济发展对应用型人才的需求。

1978 年全国教育工作会议上提出的"普中与职业教育并举"方针使中等职业教育开始恢复与发展，但仍未有官方的会议或文件提到发展高等职业教育。党的十一届三中全会确定了以经济建设为中心的路线方针，由此，中国经济进入恢复发展时期。1978 年我国国内生产总值为 3650.2 亿元，1979 年国内生产总值升至 4067.7 亿元，增幅高达 11.44%；1980 年国内生产总值继续增至 4551.6 亿元，较 1979 年增长 11.90%。[②]为了使应用型人才的发展跟上经济发展的速度，一些经济发达的中心城市开始提出创办职业大学这一新型高等院校的设想。在这样的背景下，1980 年，我国成立了第一所职业大学——天津职业大学，其前身是南开大学第二分校、天津大学化工分校，于 1982 年接受世界银行贷款支持改建而成。1983 年 4 月 28 日，国务院批转教育部、国家计委《关于加速发展高等教育的报告》（国发〔1983〕76 号）（以下简称《报告》），意味着高等职业教育正式进入实质性的探索阶段。《报告》提出："积极提倡大城市、经济发展较快的中等城市和大企业举办高等专科学校和短期职业

---

①　吴岩，毅颖. 高等职业教育发展篇［EB/OL］. http：//www.edu.cn/gj30years_8139/20090610/t20090610_383364.shtml，2014－05－10.

②　数据来源于中华人民共和国统计局网站，百分比数据是根据统计局公布的 GDP 数据推算而得。统计局对 2012 年及以前年度的 GDP 历史数据进行了系统修订。

大学……这类学校一般应酌收学费、实行走读、毕业生择优录用。"[1]1985 年 5 月 27 日，中共中央和国务院联合颁布了《关于教育体制改革的决定》，强调一部分高中毕业生要接受高等职业技术教育，要积极发展高等职业技术院校。"截至 1985 年底，高等职业技术学校 118 所，在校学生 6 万多人[2]" "截至 1986 年底，全国的职业大学达到了 126 所[3]"。这些短期职业大学是新中国最早具有高等职业教育性质的院校，其以社会办学为主，以地方政府拨款与世界银行贷款为经费来源，以较少的投入解决了应用型人才短缺的问题。

除了短期职业大学外，这一时期，我国还进行了五年制职业技术专科学校的探索。原国家教委（1998 年 3 月更名为教育部）于 1985 年印发了《关于同意试办三所初中后五年制的技术专科学校的通知》（85 教计字 083 号），我国开始了高等职业技术院校的创办试点，批准原上海机电技术学校、西安航空工业学校、国家地震学校升格为五年制的高等技术专科学校。实践证明，对五年制高等职业技术学校的探索是成功的，其不仅统筹安排了职业教育的教学计划，还实现了中等职业教育与高等职业教育的有效衔接，满足了一线工程对技术人才的需求。

为了贯彻落实中共中央《关于教育体制改革的决定》的精神，1986 年 7 月 2~6 日，经国务院批准，国家教委、国家计委、国家经委、劳动人事部在北京联合召开了新中国成立以来的第一次全国职业教育工作会议。国务院副总理兼国家教委主任李鹏在会上指出："高等职业学校、一部分广播电视大学、高等专科学校，应划入高等职业教育。[4]" 以此为契机，包括高等职业教育在内的职业教育进入初步探索的时期。1987 年 6 月 23 日，国务院批转国家教委《关于改革和发展成人教育的决定》（国发〔1987〕59 号），指出"职工大学、职工业余大学、管理干部学院应当利用自己同企业、行业关系紧密的有利条件，结合需要，举办高等职业教育"。1987 年国内生产总值升至 12102.2 亿元，是 1978 年 GDP 的 3.13 倍。从各个产业的产值分布来看，

---

① 中华人民共和国国务院公报杂志编辑部.中华人民共和国国务院公报［J］.1983（11）.

② 关于全国职业技术教育工作会议情况的报告［EB/OL］.http：//www.pep.com.cn/xgjy/zcjy/zcfg/201008/t20100827_794561.htm，2014–08–24.

③ 蒋义.我国职业教育对经济增长和产业发展贡献研究［D］.财政部财政科学研究所博士学位论文，2010.

④ 吴岩，毅颖.高等职业教育发展篇［EB/OL］.http：//www.edu.cn/gj30years_8139/20090610/t20090610_383364.shtml，2014–08–10.

1987 年第一产业增加值为 3204.3 亿元，占 GDP 的比重为 26.48%；第二产业增加值为 5225.3 亿元，占比达 43.18%；第三产业增加值为 3672.6 亿元，占比 30.34%。① 与之相适应，截至 1987 年，普通高等学校工科类专业 372 种，理科类专业 133 种，农科类专业 53 种，林科类专业 16 种，医药类专业 24 种，文科类专业 69 种，师范类专业 44 种，财经政法类专业 57 种，体育艺术类专业 68 种。② 由此可见，包括高等职业院校在内的高等学校的专业设置基本是与经济发展情况相吻合的。

1990 年底，党的十三届七中全会召开，审议通过了《中共中央关于制定国民经济和社会发展十年规划和"八五"计划的建议》，提到要大力发展职业教育。为了贯彻党的十三届七中全会精神，总结十年来职业教育的发展经验，1991 年 1 月 25 日，经国务院批准，由国家教委、国家计委、劳动部、人事部、财政部在北京共同召开了第二次全国职业教育工作会议。国务委员兼国家教委主任李铁映在会上作了题为《大力发展职业技术教育，促进我国经济建设和社会发展》的报告，指出："发展职业技术教育是加速社会主义建设的重大举措，是造福国家、造福民族、造福子孙后代的伟大事业。"③ 1991 年 10 月 17 日，国务院颁布《关于大力发展职业技术教育的决定》（国发〔1991〕55 号），强调指出："积极推进现有职业大学的改革，努力办好一批培养技艺性强的高级操作人员的高等职业学校……我国职业技术教育必须采取大家来办的方针，要在各级政府的统筹下，发展行业、企事业单位办学和各方面联合办学，鼓励民主党派、社会团体和个人办学……要充分发挥企业在培养技术工人方面的优势和力量。要发展电视、广播和函授职业技术教育。"④ 1991 年，我国实现了 21895.5 亿元的国内生产总值，较改革开放之初增加了五倍，⑤ 与之相适应，短期职业大学增加至 114 所，其培养的毕业生增至 24943 人。⑥ 专业设置上，仍然是以理工科类为主，但第三产业类的专业呈逐步上升趋势。

---

① 数据来源于中华人民共和国统计局网站，占比数据是根据各产业增加值数据与 GDP 数据推算而得。

② 《中国教育统计年鉴》（1987）。由于统计年鉴中没有专门关于高等职业院校的专业设置统计情况，故用普通高等学校专业设置情况来反映总体的专业设置情况。

③ 中国劳动杂志编辑部.全国职业技术教育工作会议召开［J］.中国劳动，1991（4）.

④ 解光穆，景致勤.从比较中看发展，从发展中见提高——对国务院关于大力发展职业教育三个《决定》之解读［J］.宁夏党校学报，2010（5）.

⑤ 数据来源于中华人民共和国统计局网站，增幅数据根据 GDP 数据推算而得。

⑥ 《中国教育统计年鉴》（1991）。

1978 年以来，随着经济的恢复与发展，以短期职业大学为主要形式的高等职业教育也不断发展壮大，毕业生人数逐年增加，专业设置上体现出以工为主、工农结合的特点，与第三产业相关的专业设置逐渐增加，为经济发展输送了大量的技术技能型人才。

二、经济快速发展时期的高等职业教育（1992～2002 年）

1992 年，邓小平南方谈话强调：计划与市场都是经济调节的手段，不是社会主义与资本主义的本质区别。在邓小平南方谈话的引领下，中国经济进入发展的快车道。以 GDP 为例，1992 年我国实现 GDP 27068.3 亿元，较 1991 年的 21895.5 亿元增幅 23.62%。[①] 与此相适应，很多研究者也认为，在不违背教育规律的前提下，包括高等职业教育在内的教育应按市场经济规律办事，努力争取教育投资的最大经济效益。1992 年 10 月，中国共产党第十四次全国代表大会在北京召开，会议第一次明确指出建立社会主义市场经济体制的目标模式。此外，党的十四大还指出："必须把教育摆在优先发展的战略地位……这是实现我国现代化的根本大计。"[②] 职业教育的特点决定了它应该面向经济，依靠市场来调节，高等职业教育在市场经济的浪潮中也获得了快速发展。

1993 年 2 月，中共中央和国务院联合发布了《中国教育改革和发展纲要》（中发〔1987〕59 号），肯定了高等职业教育的发展态势，指出"高等教育发展较快，普通高等学校和成人高等学校在校学生已达到 376 万人，初步形成了多种层次、多种形式、学科门类基本齐全的体系"。强调职业教育与高等教育的重要性，指出："职业技术教育是现代教育的重要组成部分……高等教育担负着培养高级专门人才、发展科学技术文化和促进现代化建设的重大任务。"还强调各级各类职业技术学校都要主动适应社会主义市场经济建设的需要，在政府的指导下，依靠行业、企事业单位办学和社会各方面联合办学，走产教结合的路子。

1994 年 6 月，全国教育工作会议在北京召开，会议确定了发展高等职业教育的方针，即"三改一补"，指的是"通过现有的职业大学、部分高等专科

---

① 数据来源于中华人民共和国统计局网站，增幅数据根据 GDP 数据推算而得。

② http：//news.xinhuanet.com/ziliao/2003-01/20/content_697129.htm，2014-08-10.

学校或独立设置的成人高校改革办学模式，调整培养目标来发展高等职业教育。仍不满足时，经批准利用少数具备条件的重点中等专业学校改制或举办高职班作为补充来发展高等职业教育"。这一时期，政府政策的颁布与相关会议的召开对高等职业教育办学模式与人才培养模式的探索具有指导性的意义，加快了高等职业教育的发展。

1995 年 3 月 18 日，党的八届三中全会通过了《中华人民共和国教育法》，包括高等职业教育在内的教育事业开始有法可依。1996 年 5 月 15 日，党的第八届全国人民代表大会常务委员会第十九次会议通过的《中华人民共和国职业教育法》指出："职业学校教育分为初等、中等、高等职业学校教育……高等职业学校教育根据需要和条件由高等职业学校实施，或者由普通高等学校实施。"这是中华人民共和国第一部专门的有关职业教育的法律，也是新中国首次以法的形式把高等职业教育确立下来，我国高等职业教育开始进入法制化管理、规范化发展的新纪元。

1996 年 6 月 17~20 日，经国务院批准，国家教委、国家经贸委和劳动部在北京联合召开了第三次全国职业教育工作会议，进一步明确我国跨世纪发展职业教育的目标和任务。"1997 年，原国家教委提出新建高等职业学校一律以'职业技术学院'或'职业学院'命名，并鼓励通过改革、改组、改制发展高等职业教育的其他学校参照改名[1]"。1997 年，联合国教科文组织颁布了《国际教育标准分类》，将教育分为 7 个等级，其中大学阶段教育是第 5 级，大学教育又分为学术性为主的教育（5A）与技术性为主的教育（5B），后者就是我国所称的高等职业教育，这一标准分类的发布，意味着高等职业教育的发展是世界教育的总趋势。1998 年 8 月 29 日，党的第九届全国人民代表大会常务委员会第四次会议通过了《中华人民共和国高等教育法》，指出："本法所称高等学校是指大学、独立设置的学院和高等专科学校，其中包括高等职业学校和成人高等学校。"该法进一步明确了高等职业教育的法律地位。该法还指出："国家建立以财政拨款为主、其他多种渠道筹措高等教育经费为辅的体制，使高等教育事业的发展同经济、社会发展的水平相适应。"[2]

---

① 龚岳华. 我国高等职业教育发展中的问题及对策研究［D］. 云南大学硕士学位论文，2013.

② 教育部网, http://www.moe.edu.cn/publicfiles/business/htmlfiles/moe/moe_619/200407/1311.html, 2014-08-10.

1999 年 1 月，教育部与国家计委联合印发了《试行按新的管理模式和运行机制举办高等职业技术教育的实施意见》(以下简称《意见》)，决定在 1999 年的普通高等教育年度招生计划中，安排 10 万人专门用于北京、天津、河北、辽宁、黑龙江、上海、江苏、浙江、福建、山东、河南、湖北、湖南、广东等省市试行新的管理模式与运行机制举办高等职业技术教育。《意见》还专门对举办学校进行了规定，指出发展高等职业技术教育主要由七类高等教育机构承担，包括短期职业大学、职业技术学院、民办高校（具有高等学历教育资格）、普通高等专科学校、二级学院（本科院校内设立的）、极少数国家级重点中等专业学校以及办学条件达到国家规定合格标准的成人高校。《意见》对管理职责、举办学校、招生对象及办法、教学管理、试办范围、招生规模、操作程序等都进行了具体的规定，有力地推动了试办省市高等职业教育的发展。当然，《意见》所规定的不转户口、不包分配、不发派遣证及高收费的"三不一高"制度也被很多专家学者认为是歧视性政策。[①]

1999 年 1 月，国务院批转教育部《面向 21 世纪教育振兴行动计划》(国发〔1998〕4 号)指出："积极发展高等职业教育，是提高国民科技文化素质、推迟就业以及发展国民经济的迫切要求。"指出除了通过"三改一补"的方式发展高等职业教育之外，部分本科院校可设立高等职业技术学院。挑选 30 所现有学校建设示范性职业技术学院。该行动计划明确了我国高等职业教育的职责、任务、范畴，指出高等职业教育必须面向地区经济建设和社会发展，适应就业市场的实际需要，培养生产、服务、管理第一线需要的实用人才，为高等职业教育进入 21 世纪描绘了行动蓝图。1999 年 6 月，中共中央办公厅发布了《中共中央、国务院关于深化教育改革全面推进素质教育的决定》(中发〔1999〕9 号)，特别强调指出："高等职业教育是高等教育的重要组成部分。要大力发展高等职业教育，培养一大批具有必要的理论知识和较强实践能力，生产、建设、管理、服务第一线和农村急需的专门人才。现有的职业大学、独立设置的成人高校和部分高等专科学校要通过改革、改组和改制，逐步调整为职业技术学院（或职业学院）。支持本科高等学校举办或与企业合作举办职业技术学院（或职业学院）。省、自治区、直辖市人民政府在对当地教育资源的统筹下，可以举办综合性、社区性的职业技术学院（或职业学院）。"在这一系列政策的引领下，我国的高等职业教育取得了突破性的进展，截至 2000 年，我国高等职业教育的各

---

① 宇靖.建国六十年高等职业教育发展研究［D］.东北师范大学硕士学位论文,2010.

项数量指标占整个高等教育的比例达到 50% 以上，全面超过了普通全日制高等教育。[①]

2002 年 7 月 28~30 日，国务院在北京召开第四次全国职业教育工作会议。会议总结了职业教育的成就和经验，根据职业教育发展的形势，确立了职业教育的战略地位。这是首次以国务院名义召开的专门研究部署职教工作的会议，因规格高、规模大和推动力强而受到社会的高度关注。会后，国务院发布了《关于大力推进职业教育改革与发展的决定》（国发〔2002〕16 号）（以下简称《决定》），指出：“要扩大高等职业教育的规模”“‘十五期间’，职业教育要为社会输送 800 多万名高等职业学校毕业生。”《决定》还提出高等专科学校和成人高等学校要逐步统一规范为“××职业技术学院”。《决定》特别指出要建立中等职业教育与高等职业教育的衔接制度。对于经费投入，《决定》强调指出“各级人民政府要加大对职业教育的经费投入”。这一时期，高等职业教育的法律地位得以确立，政府及相关部门出台了一系列文件对高等职业教育进行宏观指导与规范统筹，使高等职业教育呈现快速发展的态势。

自 1992 年邓小平“南方谈话”以来，GDP 由 1992 年的 27068.3 亿元增加至 2002 年的 121002.0 亿元，增加了 3.47 倍；第一产业增加值由 1992 年的 5800.0 亿元增加至 2002 年的 16188.6 亿元，增加了 1.79 倍；第二产业同期增加值相应地由 11640.4 亿元增加至 53624.4 亿元，增加了 3.61 倍；第三产业同期增加值由 9627.9 亿元增加至 51189.0 亿元，增加了 4.32 倍。如表 4-1 所示。在经济快速发展的背景下，1992 年短期职业大学仅 85 所，2002 年职业技术学院升至 548 所，同期包括职业技术学院在内的高职（专科）院校有 767 所；高职毕业生数由 1992 年（短期职业大学毕业生数）的 20315 人升至 2002 年（高职高专毕业生数）的 277339 人，增加了 12.65 倍。[②] 由此可见，这一时期，在经济快速发展的影响及政策文件的引导下，我国高等职业教育也获得了较快的发展。

---

① 蒋义.我国职业教育对经济增长和产业发展贡献研究［D］.财政部财政科学研究所博士学位论文，2010.

② 《中国教育统计年鉴》（1992~2002）。

表 4-1 1992～2002 年国内生产总值（GDP）及各产业增加值情况

单位：亿元

年份	GDP	第一产业	第二产业	第三产业
1992	27068.3	5800.0	11640.4	9627.9
1993	35524.4	6887.3	16373.0	12264.1
1994	48459.6	9471.4	22333.5	16654.7
1995	61129.8	12020.0	28536.2	20573.6
1996	71572.3	13877.8	33665.8	24028.7
1997	79429.4	14264.6	37353.9	27810.9
1998	84883.6	14618.0	38808.8	31456.8
1999	90187.7	14548.1	40827.6	34812.0
2000	99776.3	14716.2	45326.0	39734.1
2001	110270.4	15501.2	49262.0	45507.2
2002	121002.0	16188.6	53624.4	51189.0

资料来源：中华人民共和国统计局网站，增幅数据根据 GDP 数据推算而得。

三、经济深化发展时期的高等职业教育（2002～2012 年）

2002 年底，中国共产党召开第十六次全国代表大会，会议强调以经济建设为中心，贯彻"三个代表"重要思想，不断完善社会主义市场经济体制，用发展的办法解决前进中的问题。由此，我国经济进入深化发展时期。与经济发展相适应，在党的十六大科教兴国与人才强国战略精神的指导下，政府高度重视职业教育的发展。

2004 年 4 月，教育部发布了《关于以就业为导向 深化高等职业教育改革的若干意见》（教高〔2004〕1 号），明确指出："高等职业教育是我国高等教育体系的重要组成部分，也是我国职业教育体系的重要组成部分。"此外，教育部还提出要积极开展订单培养模式，建立产学研结合的长效机制，大力推行"双证书"（学历证书与职业资格证书）制度，促进人才培养模式的创新。该意见不仅明确了高等职业教育在教育体系中的重要地位，还为高等职业教育的人才培养模式指明了具体的方向。2004 年 6 月，经国务院批准，教育部、国家发展改革委员会、财政部、人事部、劳动和社会保障部、农业部、国务院扶贫办在江苏省南京市联合召开第五次全国职业教育工作会议，总结交流各地区、各有关部门发展职业教育的经验、做法和思路，分析新形势和新任务，进一步明确今后工作方针、政策和措施。会议讨论了教育部等七部委《关于进一步加强职业教育工作的若干意见》（征求意见稿），会后由国务院转发各地。《关于进一步加强职业教育工作的若干意见》（教职成〔2004〕13号）强调了抓职业教育就是抓经济工作，新型工业化道路、推进城镇化、解决"三农"问题、推进农业现代化、提高劳动者素质、增强产业竞争力、促进就业和再就业等都需要职业教育大发展。教育部等七部委认为未来20年是职业教育不可错失的发展机遇期，无论是中等职业教育还是高等职业教育，职业学历教育还是各种形式的职业技能培训，都要有全面的发展。还指出要按照高职教育招生规模应占高等教育一半以上的要求，制订当地的教育发展规划，坚持多渠道筹措和增加办学经费，为职业教育的发展提供物质保障。"2004年，全国高等职业院校有1047所，招生237万人，约占普通高校招生总数的53%，高等职业院校毕业生就业率达61%[①]"。

　　2005年10月，国务院发布《关于大力发展职业教育的决定》（国发〔2005〕35号），指出："'十一五'期间，继续完善'政府主导、依靠企业、充分发挥行业作用、社会力量积极参与，公办与民办共同发展'的多元办学格局和'在国务院领导下，分级管理、地方为主、政府统筹、社会参与'的管理体制。"根据该决定的要求，到2010年，高等职业教育招生规模占高等教育招生规模的一半以上。"十一五"期间，为社会输送1100多万名高等职业院校毕业生。该决定还提出建设100所示范性高等职业院校的计划，即高等职业院校的"211工程"计划。以示范性高等职业院校的建设为标志，我国高等职业教育进入内涵建设时期。2005年11月，第六次全国职业教育工作会议在北京召开，贯彻落实《国务院关于大力发展职业教育的决定》（国发〔2005〕35号），并对职业教育的发展作战略部署。会议首次提出要发展中国特色的职业教育，建立和完善有中国特色的现代职业教育体系；首次提出要逐步增加公共财政对职业教育的投入，并且明确在"十一五"期间中央财政带头投入100亿元；首次强调职业教育要关注个人需求，要资助困难家庭子女；首次提出加强职业教育基础能力建设，并以"四项工程""四大计划""四项改革"等非常具体切实的措施来保证职业教育的发展。为了贯彻中央文件关于示范性院校建设的精

---

① 蒋义.我国职业教育对经济增长和产业发展贡献研究［D］.财政部财政科学研究所博士学位论文，2010.

神，2006 年 11 月，教育部与财政部联合发布了《关于实施国家示范性高等职业院校建设计划加快高等职业教育改革与发展的意见》（教高〔2006〕14 号），指出实施国家示范性高等职业院校建设计划的重大意义，强调高等职业教育必须切实把改革与发展的重点放到加强内涵建设和提高教育质量上来，增强培养面向先进制造业、现代农业和现代服务业高技能人才的能力。示范性高等职业院校要推进教学建设和教学改革、加强重点专业领域建设、增强社会服务能力、创建共享性专业教学资源库。此外，"十一五"期间，政府也会加大对示范性院校的经费支持力度，中央财政安排专项资金用于支持示范院校改善实验实训条件、专业带头人与骨干教师的培养、课程体系改革及教学资源库的建设等。到 2010 年，保证示范性高等职业院校的生均预算内拨款标准与本地区同等类型普通本科院校的生均预算内经费标准相当，并根据实际情况，适当降低示范性高等职业院校的收费标准。该意见还对示范性高等职业院校建设的步骤进行了具体规定，即 2006 年启动第一批 30 所左右示范性高等职业院校的项目建设；2007 年启动第二批 40 所左右示范性高等职业院校的项目建设；2008 年启动第三批 30 所左右示范性高等职业院校的项目建设，并完成第一批项目建设的验收；2009 年继续执行第三批示范性高等职业院校的项目建设，并完成第二批项目建设的验收；2010 年完成第三批项目建设的验收。而实际上，截至 2008 年底，教育部与财政部就已正式选出天津职业大学、成都航空职业技术学院、深圳职业技术学院等 100 所示范性高等职业院校及 8 所重点培育院校。示范性高等职业院校的建设是极具吸引力的思路，标志着我国高等职业教育由外延扩张走向内涵建设，标志着我国开始重视高等职业教育的质量，从而推动了高等职业教育的进一步发展。

2010 年 7 月，中共中央、国务院印发了《国家中长期教育改革和发展规划纲要（2010—2020 年）》，这是我国进入 21 世纪以来的首个教育规划，提出大力发展职业教育，到 2020 年，形成适应经济发展方式转变和产业结构调整要求、体现终身教育理念、中等和高等职业教育协调发展的现代职业教育体系。该规划纲要还强调了职业教育要以提高质量作为重点，实行工学结合、校企合作、顶岗实习的人才培养模式。《教育部 2011 年工作要点》指出要加快现代职业教育体系建设，深入推进国家示范性高等职业院校建设计划。《高等职业教育发展五年规划（2011—2015）》提出全日制与非全日制并重，2015 年高等职业教育在校生总数达到 1390 万人，全日制在校生达 1000 万人左右。此外，高等职业教育发展的"五年规划"还提出要优化专业结构、强化技术服务、扩大国际交流与合作、加强实训基地建设等。"五年规划"还强调指出继续推进"国家示范性高等职业院校建设计划"，建设 200 所国家示范（骨干）高等职业院校，400 所省级示范院校，200 个左右校企合作示范基地。

自 2002 年以来，GDP 由 2002 年的 121002.0 亿元增加至 2012 年的 534123.0 亿元，第一产业增加值相应地由 16188.6 亿元增加至 50892.7 亿元，第二产业由 53624.4 亿元升至 240220.4 亿元，第三产业则由 51189.0 亿元增加至 243030.0 亿元。2012 年第三产业增加值开始超过第二产业增加值。与此相适应，高等职业院校招生数（高职高专招生数，下同）由 2002 年的 890502 人增加到 2550021 人，同期在校生数由 1934083 人增加到 7597464 人，同期毕业生数由 277339 人增加到 2383347 人，自 2002 年以来，高等职业院校办学规模各项指标总体呈上升趋势。①

从专业设置来看，《中国教育统计年鉴》（2011）公布了普通专科的专业设置情况，如表 4-2 所示。专业点数最多的前三类专业依次是财经大类、电子信息大类和文化教育大类。由此可见，这一时期，高等职业院校的专业设置总体上是根据经济发展的需要设定的，特别是与三大产业的发展变化相联系的。

表 4-2　2011 年普通专科专业设置的种数与点数

专业	合计	农林牧渔大类	交通运输大类	生化与药品大类	资源开发与测绘大类	材料与能源大类	土建大类	水利大类	制造大类	电子信息大类
种数	1060	82	92	40	67	57	53	22	89	78
点数	44129	1200	1460	1346	724	739	3582	159	5483	6465
专业	环保、气象与安全大类	轻纺食品大类	财经大类	医药卫生大类	旅游大类	公共事业大类	文化教育大类	艺术设计传媒大类	公安大类	法律大类
种数	26	65	64	43	21	38	86	85	23	29
点数	361	1123	7191	1753	2032	759	5587	3481	167	517

2012 年，除了资源开发与测绘大类的种数、法律大类的种数没有增加外，

---

① 《中国教育统计年鉴》（2001~2012）。

其他专业大类的种数与点数都有不同程度的增加，如表 4-3 所示。这也体现了高职专科的专业设置紧跟经济发展的时代脉搏，注重越来越细化的专业设置，培养经济发展所需要的技术技能型人才。另外，专业点数最多的前三类专业仍然是财经大类、电子信息大类和文化教育大类，以为三大产业特别是在 GDP 中占比越来越大的第三产业输送专业型人才。

表 4-3　2012 年普通专科专业设置的种数与点数

专业	合计	农林牧渔大类	交通运输大类	生化与药品大类	资源开发与测绘大类	材料与能源大类	土建大类	水利大类	制造大类	电子信息大类
种数	1158	89	102	41	66	65	59	25	100	86
点数	46263	1239	1614	1399	796	804	3900	169	5736	6629
专业	环保、气象与安全大类	轻纺食品大类	财经大类	医药卫生大类	旅游大类	公共事业大类	文化教育大类	艺术设计传媒大类	公安大类	法律大类
种数	27	72	70	47	25	45	90	95	25	29
点数	368	1183	7491	1889	2174	815	5691	3676	153	537

四、新时代下的高等职业教育（2012 年至今）

2012 年底，中国共产党第十八次全国代表大会召开，会议指出："加快发展现代职业教育，推动高等教育内涵式发展，积极发展继续教育，完善终身教育体系，建设学习型社会。"这是党中央首次强调加快发展现代职业教育，作为现代职业教育的组成部分，高等职业教育进入了创新发展的新纪元。2013 年底，党的十八届三中全会召开，审议通过了《中共中央关于全面深化改革若干重大问题的决定》，该决定强调深化教育领域综合改革，试行普通高校、高职院校、成人高校之间学分转换，拓宽终身学习通道。党的十八届三中全会提出的"学分转换、拓宽终身学习通道"又是新的创举。2013 年我国实现 7.7% 的经济增长，2014 我国经济增长率下降至 7.4%。这意味着我国将告别过去两位数或接近两位数的高速经济增长模式，进入中高速增长的经济新常态，过去粗放型的增长模式已不可持续。在这样的背景下，与经济发展和产业结构调整密切相关的职业教育也进入了变革的年代。特别是 2014 年，这一年是中国职业教育发展变革的一年，是政府与社会各界人士空前重视职业教育的一年。2014 年 2 月 26 日，李克强总理主持召开国务院常务会议，部署加快发展现代职业教育，指出："发展职业教育是促进转方式、调结构和民生改善的战略举措。以改革的思路办好职业教育，对提升劳动大军就业创业能力、产业素质和综合国力，意义重大。"①2014年3月，国务院颁布了《关于推进文化创意和设计服务与相关产业融合发展的若干意见》（国发〔2014〕10号），指出："推进文化创意和设计服务等新型、高端服务业发展，促进与实体经济深度融合，是培育国民经济新的增长点、提升国家文化软实力和产业竞争力的重大举措，是发展创新型经济、促进经济结构调整和发展方式转变、加快实现由'中国制造'向'中国创造'转变的内在要求。"还鼓励将非物质文化遗产传承人才培养纳入职业教育体系，发挥职业教育在文化传承创新中的重要作用，重点建设一批民族文化传承创新专业点……积极推进产学研用合作培养人才，发展专业学位研究生教育，扶持和鼓励相关行业和产业园区、龙头企业与普通本科高校、职业院校及科研机构共同建立人才培养基地。该意见的颁布为高等职业教育的发展迎来了新的契机。紧接着，文化部就发布了《关于贯彻落实〈国务院关于推进文化创意和设计服务与相关产业融合发展的若干意见〉的实施意见》，具体提出了创意设计业、动漫游戏业、演艺娱乐业、艺术品业、工艺美术业等文化创意产业的发展，为高等职业教育与文化创意产业的交融发展提供了具体的指引。2014年5月，习近平总书记提出要适应我国经济发展的新常态，职业教育同样也要适应经济发展新常态。2014年6月22日，国务院印发了《关于加快发展现代职业教育的决定》（国发〔2014〕19号）（以下简称《决定》），提出到2020年，形成适应发展需求、产教深度融合、中职高职衔接、职业教育与普通教育相互沟通，体现终身教育理念，具有中国特色、世界水平的现代职业教育体系；到2020年，专科层次职业教育在校生达到1480万人。《决定》指出要创新发展高等职业教育，创设性地提出要探索发展本科层次职业教育，引导普通本科向应用技术类型高等学校转型发展，扩大高等职业院校招收有实践经历人员的比例，建立以职业需求为导向、以实践能力培养为重点、以产学结合为途径的专业学位研究生培养模式，研究建立符合职业教育特点的学位制度。《决定》还依据市场经济原则，提出引导和社会各界力量兴办职业教育，探索发展股份制、混合所有制院校，允许以资本、知识、技术、管理等要素参与办学并享有相应权利。在经费投入方面，《决定》提出要完善经费稳定投入机制，各级人民政府要建立与当地职业院校相适应的财政投入机制，地方教育附加费用于职业教育

---

① 人民网，http://politics.people.com.cn/n/2014/0226/c1024-24474324.html，2014-08-15.

的比例不少于 30%。

2014 年 6 月 23~24 日，国务院就召开了全国职业教育工作会议。习近平总书记就加快职业教育发展做出重要指示。习近平强调，职业教育是国民教育体系和人力资源开发的重要组成部分，是广大青年打开通往成功成才大门的重要途径，肩负着培养多样化人才、传承技术技能、促进就业创业的重要职责，必须高度重视、加快发展。"习近平要求各级党委和政府要把加快发展现代职业教育摆在更加突出的位置，更好支持和帮助职业教育发展，为实现'两个一百年'奋斗目标和中华民族伟大复兴的中国梦提供坚实人才保障。李克强指出，职业教育大有可为，也应当大有作为，要用改革的办法把职业教育办好做大，统筹发挥好政府与市场的作用，形成多元化的职业教育发展格局"。①教育部副部长鲁昕指出："这次会议领导的重视前所未有，改革的力度前所未有，部门的协作前所未有，意义非常重大。"②《决定》创新了职业教育理念、明确发展目标、明确多层次多类型职业教育的科学定位、打通"人人皆可成才"的上升通道、构建以就业为导向的现代职业教育体系、提出多元化办学的新格局。

2014 年 6 月 23 日，教育部、国家发展改革委、财政部、人力资源和社会保障部、农业部、国务院扶贫办六部委联合发布了《现代职业教育体系建设规划（2014-2020 年）》（教发〔2014〕6 号）（以下简称《规划》），首先指出了教育体系的基本框架，如图 4-1 所示。

高等职业教育是职业教育的最高层次，在办好现有专科层次高等职业（专科）学校的基础上，发展应用技术类型高校，培养本科层次职业人才。应用技术类型高等学校是高等教育体系的重要组成部分，与其他普通本科学校具有平等地位。高等职业教育规模占高等教育的一半以上，本科层次职业教育达到一定规模。建立以提升职业能力为导向的专业学位研究生培养模式。根据高等学校设置制度规定，将符合条件的技师学院纳入高等学校序列。《规划》指出在构建现代职业教育体系中，要优化高等职业教育结构：推进高等学校分类管理、引导一批本科高等学校转型发展、加快高等职业学校改革步伐（学校治理结构、培养模式、招生入学制度等）、探索举办特色学院。《规划》提出应通过

---

① 习近平就加快发展职业教育作出重要指示［N］.人民日报，2014-06-24.

② 鲁昕.职业教育工作会议意义重大 是深化改革的重要举措［EB/OL］.中国政府网，http：//www.tvet.org.cn//zt/Committee/h000/h04/1404300412d4399.html.

科学规划职业教育集团发展、创新职业教育集团的发展机制、提升职业教育集团的发展活力等举措来推动职业教育集团化发展。《规划》认为要加快修订《职业教育法》与相关条例来保证职业教育的发展。在经费投入上,《规划》指出要落实财政性职业教育经费投入、充分利用社会资本发展现代职业教育、启动编制"十三五"职业院校基础能力建设规划并纳入各地经济社会发展规划。

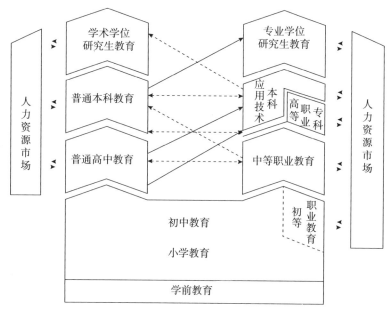

图4-1 教育体系基本框架

教育部副部长鲁昕在中国发展高层论坛2014年会上表示,我国将推行"技能型""学术型"两类高考。同时教育部将引导600多所地方本科院校向高职教育转变。教育部职业教育与成人教育司司长葛道凯认为:"我国正处在经济大国向经济强国迈进的历史新阶段,必须推进经济提质增效升级,这离不开培养数以亿计的高素质劳动者和技术技能人才。职业教育改革必须为落实这个战略任务服务。《决定》和《规划》就为职教改革明确了方针政策、目标任务、重要举措,完成了顶层设计。当前的职业教育正在经历一场前所未有的改革。"①

为了深化产教融合、校企合作，进一步完善校企合作育人机制，创新技术技能人才培养模式，2014 年 8 月 25 日，教育部发布了《关于开展现代学徒制试点工作的意见》（教职成〔2014〕9 号），指出各地要积极开展"招生即招工、入校即入厂、校企联合培养"的现代学徒制试点，深化工学结合人才培养模式改革，加强专兼结合师资队伍建设，形成与现代学徒制相适应的教学管理与运行机制。李克强总理在 2015 年召开的两会上所做的《政府工作报告》指出：加快构建以就业为导向的现代职业教育体系。我们要为下一代提供良好的教育，努力使每一个孩子有公平的发展机会。2015 年 5 月，刘延东在首届职业教育活动周启动仪式上致辞，提出"要进一步把职业教育摆在经济社会发展和教育综合改革更加突出的位置"。②2015 年 8 月 20 日，教育部发布《关于深化职业教育教学改革　全面提高人才培养质量的若干意见》，强调落实立德树人根本任务、改善专业结构和布局、提升系统化培养水平、推进产教深度融合、强化教学规范管理、完善教学保障机制六大举措来推动促进职业教育的发展。

2017 年 10 月，党的十九大隆重召开，习近平在会上作了题为《决胜全面建成小康社会　夺取新时代中国特色社会主义伟大胜利》的报告，指出："经过长期努力，中国特色社会主义进入了新时代，这是我国发展新的历史方位。"新时代下，高等职业教育也应有新作为。党的十九大报告强调"完善职业教育和培训体系，深化产教融合、校企合作"，为职业教育的发展提出了方向。2017 年 12 月，国务院办公厅印发了《关于深化产教融合的若干意见》（国办发〔2017〕95 号），提出了"统筹协调，共同推进；服务需求，优化结构；校企协同，合作育人"的原则，并细化了实现产教融合的具体措施。2018 年 2 月，教育部会同国家发展改革委、工业和信息化部、财政部、人力资源和社会保障部、国家税务总局制定了《职业学校校企合作促进办法》（教职成〔2018〕1 号），提出了校企合作的形式、促进形式以及监督检查。2019 年 2 月，国务院印发《国家职业教育改革实施方案》（国发〔2019〕4 号），提出了职业教育改革系统性的 20 条举措。在中国特色社会主义新时代下，在政府前所未有的重

---

① 练玉春 . 一场前所未有的改革——专访职成司司长葛道〔EB/OL〕. http：//www.tvet.org.cn//zt/Committee/h000/h04/1404782906d4456.html，2014-08-15.

② 刘延东 . 让尊重职业教育在全社会蔚然成风〔N〕. 中国教育报，2015-05-16.

视下，我国的高等职业教育也势必迎来新的发展。

第二节 我国高等职业教育的发展现状

改革开放以来，随着我国经济体制改革不断向纵深方向发展，高等职业教育也相应地经历了初步探索—快速发展—深化发展—内涵建设—变革创新等时期。在经济结构调整和产业结构优化升级的今天，高等职业教育更加凸显其服务经济社会发展的功能，承担着培养多样化人才、传承技术技能、促进就业创业的职责，肩负着实现"中国制造"向"中国创造"转变与实现中国梦的历史使命。高等职业教育发展 40 多年来，其法律地位业已确立，政府也越来越重视高等职业教育的发展，那其规模、布局、投入产出、人才培养质量、就业率等指标现状如何？对经济社会发展影响如何？在助力实现中国梦的过程中还存在哪些问题？本章将对这些问题展开探索。

一、我国高等职业教育的发展规模 [①]

党的十八大以来，在国家政策的支持下，为适应经济结构调整与产业结构升级的要求，我国高等职业教育的办学规模不断壮大，学校数、毕业生数、招生数、在校生数、教职工数、专任教师数几近呈逐年增加的态势，具体规模如表 4-4 所示。

表 4-4　2012～2018 年高等职业院校办学规模情况

年份 \ 分类	学校数（所）	毕业生数（人）	招生数（人）	在校生数（人）	教职工数（人）	专任教师数（人）
2012	1297	3208865	3147762	9642267	622425	423381
2013	1321	3187494	3183999	9736373	630044	436561
2014	1327	3179884	3379835	10066346	625017	438300
2015	1341	3222926	3484311	10486120	639281	454576
2016	1359	3298120	3432103	10828898	652580	466934

① 数据来源于中华人民共和国教育部公布的《教育统计数据》，百分比数据依据原始数据推算而得。

续表

分类 年份	学校数 （所）	毕业生数 （人）	招生数 （人）	在校生数 （人）	教职工数 （人）	专任教师 数（人）
2017	1388	3516448	3507359	11049549	669521	482070
2018	1418	3664729	3688341	11337005	685266	497682

注：由于中华人民共和国教育部公布的《教育统计数据》没有按照学校性质，而是依据学历教育层次来统计学生数，因此，为了便于分析，表中的毕业生数、招生数、在校生数也直接采用这一数据，未剔除普通本科学校培养的专科学生数。

首先，从学校数来看，2012 年普通高校总数 2442 所，2018 年增加至2663 所。本科院校 2012 年有 1145 所，而同时期的高等职业院校（高职高专院校）就已有 1297 所，2018 年本科院校增长至 1245 所，而高等职业院校已升至 1418 所，如图 4-2 所示。从增量、增幅来看，6 年来本科院校增加了 100所，增幅约为 8.73%，而高等职业院校增加了 121 所，增幅约为 9.33%，高等职业院校的增量、增幅均高于本科院校。从高等职业院校学校数在普通高校中的占比来看，高职院校在普通高校中均占比 50% 以上，如 2018 年占比53.25%，足见高等职业教育在高等教育发展中举足轻重的地位。

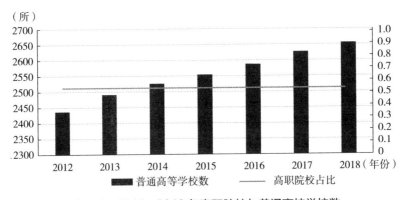

图 4-2　2012～2018 年高职院校与普通高校学校数

其次，从毕业生数来看，2012 年高职院校的毕业生接近 321 万人，随后逐年增加，2018 年增至 366 万人，如图 4-3 所示，6 年来，毕业生增加了 5万多人。高职院校毕业生数在普通高校毕业生中占比基本都接近 50%。当然，相较于普通本科而言，高等职业教育培养的人才略少于普通本科院校（含独立学院）培养的人才。

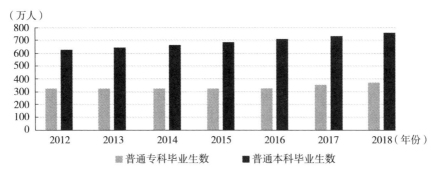

图 4-3　2012~2018 年普通专科毕业生数与普通本科毕业生数

再次，从招生数来看，高等职业院校的规模也在不断壮大。2012 年高等职业院校招生约 315 万人，2018 年升至约 369 万人，增长幅度为 17.17%，占比（占普通高校的招生数比）也由 2012 年（普通高校招生约 689 万人）的 45.70% 升至 2018 年（普通高校招生约 791 万人）的 46.63%。2018 年本科院校的招生规模约为 422 万人，高职院校的招生规模与本科院校仍有差距，如图 4-4 所示。

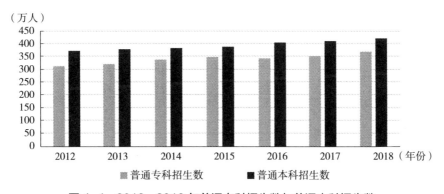

图 4-4　2012~2018 年普通专科招生数与普通本科招生数

复次，从在校生人数来看，高等职业院校在校生人数已由 2012 年的约 964 万人增至 2018 年的约 1134 万人，增长了 17.58%。近年来，高等职业院校在校生人数占普通高校的在校生人数比约为 40%，如图 4-5 所示。无论从学校数、毕业生数来看，还是从招生数、在校生数来看，近年来高等职业教育的规模都有了较大幅度的提升。

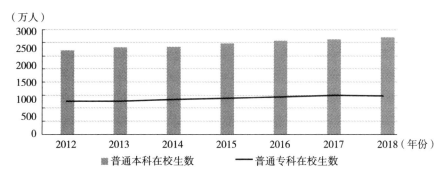

图 4-5　2012~2018 年普通专科在校生数与普通本科在校生数

最后，从教职工与专任教师数来看，高等职业院校的教职工数由 2012 年的 622425 人增加至 2018 年的 685266 人，增幅超过 10%；高等职业院校的专任教师数由 2012 年的 423381 人增加至 2018 年的 497682 人，增幅超过 17%，如图 4-6 所示。当然，需要指出的是，这一指标与普通本科院校差距较大。以 2018 年为例，高职院校与普通本科院校的教职工数分别为 685266 人、1800964 人，前者占后者的比约为 38.05%；高职院校与普通本科院校的专任教师数分别为 497682 人、1174334 人，前者占后者的比约为 42.38%。

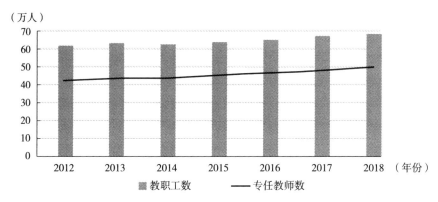

图 4-6　2012~2018 年高职院校教职工数与专任教师数

二、我国高等职业教育的结构布局

由上述高等职业教育的规模可知，近几年我国的职业教育呈现出良好的发展态势，但高等职业教育的布局作为高等职业教育系统的重要范畴，其与区域经济发展密切相关，所以探究高等职业教育的布局情况是高等职业教育发展的内在要求。

根据中华人民共和国教育部公布的《2018 年教育统计数据》中的地区数据以及《关于中国特色高水平高职学校和专业建设计划拟建单位的公示》可知，我国 2018 年高等职业院校有 1418 所，入选高水平学校建设单位（A 档、B 档、C 档）的高职院校有 56 所。

首先，从区域总量分布来看，我国高等职业院校总量呈现东部、中部、西部的阶梯式排列，东部 557 所，约占高职院校总量的 39.28%；中部 467 所，占比 32.93%；西部 394 所，占比 27.79%（见表 4-5，百分比数据根据表中数据推算而得）。东部高职院校数量最多的是江苏，有 90 所高职院校，最少的是海南，仅 13 所。中部河南高职院校数量最多，有 84 所，吉林的高职院校数量最少，仅 25 所。西部的高职院校数量与东中部差距较大，最多的是四川，有 68 所高职院校，最少的是西藏，仅 3 所高职院校。这种分布有利于促进高等职业教育入学机会的均衡化，有利于实现高等职业教育大众化，也有利于区域经济的发展。

表 4-5　2018 年我国各区域高职院校分布　　　　　　　　　　　单位：所

东部		中部		西部	
省份	学校数	省份	学校数	省份	学校数
北京	25	山西	50	内蒙古	36
天津	26	吉林	25	广西	39
河北	61	黑龙江	42	重庆	40
辽宁	51	安徽	74	四川	68
江苏	90	江西	59	贵州	43
上海	25	河南	84	云南	47
浙江	48	湖北	60	西藏	3
福建	52	湖南	73	陕西	40
山东	78			新疆	32
广东	88			甘肃	27
海南	13			青海	8
				宁夏	11
合计	557	合计	467	合计	394

其次，从全国各省份总量分布来看，各省份高职院校的分布平均数为 45.7

所，中位数为 43 所，由此可见，各省份的高职院校分布数量相对适中。但通过对图 4-7 和表 4-5 的观察可发现，各省份高职院校的数量分布是不均衡的。70 所以上的有 6 个省份，集中在东部和中部，分别是江苏、广东、河南、山东、安徽、湖南，西部没有一个省份的高职院校数量达到 70 所。40～70 所的有 13 个省份，分别是四川、河北、湖北、江西、福建、辽宁、山西、浙江、云南、贵州、黑龙江、重庆、陕西，也主要集中在东部与中部，西部高职院校在 40 所以上的只有四川、云南、贵州。20～40 所的有 8 个省份，主要集中在西部地区和东部地区，分别是广西、内蒙古、新疆、甘肃、天津、北京、吉林、上海。20 所以下的有 4 个省份，分别是海南、宁夏、青海、西藏，主要分布在西部地区。

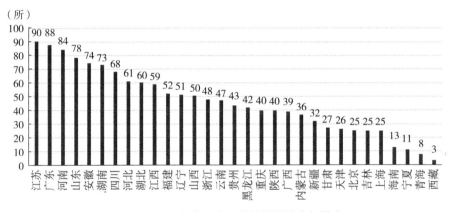

图 4-7 2018 年全国高职院校数量分布与排序

最后，从全国高等职业院校的质量分布来看，如图 4-8 所示。教育部2019 年 10 月公布的《关于中国特色高水平高职学校和专业建设计划拟建单位的公示》数据显示，立项中国特色高水平高职学校和专业建设计划建设单位有197 个，入选高水平学校建设单位的高职院校有 56 所，分成 A、B、C 三档；入选高水平专业群建设单位 141 所，也分成 A、B、C 三档。本书主要分析高水平高职学校的分布情况。A 档高水平学校建设单位有 10 所，分别是北京电子科技职业学院、天津市职业大学、江苏农林职业技术学院、无锡职业技术学院、金华职业技术学院、浙江机电职业技术学院、山东商业职业技术学院、深圳职业技术学院、黄河水利职业技术学院、陕西工业职业技术学院，即东部地区 8 所，中部、西部地区各 1 所，可见，A 档高水平学校建设单位集中在东部地区。B 档高水平学校建设单位集中在东部地区。B 档高水平学校建设单位有 20 所，北京、天津、河北、辽宁各 1 所，江苏、浙江各 3 所，山东 2 所，广东 4 所，即东部地区 16 所；中部地区有且只有湖南 1 所 B 档高水平学校建设单位；西部地区共有 3 所高水平学校建设单位，其中，重庆 2 所，陕西 1 所。同样，80% 的 B 档高水平学校建设单位在东部地区。C 档高水平学校建设单位有 26 所，东部地区 9 所，中部地区 7 所，西部地区 10 所，可见这一档次的高水平学校建设单位地区分布相对均衡。

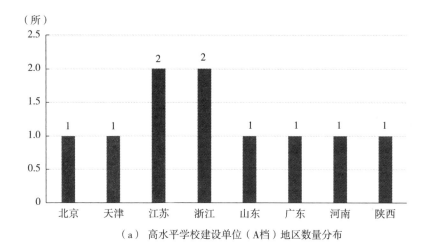

（a）高水平学校建设单位（A档）地区数量分布

（b）高水平学校建设单位（B档）地区数量分布

图 4-8 高水平学校建设单位地区数量分布情况

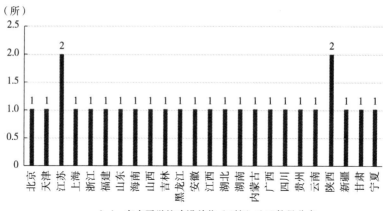

（c）高水平学校建设单位（C档）地区数量分布

图4-8 高水平学校建设单位地区数量分布情况（续）

三、我国高等职业教育的投入产出

　　高等职业教育事关经济发展全局，事关国家产业安全，事关民生就业，其具备生产系统完整的产业特征，即"投入—产出"特征。高等职业教育的投入包括人力、物力、财力等方面的投入。人力资源的投入主要是指对专任教师及管理人员（包括行政管理人员与后勤管理人员）的投入；物力资源的投入主要指高职院校的硬件设施投入，包括校舍、教学设备、科研设备、图书馆、校园网等方面的投入；财力投入主要指高职院校的教育事业费与科研经费的经常性支出。上述所有投入归根结底是对高等职业教育经费的投入，包括国家财政性教育经费、社会团体和公民个人办学经费、社会捐赠经费、学费和杂费、其他教育经费。所以本书主要研究高职院校的经费投入情况。高等职业教育的产出主要包括人才培养、科学研究及社会服务，在这三方面的产出中，人才培养是最重要的产出，也是本节的主要研究内容，本书采用人才培养的数量与质量来衡量高等职业教育人才培养的产出情况。在分述高等职业教育投入产出的基础上，进而研究二者间的互动关系。①

---

　　① 唐文忠.我国高等职业教育投入产出的经济学分析与对策思考［J］.福建师范大学学报，2015（2）：16-20.

（一）高等职业教育的投入情况

1. 高等职业教育投入规模[①]

（1）高等职业教育经费及其占 GDP 比重。党的十八大以来，我国教育经费投入不断增加，从 2012 年的约 28655.31 亿元增加到 2017 年的 42562.01 亿元，相应地，投入高等职业教育的经费也逐年增加，2012 年为 1410.44 亿元，2017 年增至 2025.26 亿元。从高等职业教育经费投入占 GDP 的比重来看，占比由 2012 年的 0.2619% 小幅下降至 2017 年的 0.2468%，如图 4-9 所示。

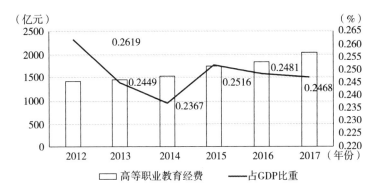

图 4-9　2012～2017 年高等职业教育经费投入及其占 GDP 的比重变化

（2）高等职业教育经费投入占教育经费总投入的比重。由图 4-10 可知，2012 年，高等职业教育经费投入占教育经费总投入的比约为 4.9221%，此后，小幅下滑、略有回升交错进行，2017 年，该比重为 4.7584%。

（3）高等职业教育与普通本科教育经费投入比较。由图 4-11 可知，虽然高等职业教育经费在逐年增加，但经费投入规模仍远小于普通本科教育，高等职业教育经费投入规模只占普通本科教育的 20% 左右。从二者的经费增长率来看，如图 4-12 所示，高等职业教育经费投入和普通本科教育经费投入都呈现"先增长后下降再增长"的态势。然而，普通本科教育投入经费增长相对平稳，高等职业教育经费投入增长率变化幅度较大。近年来，普通本科教育经费

---

① 本书关于教育经费投入的数据来源于《中国教育经费统计年鉴》（2013～2018），GDP 数据来源于中华人民共和国国家统计局网站，比例数据根据原始数据推算而得；另外，目前教育经费统计年鉴仅更新到 2018 年，即相应的数据仅更新到 2017 年，故本书关于高等职业教育经费的数据分析仅到 2017 年。

投入增长率稳定在 6%~10%，高等职业教育经费投入增长率由 2014 年的 4% 骤增至 2015 年的 14%，继而回落至 2016 年的 6%。2017 年，两者的经费投入都开始增长，且高等职业教育经费投入增长率略高于普通本科教育经费投入增长率。

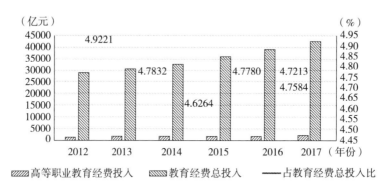

图 4-10　2012~2017 年高等职业教育经费投入占教育经费总投入的比重变化

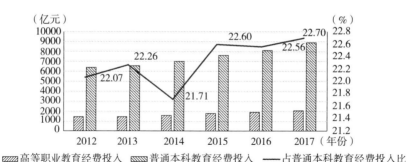

图 4-11　2012~2017 年高等职业教育经费与普通本科教育经费比较

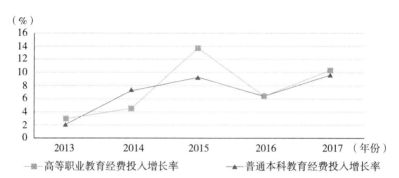

图 4-12　2013~2017 年高等职业教育经费增长率与普通本科教育经费增长率比较

2. 高等职业教育投入结构

高等职业教育的投入结构（或称为投入主体、经费来源）主要由五部分构成，[①] 分别是国家财政性教育经费投入、事业收入、民办学校中举办者投入、捐赠收入及其他教育经费。以 2017 年为例（见图 4-13），2017 年高等职业教育经费投入超过 2025 亿元，其中，国家财政性教育经费约为 1311 亿元，在高等职业教育经费投入中占比最大，达 64.72%，其次是约为 632 亿元的事业收入，占比 31.2%，国家财政性经费与事业收入构成了高等职业教育经费的主要来源，占比合计达 95% 以上，民办学校中举办者投入、捐赠经费及其他教育经费合计占比在 5% 以下。国家财政性教育经费由一般公共预算安排的教育经费（约 1275 亿元）、政府性基金预算安排的教育经费（约 26.7 亿元）、企业办学中的企业拨款（约 6.7 亿元）、校办产业和社会服务收入中用于教育的经费（约 1.7 亿元）、其他属于国家财政性教育经费（约 1 亿元）构成，由此可见，一般公共预算安排的教育经费是国家财政性教育经费的主体。事业收入则主要由学费构成，2017 年高等职业教育经费事业收入约为 632 亿元，其中学费约为 512 亿元，学费占事业收入的比约为 80.96%。

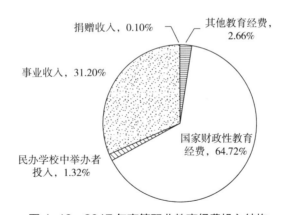

捐赠收入，0.10%　　其他教育经费，2.66%

事业收入，31.20%

民办学校中举办者投入，1.32%

国家财政性教育经费，64.72%

图 4-13　2017 年高等职业教育经费投入结构

3. 高等职业教育的生均财政拨款水平

高等职业教育的生均一般公共预算教育事业费和基本建设支出（简称生均财政拨款水平）是衡量高等职业教育经费投入水平的重要指标。《中国教

[①]　根据《中国教育经费统计年鉴》（2006~2012）及中华人民共和国国家统计局网站公布的 GDP 数据整理而成，部分数据是四舍五入的结果。

育经费统计年鉴》的数据显示，地方普通高职高专学校的生均财政拨款水平由 2012 年的 10107.84 元上升至 2017 年的 15055.62 元，上涨幅度接近 50%。2014 年财政部、教育部印发《关于建立完善以改革和绩效为导向的生均拨款制度加快发展现代高等职业教育的意见》（财教〔2014〕352 号）规定 2017 年各地高职院校年生均财政拨款水平应当不低于 12000 元。从总体指标来看，在政府的大力推动下，2017 年地方普通高职高专学校的生均财政拨款水平已经达到了财政部、教育部规定的要求。从个体指标，即从具体的省份来看（见图 4-14），2017 年多数省份高职院校生均财政拨款水平都在 12000 元以上。此外，2017 年地方普通高职高专学校的生均财政拨款平均数为 18467.52 元，中位数为 15069.99 元，中位数比平均数少 3397.53 元，偏离程度较大，说明生均财政拨款水平仍存在不平衡的现象。

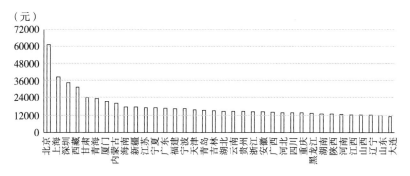

图 4-14　2017 年地方普通高职高专学校生均财政拨款水平

（二）高等职业教育的产出情况[①]

如前所述，高等职业教育的产出主要包括人才培养、科学研究及社会服务，本节重点研究人才培养的产出情况，人才培养可用其数量与质量来衡量。关于人才培养的数量，招生数、在校生数、毕业生数近年来都有了较大幅度的提升，这部分具体内容在本节"高等职业教育的规模"中已做分析，此处不再赘述。因此，这里主要分析高等职业教育人才培养的质量，选取毕业生的就业率、月收入、自主创业比例、专业产业对接情况等指标来说明高等职业教育人才培养的质量。

---

①　根据麦可思研究院发布的 2013~2019 年《中国高等职业教育人才培养质量年度报告》与 2013~2019 年的《中国大学生就业报告》整理而成。

（1）毕业生就业率。根据上海市教科院和麦可思研究院 2013～2019 年编写的《中国高等职业教育人才培养质量年度报告》可知，党的十八大以来，高职毕业生的就业率稳定在 90% 以上，如图 4-15 所示，2018 届毕业生半年后的就业率为 92%，比 2012 届上升了 1.6 个百分点。与此同时，近年来，本科毕业生的就业率则在缓慢下降，2018 年本科毕业生的就业率为 91%，低于同期高职毕业生就业率 1 个百分点。从专业就业率来看，2018 届高职高专毕业生就业率最高的专业大类是生化与药品大类（93.7%），其次是公共事业大类、材料与能源大类（均为 93.3%）；2018 届高职高专毕业生就业率排前三位的专业是高压输配电线路施工运行与维护（97.1%）、电气化铁道技术（95.9%）、电力系统自动化技术（95.5%）。

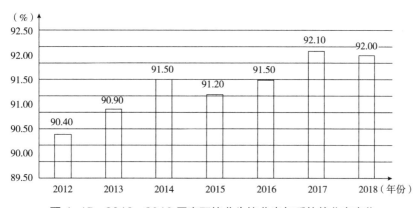

图 4-15　2012～2018 届高职毕业生毕业半年后的就业率变化

（2）毕业生月收入。2012 届高职毕业生毕业半年后的平均月收入仅 2731 元，2018 届毕业生平均月收入已增加到 4112 元，增长了 50.57%。由图 4-16 可知，自 2012 年以来，高职毕业生毕业半年后的月收入逐年增长。2018 届毕业后在一线城市（指北京、上海、广州、深圳）就业的高职高专生月收入为 5121 元，高于在"新一线"城市（麦可思研究院统计的"新一线"城市选取了 2019 年"新一线"城市中就业数量最大的前 10 个城市，即成都、重庆、杭州、南京、宁波、苏州、天津、武汉、西安、郑州）就业的高职高专毕业生月收入（4221 元）900 元。与本科毕业生对比来看，高职高专毕业生的月收入会少于本科毕业生，如 2018 届高职高专毕业生的月收入为 4112 元，而 2018 届本科毕业生的月收入则为 5135 元，前者比后者低了近 20%。

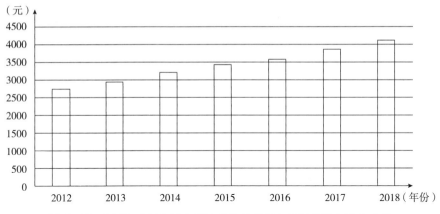

图 4-16　2012~2018 届高职毕业生毕业半年后的平均月收入变化

（3）自主创业比例。近年来，高职院校毕业生自主创业群体不断扩大，2018 届高职院校毕业生的自主创业比例为 3.6%，高于同期全国大学毕业生的自主创业率，也高于同期本科院校毕业生的自主创业水平，如图 4-17 所示。自主创业可分为机会型创业与生存型创业，前者指为了抓住和利用市场机会而进行的创业，后者指创业者因找不到合适工作而进行的创业。根据麦可思发布的报告可知，在 2012 届至 2018 届高职毕业生的自主创业中，85% 左右都是源于机会型创业，只有 7% 左右属于生存型创业。上述数据说明高等职业院校毕业生不是因为就业难才选择自主创业。此外，自主创业群体的收入增幅较大。如 2015 届高职高专毕业生半年后自主创业人群的月收入为 4601 元，三年后为 9726 元，涨幅为 111%，明显高于 2015 届高职高专毕业生平均水平（半年后为 3409 元，三年后为 6005 元，涨幅 76%）。

（4）专业产业对接情况。麦可思研究院发布的 2013~2019 年《中国大学生就业报告》显示，2012~2018 届高职高专毕业生的工作与专业相关度稳定在 62%，低于全国总体水平，且与本科毕业生的差距较大，如图 4-18 所示。在高职高专专业大类中，2018 届毕业生从事的工作与专业相关度最高的是医药卫生大类，达 90%；其次是土建大类，为 71%；最低的是旅游大类与轻纺食品大类，均为 51%。2018 届高职高专毕业生选择与专业无关工作的主要原因有两个：一是专业工作未达到自己的职业期待；二是迫于现实先就业再择业。此外，高职高专毕业生的离职率较高，以 2018 届为例，高职高专毕业生离职率达到 42%，远高于本科毕业生 23% 的离职率。由此可见，高职高专毕业生的专业产业对接水平有待提高。

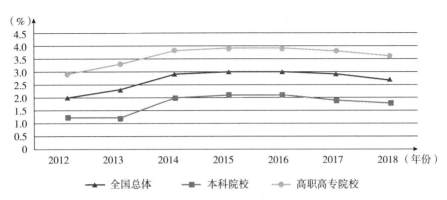

图 4-17　2012~2018 届大学毕业生毕业半年后自主创业比例变化

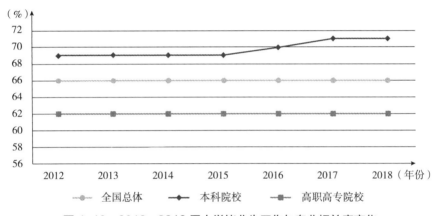

图 4-18　2012~2018 届大学毕业生工作与专业相关度变化

第三节　我国高等职业教育发展存在的问题

　　通过上述对高等职业教育历史、现状的分析可知，中央政府和各级地方政府对高等职业教育的发展日益重视，高等职业教育的办学规模扩大，质量提升，培养了数以万计的技术性专门人才，在经济发展方式转变、产业结构调整、经济社会发展中的作用日趋凸显。然而，由于我国高等职业院校自身痼疾、政策机制、社会观念、市场环境等因素的制约，高等职业教育发展仍存在不少问题。我们需要正视并解决这些问题，使高等职业教育在当前职业教育变革的新时代里实现跨越式发展。

一、经费投入不平衡

虽然近年来我国高等职业教育经费投入有所增长，但相对其在经济社会发展中发挥的作用而言，教育经费投入仍有提升的空间。首先，每年高等职业教育经费投入占 GDP 的比重不到 0.3%。其次，每年高等职业教育经费投入只占教育经费总投入的 5% 左右。最后，高等职业教育经费投入规模只占普通本科教育的 20% 左右，经费投入规模仍远小于普通本科教育。高等职业教育培养的是高层次的技术技能型人才，并且要适时更新更多的实训基地、实验室、实验仪器等设备，相应地也就需要更多的投入。依据发展中国家对教育成本的统计，高职教育的成本是普通高等教育成本的 2.64 倍，也就是说，高等职业教育应有更多的投入。

当然，相对于投入总量问题，高等职业教育经费的结构问题更加突出。一是经费来源结构单一。近年来，我国高等职业教育表面上已形成了国家财政性教育经费投入、事业收入（包括学杂费）、民办学校中举办者投入、社会捐资经费及其他收入等多元化的教育经费投入结构。如前所述，国家财政性经费与事业收入构成了高等职业教育经费的主要来源，占比合计达 95% 以上，其他投入力量仍显单薄，总体投入结构仍然较为单一。这说明高职院校自筹经费的能力较弱，行业企业及其他社会力量投入高等职业教育的积极性不高。高等职业教育主要以培养应用技术型人才为己任，要求大量的实训和实验教学环节，硬件投入高，教学成本高。经费来源结构直接影响着高等职业教育的发展与人才培养的质量。二是经费投入呈现地区不平衡的态势。一方面，生均财政拨款不平衡。近年来，地方普通高职高专学校的生均财政拨款中位数与平均数偏离程度较大，说明生均财政拨款水平仍存在不平衡的现象。另一方面，双高计划入选单位分布不平衡。双高计划的入选意味着入选单位的综合水平较高，但也表明未来这些单位将有更多的经费投入。而从双高计划入选单位来看，更高档次的计划较多集中于东部高职院校，即这些东部高职院校会获得更多的经费支持，而没有入选双高计划的高职院校获得的经费投入相对较少。

二、专业群与产业链契合度低

一些高职院校办学的地方性、区域性特点不够明显，未考虑地方产业结构与市场需求情况，盲目攀比普通本科院校设置学科专业，使专业链与产业链契合度不高，培养的高职人才对社会的适应性差。如前所述，近年来，虽然高职高专毕业生的工作与专业相关度比较稳定，但与本科毕业生的差距较大。以2018届毕业生为例，高职高专毕业生的工作与专业相关度为62%，而同期本科毕业生的工作与专业相关度则为71%。这样就会固化社会对高等职业教育的成见，不利于高等职业教育的高质量发展。此外，专业链与产业链契合度不够还体现在高职院校的专业设置没有随着产业结构的调整而相应调整，培养的人才往往滞后于人工智能、区块链等新兴技术产业的发展，难以满足新时代下高质量发展新常态对高等职业教育人才的强烈需求。

三、学生创新能力不足

创新是一个民族进步的灵魂。新时代下，对高职学生的创新能力水平要求越来越高。然而，高职学生的文化基础薄弱，高职院校对学生文化素养的培养也不够重视，使高职学生的文化素养未能得到进一步的提高，影响了学生的创新创意能力与可携带能力。此外，一些高职院校人才培养目标与办学定位不清晰，缺乏对复合型技术技能人才的清晰认识与精准研究，学生创新创意能力培养的有效措施不足，更没有专门针对创新创意能力培养的课程体系与评价机制，使学生创新能力水平较弱。如前所述，近年来高职毕业生的自主创业水平都在3%以上，2015年、2016年达到3.9%的峰值，2017年、2018年该指标分别下降到3.8%和3.6%。另外，高职毕业生的就业率呈现波动的态势，2014届学生的就业率为91.5%，2015届下降到91.2%，2016届、2017届分别上升到91.5%和92.1%，2018届下降到92%。这虽然与经济环境有关系，但也从侧面说明了高职毕业生缺乏可持续的创新能力。

四、教师实践水平不高

近年来，尽管高等职业院校的教职工数量有所增加，由2012年的622425人增加至2018年的685266人，但教师的质量特别是实践水平有待提升。我国高等职业院校教师的主要来源有三种类型：一是本科（专科）毕业生，其从学校毕业后就进入高等职业院校工作，目前是高等职业院校的中坚力量。这部分教师一方面科研能力普遍较弱，另一方面企业实践经验又十分匮乏。二是研究生。近年来，高等职业院校引进了不少的研究生，这部分教师具有一定的科研实力，但局限于理论科研能力，企业实践经验同样十分匮乏。三是从企业招聘进来的教师。这部分教师理论基础、教育教学方法相对薄弱，但是其在一线的实践经验，在实训教学、实践指导等方面具有一定的优势。从目前我国高等职业教育教师的构成来看，没有企业工作经历的教师占主体，从企业招聘进来的教师比例较低，导致教师实践经验及实操能力总体不足，与"双师型"教师的要求还有较大的距离。此外，高等职业教育不完善的培训体系、人才机制也制约了教师实践能力的提升。在培训体系上，目前我国绝大部分高等职业院校教师的培训方式包括以下几种：一是参加教育主管部门组织的培训活动；二是自主联系培训单位；三是参加社会培训机构组织的培训；四是院校自身组织的培训活动。[①] 虽然培训的形式丰富多彩，但是各种培训方式都存在明显的不足之处：培训内容仍然存在"重理论、轻实践"的问题；多部门培训导致缺乏系统性与协调性；培训时间短而散影响了基于生产过程的教学能力提升。教师队伍培训体系的不完善使教师的实践能力难以得到实质性提升，不利于"双师型"教师队伍的建设。在人才机制上，未建立起可持续的实践型人才机制。为了弥补师资力量的不足，目前大部分高等职业院校都会从企业、其他单位外聘一些人员担任学校兼职教师，这些教师大部分具有一线的实践经验，是学校师资力量的有效补充。但是对这部分兼职教师的管理难度很高：一是兼职教师虽然具有丰富的行业企业经验，但是缺乏教学经验，教学效果难以达到预期；二是学校聘请的企业兼职教师一般都是企业的中高层管理人员，院校能为其提供的条件与课酬待遇达不到兼职教师的预期，水平较高的兼职教师往往会选择待遇更好的本科院校兼职，兼职教师师资容易流失。而对兼职教师的管理难度较难主要是由于高职院校未建立起实践型人才体制机制。

需要特别指出的是，高等职业院校尚未构建起一支高水平的干部管理队伍，这也影响了高等职业教育发展的广度与深度。第一，高等职业教育与中等职业教育各有其办学特点，而高职院校一些管理者是从中职管理者转变而来，仍然带有中职办学的思维惯性。第二，高职院校一些管理者未能有效把握高等职业教育的办学规律，较少深入行业企业开展调查研究，不熟悉行业企业的人才需求，指导一线教育教学改革的能力不足。第三，高职院校部分管理者未能认真学习、理解国家职业教育改革精神，未能制定与之相适应的规章制度，从

---

① 史丽燕，王会霞. 高职院校"双师型"教师队伍建设研究 [J]. 教育与专业，2014（24）：78.

而难以保证高等职业教育改革的有效落地。高职院校干部管理队伍建设存在的上述问题制约了高等职业教育的高质量发展。

五、产教融合不深入

产教融合的重点包括专业产业对接程度、校企协同育人、校企科研合作、毕业生就业专业对口率等几个方面。目前我国高职教育产教融合的深度较低。例如，麦可思研究院发布的 2013~2019 年《中国大学生就业报告》显示，2012~2018 届高职高专毕业生的工作与专业相关度低于全国总体水平，与本科毕业生的差距较大。2018 届高职高专毕业生的工作与专业相关度为 62%，而同期本科毕业生的工作与专业相关度则为 71%，由此折射出我国高职院校的产教融合不够深入。从政府的角度来看，国务院及相关部委从宏观管理的角度发布了一系列支持产教融合发展的制度和政策，对于产教融合的实施起到了很好的引导作用。然而，地方政府及教育管理部门在支持产教融合发展的具体制度及政策体系方面存在诸多问题，主要包括地方教育规划落后于产业规划、产教融合实施平台不完善、激励企业措施少、支持学校开展产教融合的配套政策滞后等。从高等职业院校的角度来看，部分高等职业院校存在办学定位不够清晰、部分专业设置与产业关联度低、服务产业企业创新能力较为薄弱等问题。尤其是高职院校应用性科研水平整体较低，科研成果与企业生产结合、转化为现实生产力的较少，这样就制约了高等职业院校服务地方经济发展及产业转型升级的能力，影响了产教融合的广度和深度。从企业角度来看，其参与高等职业院校办学的积极性与主动性不高，未能在人力、物力、财力等方面为产教融合提供充分支持。可见，对接产业设置专业、联合企业培养学生、围绕产业实现就业、服务产业实现发展的高职教育产教融合模式尚未真正形成。

除上述问题外，经济发展对高等职业教育的带动效应也不明显，这从每年的 GDP 用于投入高等职业教育的比重不到 0.3% 也可以得到佐证。经济决定高等职业教育的发展，高等职业教育的发展也必须与经济发展相适应。但实际上，如果高等职业教育并没有充分分享到经济发展的成果，高等职业教育发展相对滞后，就不利于持续促进经济的高质量发展。

第四节　制约我国高等职业教育发展的原因

经费投入不平衡、专业链（群）与产业链契合度不够、学生创新能力不足、教师实践水平不高、产教融合不深入、经济发展与高职教育的联动效应不明显等问题制约了高等职业教育发展的广度与深度，进而使高等职业教育的发展滞后于我国经济的发展。这些问题的产生既有政策机制、社会环境等方面的原因，又受到来自行业企业、高职院校等主体的制约。

一、政策机制

由本章第一节的分析可知，虽然国家出台了一系列支持高等职业教育发展的政策，但是地方政府政策落地机制不完善造成了国家关于高职教育发展理念及规划实施不充分，具体表现在以下四个方面：一是缺乏高等职业教育财政投入的稳定增长机制。在我国，截至目前，地方政府是投办高等职业教育的主体。自1994年分税制改革以来，地方政府的部分财权被上收，事权却没有被相应上收，从而造成了地方政府财权与事权的不匹配。在地方政府财力受限的情况下，其只能"自食其力、开源节流"，即一方面通过征收土地出让金来增加政府收入，另一方面压缩政府支出，包括控制高等职业教育的经费支出。二是教育规划与产业规划不同步。长期以来，省、市、县教育规划由教育主管部门负责制订并实施；而产业规划的制订及实施则分散在发改委及科技主管部门。教育规划与产业规划分属不同的职能部门管理且缺乏统筹及调整机制，客观上造成教育规划与产业规划的脱节。教育规划与产业规划的脱节则是高职院校专业（群）与当地经济及产业链脱节的重要根源。三是地方政府部门缺乏协调合作。高等职业教育的发展需要地方教育部门、财政部门、人社部门、产业主管部门的主动服务与协调合作。然而，地方政府部门对高职教育的主动服务意识不强，缺乏支持产业与高职教育协同发展的前瞻性政策，部门之间未能形成有效的联动机制与合作实践。四是双师型师资队伍培育机制不完善。双师型教师是高职院校师资队伍建设的特色及重点，要求教师不仅要具备理论教学的能力，同时要求教师具备实践教学的能力。高职院校师资队伍建设需要在地方人社部门领导下进行，在新进教师招聘上，人社部门及高职院校可以通过设置学历条件来甄别教师理论教学的能力，但是对于实践教学能力的甄别机制却不完善，甚至存在不少误区；在师资团队实践教学能力培训方面，地方人社部门及高职院校也缺乏富有建设性的机制来保障师资团队实践教学能力的质量。

二、行业企业

高等职业教育的目标是培养当地社会、经济发展急需的技术技能型人才，在办学及人才培养方面需要行业、企业深度参与合作。然而我国高等职业教育校企合作办学、联合培养人才方面却面临行业企业参与能力及积极性不足的问题。

行业企业参与校企合作办学的能力及积极性不足主要有以下几方面原因：一是行业协会组织发展普遍较为落后，行业协会在产业及企业中的影响力偏低，客观上不具备服务校企办学的能力。二是由于校企合作办学的政策激励不足，企业很难从校企合作中获取合理回报，企业缺乏服务高等职业教育的主动性与积极性。三是由于体制及政策不完善的因素，造成行业企业主导的职业教育集团发展缓慢，从而影响行业企业服务高等职业教育的能力。

行业企业缺乏参与高等职业教育办学的能力及积极性造成了一系列不良后果。一是加剧了高职专业与产业的脱钩问题，行业企业的缺位使高等职业院校在专业设置、人才培养目标、人才培养模式、课程设置等方面都与产业及企业的人才需求有较大差距。二是影响学生创新及操作能力的提升，行业企业的缺位使学生缺少开展专业创新实践的平台，缺乏真实产业企业环境的实训及实习机会，制约学生专业创新能力及操作水平的提升。三是影响双师型教师的培养，教师实践水平不高。双师型教师的培养需要依托校企深度合作的平台，而行业企业的缺位一方面使高职院校专业教师缺乏到企业参与实践的平台，另一方面也使教师缺少承担行业企业科技服务的机会。

三、高职院校

高等职业院校自身也存在诸多不足：一是院校发展定位不清晰；二是办学普遍缺乏特色；三是管理机制有待优化。高职院校存在的这些问题对提升高等职业教育办学质量产生了较大的负面影响。

一是院校发展定位不清晰，人才培养模式违背职业教育发展规律，忽视产教融合在高职院校办学中的重要地位。一些高职院校在办学过程中，定位不清晰，盲目攀比本科学历教育。这种定位的偏差偏离了高等职业教育培养技术技能型人才的初衷，使高等职业教育失去了特色，更重要的是这样的目标定位使其难以办好高等职业教育。在错误定位的误导下，一些高职院校忽视了专业对接地方经济与产业发展需求的基本要求，产教融合方面缺少卓有成效的投入，却基本参照本科模式办学，基础理论课较多，职业技能课偏少，高职教育的课程内容成为了普通高等教育的"压缩饼干"，既没有达到本科课程的教育效果，又失去了高职院校的办学特色。

二是办学普遍缺乏特色，专业群与当地产业链契合度低。高职院校主要培养当地经济社会发展急需的技术技能型人才，应根据当地的产业结构、优势产业等进行专业设置及专业动态调整，依托当地主导产业、支柱产业及特色产业来构建富有特色及竞争能力的专业群及专业。但是大部分高职院校并不具备打造本校特色、优势专业群及专业的能力，在专业设置上仍然追求大而全，以招生难易及培养成本为标准进行专业设置及专业调整，从而造成办学普遍缺乏特色的局面。

三是管理机制有待优化，特别是教学管理及师资管理方面有较大的改进空间。在教学管理方面，主要参照本科甚至中职的管理模式，缺乏高职教学管理的特色，在课程体系构建、实践课程比例、课程考核方式等方面不能充分体现高职教学的本质，从而影响了学生操作能力及创新能力的提升。在师资管理及培养方面，高职院校基本能重视双师型及专兼职师资队伍的建设，但是在双师型认定、培养、激励以及高水平兼职教师队伍的聘任方面却做得不够好，未能实现构建"能研、能教、能实践"的教师队伍的目标。

四、社会观念

社会观念对高等职业教育的错误及片面化认识是制约高等职业教育发展的重要因素。一是"学而优则仕"的观念对很多国人而言根深蒂固，人们潜意识里普遍认为学优应当为"仕"非为"工""重学轻术"，从而重视"官员、白领"等类型的脑力劳动者，轻视技术技能型的体力劳动者。社会公众认为高等职业教育恰恰就是培养从事相对复杂的体力劳动者的教育，学生毕业后只能从事技术技能型的体力劳动，而很少有机会成为"官员、白领"。因此在高考选择院校方面，大部分学生及家长都对本科院校趋之若鹜。观念上的偏见造成了高职院校优质生源的缺失，在一定程度上反映了人们对脑力劳动与体力劳动的片面化认识。二是社会公众在观念上还普遍存在片面追求高学历的现象，认为高学历代表高素质、高水平、高能力，高学历的毕业生才是市场所需要的人才。而对于以培养技术技能型人才的高等职业教育，社会公众则更多以带有偏见的眼光来区别对待，认为高职院校的学生起点低、学历低、综合素质较弱，工作能力也偏弱。因此，在就业招聘上，企事业单位都设置了程度不一的学历门槛，导致高职院校毕业生缺乏高端就业岗位的机会。三是在收入分配方面，由于择业机会及晋升机会的巨大差异，高职院校毕业生的收入总体低于普通本科院校毕业生的收入。毕业生收入上的差距，不仅进一步强化了社会公众对高等职业教育的片面化认识，也对生源的优化产生了不利的影响。

五、市场环境

首先，在高等教育就业市场上，企事业单位往往会对岗位招聘条件设置本科及以上学历门槛，导致一部分优秀的高职毕业生很难实现"就好业"的目标，进一步强化了高职毕业生"难就业"的观念，也就使高职招生数、在校生数、毕业生数等规模指标难以赶上普通本科院校。其次，在教育投资市场上，行业、企业与社会资本认为投资高等职业教育无利可图，无论是经济效益还是社会效益都难以达到投资人的预期水平，从而使高职院校较难获得社会投资，经费投入结构相对单一。最后，在教育消费市场上，由于学生及家长等消费者相对不认可高等职业教育，总体更偏好对普通本科教育的消费。即使是在优质高职院校（如示范校、骨干校、优质特色院校）与一般本科院校的选择上，更多的消费者还是倾向于选择后者，高等职业教育的消费，增加对普通本科教育的消费。因此，无论是在供给端还是需求端，都未能形成促进高等职业教育高质量发展的有效市场环境。

新时代下我国高等职业教育发展面临的机遇与挑战

近年来，我国高等职业教育的规模不断扩大，毕业生就业率稳步提升，发展后劲充足。高等职业教育已日渐成为我国发展实体经济、转变经济发展方式、调整产业结构、推进科技进步、促进乡村振兴的重要力量。党的十九大报告指出："经过长期努力，中国特色社会主义进入了新时代，这是我国发展新的历史方位。"新时代下，高等职业教育也面临着新的发展机遇与使命。"中国共产党人的初心和使命，就是为中国人民谋幸福，为中华民族谋复兴。这个初心和使命是激励中国共产党人不断前进的根本动力"。高等职业教育作为培养人才的摇篮，理应在实现初心和使命上有所作为。党的十九大报告创造性地提出我国社会主要矛盾的变化，即"中国特色社会主义进入新时代，我国社会主要矛盾已经转化为人民日益增长的美好生活需要和不平衡不充分的发展之间的矛盾"。高等职业教育主要培养技术技能型人才并为地方经济发展服务，应致力于解决我国不平衡不充分的发展，助力人民日益增长的美好生活需要的实现。

第一节 高质量发展对高等职业教育发展的机遇与挑战

党的十九大报告指出："我国经济已由高速增长阶段转向高质量发展阶段，正处在转变发展方式、优化经济结构、转换增长动力的攻关期，建设现代化经济体系是跨越关口的迫切要求和我国发展的战略目标。"高质量发展不是不增长，而是中高速增长，同时强调经济增长的优结构与新动力。

一、经济增长的中高速

经济增长是一定时期内一个国家或地区产量或人均产量的增长，不仅包括一定时期内产量和劳务的实际增加量，也包括潜在或谓之充分就业时生产能力的增加。中国已成为世界第二大经济体，正处在向经济强国迈进、向中等发达国家迈进的历史新阶段。在这个过程中，我们必然要实现一定程度的经济增长。而中国经济建设的中高速发展既是高等职业教育发展的根本动力，也是最大的机遇。在马克思的《资本论》中，经济增长的过程就是社会资本扩大再生产的过程，在扩大再生产中伴随着劳动生产率的提高、资本积累与积聚的增进，从而使"劳动的量比它所推动的生产资料的量相对减少，或者说，表现为劳动过程的主观因素的量比它的客观因素的量相对减少"①。资本技术构成的变化又反映在资本的价值构成上，即资本可变部分相对减少，资本不变部分相对增加。当然，需要强调指出的是，可变资本的相对减少，并不排斥它的绝对量的增加。经济增长带来的可变资本绝对量的增加为高等职业教育的发展带来机遇，高等职业教育可以此为契机，扩大规模，提供更多的劳动力供给，满足经济增长对劳动力这一可变资本的需求。

经济增长过程中不变资本的增加，要求市场上供给更多的应是能够操控这些不变资本的劳动力，即具备一定技术技能型的劳动力，这既是机遇又是挑战。一方面，高等职业院校可以结合市场上对劳动力的需求，设置与就业高度相关的专业，吸引受教育者；另一方面，高等职业院校培养出的技术技能型人才存在一定时滞性，是否能与时俱进地满足经济增长的需求是一个较大的挑战。

此外，经济增长还可提供更充足的财力、人力、物力，为高等职业教育的发展奠定物质基础。但高等职业院校自身也要及时适应经济快速增长的要求，特别是适应市场在资源配置中起决定性作用的要求，否则在激烈的竞争中，部分高职院校也要面临被淘汰的风险。

近年来，我国 GDP 增速跌破 7%，经济增长开始进入根本性转换，从以前两位数或接近两位数的高速增长向中高速增长转变。但从全球来看，我国位居世界第二大经济体，经济体量依然可观；6%～7% 的经济增速也依然高于世界发达国家的平均增速。另外，这种中高速的经济增长还意味着我国的经济增长更加平稳。工业互联网、人工智能、5G 技术、物联网、区块链等新技术、新

---

①　马克思.资本论（第一卷）[M].北京：人民出版社，2004.

业态的协同推进有利于化解经济换挡期的阵痛，使经济发展更加平稳。新时代下的中高速增长给高等职业教育发展带来了很多机遇。首先，中高速增长意味着市场上仍然需要大量高职毕业生来填补就业岗位劳动力的缺失。其次，平稳增长意味着市场上对高职毕业生的需求量也将有一个相对稳定的增长预期，大起大落的概率较小，高职院校可据此设置市场所需专业并安排招生人数，从而给予高职院校相对稳定的发展时期。最后，经济增长的中高速也要求高等职业教育发展的中高速，这对高职教育的减速增质无疑是一个莫大的机遇。长期以来，高等职业院校的办学规模随经济增长大幅增加，但院校办学质量并没有相应明显提高。新时代下高职院校若能尽快适应经济环境的变化，减速增效，那么其也将实现内涵式发展。反之，若不主动适应新时代，只是大幅度增加院校数量及与市场相关度不高的专业，而没有专注质量提升工作，那么高等职业教育就难以实现高质量发展。

二、经济增长的优结构

高质量发展强调经济增长的优结构。首先，经济增长的优结构体现在经济发展方式的转变上。经济发展方式是经济资源配置方式、发展要素组合方式以及经济运行调控方式的集合，是一个涉及经济体制、经济结构、经济组织的有机系统。马克思认为，经济增长方式可以分为内涵扩大再生产与外延扩大再生产两种方式，现代经济学则把经济增长分为集约型经济增长与粗放型经济增长。不论是内涵式扩大再生产，还是集约式经济增长，都是依靠提高技术水平、改善管理、提高劳动生产率等方式提高产品的质量来实现经济发展；而外延扩大再生产与粗放型经济增长主要通过增加生产要素的投入以增加产品的数量来实现经济发展。改革开放以来，我国经济增速明显，经济体量已位居全球第二，中国的经济增长被称为"经济奇迹"。这种经济奇迹是通过"高投入、高能耗、高污染"的粗放型发展方式获得的，是不可持续的。在粗放型的经济发展方式下，广大民众不能共享中国经济发展的成果。我国经济的持续发展必须以实质性转变经济发展方式为条件，即由粗放型发展方式向集约型发展方式转变。集约型发展是依靠提高生产要素的质量和利用效率来实现的经济增长，是"低投入、低能耗、低污染、高效益"的发展。近年来，我国经济增速放缓，经济发展进入经济结构调整时期，由粗放型向集约型转变是我国经济发展的必由之路。

集约型发展注重产品研发与应用，需要大批的高级应用型人才。纵观德国、美国、日本、瑞士等发达国家的经济发展史，应用型开发人才在发达国家的经济发展中占据极其重要的地位，而高等职业教育则为其培养了大量的应用型开发人才。我国经济发展方式转变已进入攻坚阶段，需要高等职业教育培养大批人力资源。集约型发展注重质量与效益的提高，强调人与自然的和谐发展，对劳动者素质提出了较高的要求。高等职业教育可以此为契机，不仅要提升受教育者的专业能力，还要加强对受教育者职业道德、社会责任、环保意识、创新精神、人文精神等方面的教育，全面提高受教育者的素质，从而实现高等职业教育的内涵发展。高等职业院校也要意识到经济发展方式的转变为其提供了前所未有的发展机遇，不要盲目转型为普通本科大学，应结合经济转型与市场需求，制定合理的办学定位，为经济发展方式的转变输送合格优秀的应用型人才。

其次，经济增长的优结构还体现在产业结构的优化上。国家统计局数据显示，我国 2019 年实现国内生产总值 900309 亿元，其中，第一产业增加值为 64734 亿元，占比 7.19%；第二产业增加值为 366001 亿元，占比 40.65%；第三产业增加值为 469575 亿元，占比 52.16%。[①] 在中国特色社会主义新时代的背景下，我国第三产业（主要是服务业）的比重将继续增加，而实践证明，第三产业相对第一、第二产业而言可以吸纳更多的劳动力，特别是吸纳更多的由高等职业教育培养出来的人力资源。这对高等职业教育而言是最大的机遇之一。当然，高等职业教育若不能合理设置与第三产业、与市场相关度较高的专业，培养的人力资源不能与市场需求实现较好的对接，那么优结构对高等职业教育而言也将是挑战。此外，经济增长的优结构也内在地要求高等职业教育发展的优结构。一方面，从院校结构上看，高等职业教育若面向经济主战场，并根据院校结构合理定位、专注发展，那么建设世界一流的高等职业院校也将从可能变为现实。反之，"眉毛胡子一把抓"，高等职业教育就很难实现长足发展。另一方面，从专业课程体系上看，若能适应新时代下高质量发展要求，设置与经济发展、市场、就业息息相关的专业课程，实现专业课程体系的优结构，那么将有助于实现人力资源与市场的良性对接，进而有助于吸引更多的学生选择高等职业教育。当然，高等职业教育需要一定的时间与空间来适应新时代，时间的长短、空间的大小将给高等职业教育的发展带来不确定性，从而使其面临发展的障碍与挑战。此外，教师的职业素养能否适应新时代的要求，教师能否

---

① 中华人民共和国国家统计局.2018年四季度和全年国内生产总值（GDP）初步核算结果［EB/OL］. http：//www.stats.gov.cn/tjsj/zxfb/201901/t20190122_1646082.html，2019-01-22.

既当老师又当师傅？应用型人才实践能力的培养需要大量的实验室、实践基地或者校企合作平台，这些能否充分地提供？市场需求瞬息万变，高等职业教育培养出来的人才能否适应经济新常态下市场快速变化的要求？这些都是高等职业教育发展过程中亟须考虑的问题。

三、经济增长的新动力

新时代下，虽然要素驱动、投资驱动仍是我国经济增长的重要动力，但创新将成为我国经济增长的新动力。由第四章对我国高等职业教育投入产出的分析可知，我国高等职业教育学生自主创业的比率高于普通本科毕业生、高于全国平均水平，而创新正是创业者的根本动力，因此创新教育对当前高等职业教育来说无疑是莫大的机遇和挑战。新时代下，模仿型排浪式消费阶段基本结束，新的消费形态即个性化、多样化将成为趋势，这就需要有更多的高职毕业生设计出多样化的产品。投资基础设施互联互通建设以及新技术、新产品、新业态、新商业模式迎来了良好的机遇，这对高等职业院校毕业生而言是直接的就业机会。随着新兴产业、服务业、小微企业活力不断呈现，生产小型化、智能化和专业化将成为产业组织新特征，这也给高等职业教育的发展带来明显的机遇。创新驱动也意味着高等职业教育要改变过去将资金主要用于设备建设的模式上，应更多地用于人力资源素质的提高上，包括加大对教师培养、对学生培养的投入，以此来提高教师的研发能力及科研成果转化率，提高学生的自主创新能力，从而形成"创新—就业—生源"的良性循环。而高等职业院校若没有走出投资驱动、要素驱动的藩篱，则很难成为创新型的大学，也就很难培养出有创新能力的教师与学生，并进一步制约高等职业教育的发展。

新时代下，创新成为经济增长的新动力，这就要求我们构建现代化经济体系。从世界经济发展来看，经济现代化包括经典经济现代化和第二次经济现代化。经典经济现代化是指"农业经济向工业经济转变，农业时代向工业时代转换，农业文明向工业文明变革的历史过程"[1]。第二次经济现代化是指工业经济向知识经济转变，工业时代向知识时代转换，工业文明向知识文明变革的历史过程，如图5-1、图5-2所示。作为经济领域的一种革命性变化，经济现代化是经济形态转变的过程，是劳动生产率与国民收入增长的过程，是经济福利与

---

[1]　王丹.城镇化与经济现代化的协调与互动关系研究［J］.科学大众（科学教育），2015（2）：175.

公平改善的过程，是国际经济地位提升的过程。

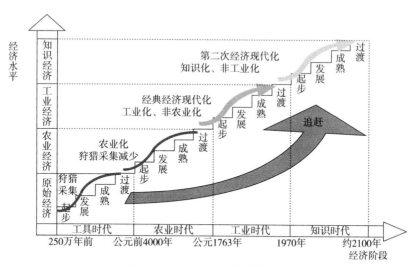

图 5-1 世界经济现代化的坐标系

资料来源：中国现代化战略研究课题组，中国科学院中国现代化研究中心．广义经济现代化理论的基本内容［EB/OL］．中国网，http：//www.china.com.cn/chinese/zhuanti/2005xdh/808876.htm，2005-03-10.

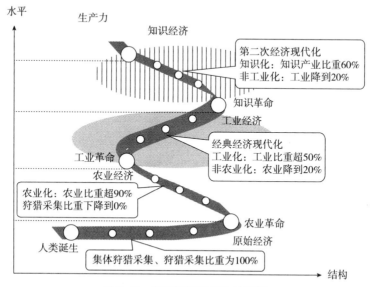

图 5-2 世界经济现代化的路径

资料来源：中国现代化战略研究课题组，中国科学院中国现代化研究中心．广义经济现代化理论的基本内容［EB/OL］．中国网，http：//www.china.com.cn/chinese/zhuanti/2005xdh/808876.htm，2005-03-10.

在 21 世纪初，经济发达国家已进入第二次经济现代化，而经济发展国家则有三种策略选择：一是直接进入第二次经济现代化；二是先完成经典经济现代化，而后再进行第二次经济现代化；三是两次经济现代化同时推进，走一条知识化与工业化并进的新型经济现代化道路，称为"综合经济现代化"，如图 5-3 所示。虽然我国当前的经济现代化程度不能与西方发达国家相媲美，但我国也已进入综合经济现代化时代。综合经济现代化下的工业化是新型工业化，工业与农业协调发展，工业与生态、工业化与信息化、高新技术与适用技术协调发展。综合经济现代化时代最终目的是人民生活水平的提高、国家的富强和民族的复兴。在这样的经济现代化水平下，人们对产品的需求是多样化的、智能化的，企业也会根据市场的需求生产出多元化的产品，这就需要大量的多层次的创新型、技能型、应用型高素质劳动者，这给高等职业教育的发展带来了契机，可发展包括高职专科、应用型本科、专业硕士和博士在内的完整的高等职业教育体系，培养高层次的科技创新人才。然而，高层次的科技创新人才开发出来的技术成果要进入生产成为产品、进入市场成为商品，还会遇到很多

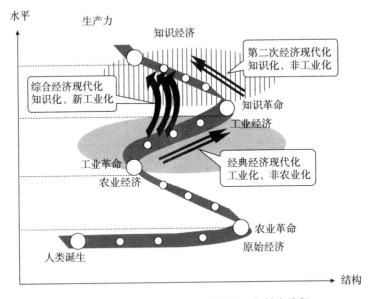

图 5-3 发展中国家经济现代化的三条基本路径

资料来源：中国现代化战略研究课题组，中国科学院中国现代化研究中心.广义经济现代化理论的基本内容［EB/OL］.中国网，http：//www.china.com.cn/chinese/zhuanti/2005xdh/808876.htm，2005-03-10.

生产技术瓶颈，这些往往需要有实践经验的一般操作人员去解决。一般操作人员会根据实际情况、市场信息、用户反馈，不断完善其操作技能，进而生产出多元化、个性化的产品，以满足不同客户的需求，从而增强企业竞争力。对这类人员的培养也主要依靠高等职业教育。

然而，在综合经济现代化水平下，仅依靠高等职业教育本身短期内很难培养出高层次的科技创新人才，完整的高等职业教育体系的发展需要一个循序渐进的过程，需要大量的经费投入搭建实验室（实训室）以供研发，需要大量的校企合作才能使理论与实际相结合，使研发成果转化为现实生产力，这对高等职业教育来说是一个巨大的挑战。在一般操作人员的培养上，如何使高职毕业生真正掌握某项应用技能、真正具有一定的实践经验并乐意从事与该项技能相关的工作也是高等职业教育发展中应考虑的问题。此外，在经济现代化下，产品更新换代的周期越来越短，如何培养高职毕业生认真的工作态度、市场敏锐感、不断接受与不断创新的意识等职业素养是高等职业教育面临的又一挑战。

第二节　产业结构调整对高等职业教育发展的机遇与挑战

我国的第一、第二、第三产业结构，三次产业的内部结构，传统产业与新兴产业结构，劳动密集型、技术密集型、资本密集型产业结构都存在产业结构不合理的状况，主要表现为很多行业的产能过剩与重复建设。在经济发展方式转变、经济结构调整的当前，我们务必要进行产业结构调整（当然，每个经济发展阶段都要进行产业结构调整，产业结构调整也是一种常态，只不过每个阶段调整的方向、方式、方法不同而已）。党的十八大报告指出，"产业是实体经济的集合。我国总体上仍处于工业化中期，处于国际分工和产业链的中低端。面对传统优势减弱和日益激烈的国际竞争，迫切要求产业转型，在'中国制造'的基础上培育和发展'中国创造'。要坚持走新型工业化道路，把优化产业结构作为主攻方向，加快传统产业转型升级，推动战略性新兴产业和先进制造业健康发展，推动企业跨行业、跨地区、跨所有制兼并联合和战略性改组，提高产业集中度，促进产业层次从低端走向中高端"。

我国产业结构优化升级的方向是以高新技术产业为驱动力，以现代服务业和现代制造业为发展的两个车轮，带动产业结构的整体升级。我国必须大力发展服务业，推进传统服务业的优化升级与现代服务业的创新发展。2014年8月6日，国务院发布了《关于加快发展生产性服务业促进产业结构调整升级的指导意见》（国发〔2014〕26号），指出："生产性服务业涉及农业、工业等产业的多个环节，具有专业性强、创新活跃、产业融合度高、带动作用显著等特点，是全球产业竞争的战略制高点。加快发展生产性服务业，是向结构调整要动力、促进经济稳定增长的重大措施，既可以有效激发内需潜力、带动扩大社会就业、持续改善人民生活，也有利于引领产业向价值链高端提升。"该指导意见还提出了"统筹利用高等院校、科研院所、职业院校、社会培训机构和企业等各种培训资源，强化生产性服务业所需的创新型、应用型、复合型、技术技能型人才开发培训"的任务。我国当前的产业结构调整是现代服务业比例不断加大、三大产业结构持续优化、新兴产业与先进产业不断发展、传统产业不断升级、落后产业不断淘汰的过程。产业结构的转型升级对我国高等职业教育的发展是机遇，也是挑战。

一、产业结构调整催生更多就业机会

改革开放以来，我国的产业结构是第一产业比重下降，第二产业比重相对稳定，第三产业比重不断增加。总体而言，第一、第二产业比重偏高，第三产业比重偏低。但近年来，产业结构调整初见成效，第二产业比值最大的局面有所改变。国家统计局公布的数据显示，2013年我国第三产业增加值占GDP的比重达46.1%，首次超过第二产业（43.9%），2018年第三产业的比重升至52.2%，继续高于第二产业的比值40.7%。[①]

在所有的教育类型中，职业教育与产业的关系最为直接、最为密切。随着产业结构的调整，服务行业增多，第三产业比值加大，将催生更多的就业机会，这对职业教育来说是良好的发展机遇。在未来的产业结构调整中，要实现"中国制造"走向"优质制造""精品制造"，塑造中国服务新优势，实体经济竞争实力跃上新台阶，必须推进经济提质增效升级，实施创新驱动发展战略。

---

① 根据国家统计局公布的全年国内生产总值（GDP）数据整理而得。

这样无疑会加大科技的含量，很多就业机会中等职业教育毕业生无法胜任，所以在催生的就业机会中很大一部分是为高层次的应用型、复合型人才而准备，即为高等职业教育的毕业生提供更多就业机会，对高等职业教育而言是最直接的机遇与利好。

二、产业结构调整推动人才结构优化

产业结构由传统落后产业向新兴先进产业的转型升级必然要求劳动者的科学文化素质不断提高，职业技能不断提升，即人才结构不断优化，从而倒逼着高等职业教育不断调整、升级其人才培养结构与模式，使高等职业教育的发展充满活力。当然，高等职业教育也面临着人才培养模式的升级滞后于产业结构调整，从而使其发展相对缓慢的风险。

（1）我国人才的能级结构欠合理。当前，我国仍然是中初级人才多、高级人才尤其是高级技术技能型人才短缺的能级结构。高级技术技能型人才的短缺制约着我国产业结构的转型升级，我国常常要高薪聘请国外的高级科技人才，这样的做法不可持续。我国必须进行也正在进行的产业结构调整终要突破高级科技人才短缺的瓶颈，最终依靠本土科技人才进行创新、创业、研发、生产，完成产业升级。这一尚未完全突破的瓶颈给高等职业教育的发展留下了巨大的空间。作为培养高科技人才的后方，高等职业教育可借产业结构调整的契机，完善学历层次，提升教师队伍素质，培养学生自主创新的能力，加强产学研合作，实现高等职业自身的升级发展。

（2）我国人才培养的专业结构欠合理。受长期普通本科教育的影响，高等职业教育的卫生、经济、教育等专业较多，与产业结构升级息息相关的新能源、新材料、物联网、生物技术、现代服务业等专业较少，从而使新兴产业创新人才缺乏。当然，这是由新兴产业发展尚未形成规模、高职院校缺乏前瞻性、人们传统观念未改、教师能力有限等原因造成的。但现在发展服务业、新兴产业的政策方向已极为明显，率先设立并发展这些专业的高职院校必然会享受到产业结构转型升级给其带来的红利。当然，设立与产业结构转型升级息息相关的专业对教师的素质有很高的要求，高职院校是否能招聘或培养出能胜任这些专业教学的老师？或者是否能直接聘用到企业的高级人才进驻学校授课？是否有足够的资金用于开设新专业？开设的新专业是否能得到学生、家长、市场的认可？这些都是产业结构调整背景下高等职业教育人才培养模式上面临的挑战。

（3）我国就业的产业分布结构欠合理。我国目前的就业结构仍然是第一、第二产业就业人口多，第三产业就业人口相对较少。随着我国产业结构的转型升级，第三产业所需要的就业人口必将增多，资本密集型与技术密集型产业的就业人口也必将增多，这些对高等职业教育的发展都是机遇和挑战。

第三节　新一轮科技革命对高等职业教育发展的机遇与挑战

科学与技术虽然在构成要素、研究过程、任务等范畴上有所不同，但在现代经济发展方式下，科学与技术已互为基础、互为前提、互相依赖，辩证统一，科学技术化，技术科学化，科学与技术互相交融。因此，本书也把科学与技术作为统一体进行论述。

一、科技实力的提升

党的十九大报告强调指出："创新是引领发展的第一动力，是建设现代化经济体系的战略支撑。要瞄准世界科技前沿，强化基础研究，实现前瞻性基础研究、引领性原创成果重大突破。加强应用基础研究，拓展实施国家重大科技项目，突出关键共性技术、前沿引领技术、现代工程技术、颠覆性技术创新，为建设科技强国、质量强国、航天强国、网络强国、交通强国、数字中国、智慧社会提供有力支撑。加强国家创新体系建设，强化战略科技力量。"在中国科学院第十九次院士大会、中国工程院第十四次院士大会上，习近平总书记强调："进入 21 世纪以来，全球科技创新进入空前密集活跃的时期，新一轮科技革命和产业变革正在重构全球创新版图、重塑全球经济结构。""中国要强盛、要复兴，就一定要大力发展科学技术，努力成为世界主要科学中心和创新高地。我们比历史上任何时期都更接近中华民族伟大复兴的目标，我们比历史上任何时期都更需要建设世界科技强国！"因此，第一，"充分认识创新是第一动力，提供高质量科技供给，着力支撑现代化经济体系建设。"第二，"矢志不渝自主创新，坚定创新信心，着力增强自主创新能力。"第三，"全面深化科技体制改革，提升创新体系效能，着力激发创新活力。"① 在这样的顶层设计与制度安排下，我国必将迎来科技实力的提升。

科技实力的提升将在三个方面促进高等职业教育的发展：首先，科技进步拓宽就业机会，促使高职教育不断优化专业结构。科技进步会不断改造传统职业并创造出新职业，从而新增就业岗位，新增的就业岗位是科学技术进步的产物，很多传统职业的劳动者无法也无能力接受，从而使新增就业岗位所需的劳动力资源往往比传统职业转移到新职业的劳动力要多，这样就会有越来越多新增的就业缺口，需要高等职业教育培养的毕业生来填补。高等职业教育更要以科技进步为契机，改变传统照搬本科大学的办学模式，创设与科学技术发展相适应的办学理念、专业设置与人才培养模式。其次，科技进步为高等职业教育提供丰富、新颖的教学手段。随着科技的进步，高等职业教育手段也将向自动化、智能化、高技术方向发展。高等职业教育需要更多科技含量高的实训基地，仿真模拟实验室，才能更好地培养学生的研发与应用能力，而科技进步为这些提供了可能。高等职业教育是否能适应快速变化的科学技术，能否及时采用科技化教学则是其在科技进步中要面临的挑战。最后，在科技进步下，科技更新换代的频率加快，周期缩短，这就需要高等职业教育具有更灵活的办学机制，对科技的更新换代具有敏锐性，对人才市场需求的判断具有前瞻性。目前，高等职业教育培养的人才更多的是纯粹的应用型人才，在科技进步下，不仅需要应用型科技人才，也需要创新型、研发型科技人才，高等职业教育应把二者相结合，应用中有创新、研发，创新、研发中有应用，这样才有助于高等职业教育的可持续发展。但能否真正做到研发与应用的有机融合是值得高等职业教育思考的问题。

二、新科技革命的出现

当今社会，科技瞬息万变，第一次工业革命以蒸汽机为代表，第二次工业革命以电力的广泛应用为标志，第三次工业革命则意味着人类进入了信息时代，2013 年，德国学术界与产业界还提出了"工业 4.0"，即认为人类即将进入以智能制造为主导的第四次工业革命。每一次工业革命都由科技创新为主

---

① 习近平.在中国科学院第十九次院士大会、中国工程院第十四次院士大会上的讲话［M］.北京：人民出版社，2018.

导，不断进行科技创新的国家，毋庸置疑，其工业发展、经济发展是有生命力的。如德国，其与时俱进的科技创新精神决定了其工业发展、职业教育发展在世界上的领军地位。近年来，尽管我国的科技创新水平不断提高，某些领域还走在世界的前沿，但总体上还是处于模仿创新的阶段，自主创新的技术较少。虽然我们也有追随云计算、大数据、互联网金融、3D 打印技术、工业 4.0 等先进技术的脚步，但因为是模仿创新，我国对世界前沿技术的应用并不纯熟，所以相较于其他发达国家而言，较前瞻的科技创新成果确实很少。模仿创新本身需要一段较长的吸收、消化时间，高等职业院校也很难提前设置与这些前沿技术相关的学科专业，院校教师囿于实践能力的缺乏也难以有与前沿技术直接或间接相关的科技创新或科研成果，这样培养出来的人才将很难适应科技进步的要求。当前，我国科技创新总体不足，高等职业院校若能积极主动地去研究前沿技术，并尽早设置与这些前沿技术有关的学科专业，选派教师、学生到国内外先进企业学习前瞻性技术，加强校企合作、工学结合，必能促进高等职业院校的内涵式发展。反之，高等职业院校若随波逐流，学科专业设置没有与时俱进地予以调整，没有引领与激励教师和学生的技术创新，那么只能面临被市场淘汰的风险。新一轮科技革命的到来，对高等职业教育的发展既是机遇，更是挑战。

三、科技成果转化率的提高

长期以来，我国科学技术落后于发达国家，不仅是由于科技创新能力低，还因为科技成果转化为现实生产力的水平偏低。科技成果转化是践行"科技是第一生产力"的关键。科技成果的转化数量、转化质量、转化速度，归根结底表现为科技成果的商品化程度、产业化程度、市场占有率，这些都成为了国际竞争的表征。在科技成果转化率上，我国有很大的上升空间，高等职业教育在此也大有作为。第一，高职院校可结合市场需求促进学校科研成果的转化，提高转化率。很多发达国家的企业会积极主动地与高职院校联系，以获得最新的科研成果，并快速转化为现实生产力。但我国高职院校目前科研成果基本上只停留在实验室或者书本上，科研成果转化率很低。党的十八大以来，党中央、国务院高度重视职业教育的发展，实现高等职业教育高质量发展的政策环境也将越来越清晰。在这样的契机下，高等职业教育科研成果无人问津的局面将有所改观，高职院校可以突破传统的思维束缚，大胆地去寻找市场需求；或者在市场调研的基础上研究市场需求，结合市场需求再进行科技研发，从而增加科研成果与市场需求的联动性；还可与企业成为联合创新的主体，直接促进高职院校科研成果产业化。第二，高职院校可激发学生创新创业的潜质，促进产学研一体化。我国目前科研成果转化率很低，在政府与社会的支持下，未来科技转化为现实生产力的空间很大。高职院校可以把科技转化在受教育者身上，激发学生的创新创业意识，促使产学研有机结合，在促进科技成果有效直接转化的同时也提升了高等职业教育的质量。当然，在这一过程中，高等职业院校也面临着科研成果转化的知识产权风险、利益分配不公、科研经费不足等问题。

第四节　人力资源变化对高等职业教育发展的机遇与挑战

中国过去 40 多年的经济增长很大程度上依赖于"人口红利"，但随着老龄化的加速推进及我国收入水平的提升，我们不能再依靠"人口红利"，而应充分释放"人才红利"。除了"人口红利"渐失倒逼"人才红利"的形成之外，我国人力资源变化还体现在国家对人力资源的战略定位上，由原来的"人力资源大国"向"人力资源强国"转变。这些对高等职业教育而言，机遇大于挑战。

一、"人口红利"渐失倒逼"人才红利"的形成

按照 1956 年联合国《人口老龄化及其社会经济后果》[1] 确定的划分标准，当一个国家或地区 65 岁以上人口数量占总人口的比例超过 7% 时，则意味着这个国家或地区进入老龄化。1982 年，老龄化问题世界大会在维也纳召开，会议确定 60 岁以上人口占总人口的比例超过 10% 时，也就意味着该国家或地区已经进入了老龄化发展阶段。这两种划分方式都可作为一个国家或地区是否已进入老龄化社会的评判标准。根据第六次全国人口普查的数据可知，我国 60 岁以上人口大大超过了维也纳老龄问题世界大会确定的 10% 的标准，已经占总人口的 13.26%，其中 65 岁以上人口占总人口的 8.87%，也已超过了联

---

[1]　根据1957年皮撒（B. Pichat）为联合国经济和社会理事会撰写的《人口老龄化及其社会经济后果》分析而得。

合国确定的 7% 的比例，这些都说明我国已进入老龄化国家的行列，老龄化进程逐步加快。老龄化进程的加快使我国劳动力人口下降，劳动力无限供给开始转为劳动力短缺，相应地，靠大量廉价劳动力而获取的"人口红利"将渐行渐远。"人口红利"是中国社会科学院蔡昉副院长提出的。所谓"人口红利"，是指一个国家或地区人口生育率下降而引致的少儿抚养比例下降，劳动年龄人口比例上升，在老年人口比例达到较高水平之前，将形成一个劳动力资源相对丰富、抚养负担轻、于经济发展十分有利的人口现象。很多专家学者认为人口红利在很大程度上成就了我国过去 40 多年的经济增长，但随着我国老龄化的加速推进，我们已很难再利用人口红利推进中国的经济增长。劳动力无限供给向短缺转变的"刘易斯拐点"已到来，意味着我国的人口红利渐失。当然，二孩政策将在一定程度上缓解人口老龄化，但必须承认的是，由于育儿费用的提高等因素，有些人并不愿意生二胎，加上二胎小孩成长为适龄劳动力仍需二十来年的时间，因此在未来一段时间内，我国仍然面临着人口老龄化及与之相应的"人口红利"消失的问题。

"人口红利"的渐失倒逼着"人才红利"的形成，如果说人口红利是人口数量上的红利，那么人才红利就是人口质量（素质）上的红利，这样的转变使企业更重视劳动者的劳动生产率，重视劳动者的技能水平，需要高等职业教育为企业、为社会的发展输送更多的能力较强、技术过硬的复合型高级人才。此外，人口红利的消逝也会使人力资源成本上升，即工资待遇水平提高，这样就使高职毕业生的收入与学费付出更加匹配，无形中会促使更多人选择高等职业教育。当然，需要注意的是，由于人口红利的消逝，在可替代的范围内，很多企业会选择机器人代替劳工生产，从而在某一领域内对高级技工的需求可能会出现不增反降的局面，这对高等职业院校来说，无疑是一个挑战。

二、"人力资源大国"向"人力资源强国"的战略转变

人力资源（Human Resource，HR）也称劳动力资源或者劳动力。马克思在《资本论》中指出，"我们把劳动力或劳动能力，理解为人的身体即活的人体中存在的、每当人生产某种使用价值时就运用的体力和智力的总和"[①]。按照现代说法，人力资源就是一定时期内组织中的人所拥有的能够被企

---

① 马克思.资本论（第一卷）[M].北京：人民出版社，2004.

业所用，且对价值创造起贡献作用的教育、能力、技能、经验、体力等的总称。人力资源是当前和未来社会发展的首要资源。我国是世界上最大的发展中国家，也是世界第一人口大国，2011 年末，我国大陆总人口为 134735 万人，①从这一数据可看出，我国的人力资源相当丰富。但人力资源大国的背后却是科技创新能力较弱、核心技术缺乏、高质量专业技术技能型人才缺乏，这严重制约了我国由大国向强国的转变。党的十七大报告提出，"优先发展教育，建设人力资源强国"。《国家中长期教育改革和发展规划纲要（2010-2020 年）》指出："加快从教育大国向教育强国、从人力资源大国向人力资源强国迈进……2020 年进入人力资源强国行列。"党的十九大报告提出："人才是实现民族振兴、赢得国际竞争主动的战略资源。要坚持党管人才原则，聚天下英才而用之，加快建设人才强国。""人力资源强国是指人力资源存量丰富、开发充分、结构合理、利用达到世界先进水平的国家，是全体国民的人力资源实现充分开发、普遍提升、合理配置和有效利用的国家"。②人力资源强国的建设对于我国全面建设小康社会意义重大，对于实现中国梦也有着非凡的意义。高等职业教育是开发人力资源的主体之一，与人力资源的开发建设关系密切，人力资源强国建设的战略举措赋予其使命，这种使命要求高等职业教育打造成世界一流水平，要为社会培养源源不断的创新型、技术性、技能型人才，这种使命对高等职业教育而言是挑战更是机遇。

第一，人力资源强国建设战略的推进必然会加大对高等职业教育在内的教育经费的投入，高等职业教育因此有了更多的财力保证。当然，在具体分配上，由于包括地方政府观念在内的社会观念的束缚，高等职业教育的经费投入可能仍然很难达到普通本科教育的经费投入标准。第二，教师自身是人力资源的组成部分，又承担着开发人力资源的任务，在人力资源强国建设的背景下，国家将更加重视教师队伍的建设。在国家采取提高教师薪酬、增加高校科研经费、改善教师地位、给予教师发展空间等众多举措下，高等职业教育的师资队伍建设也随之得到发展。但其仍面临着师资队伍建设跟不上社会经济发展步伐、跟不上人力资源强国建设的问题。第三，人力资源强国建设要求高等职业教育形成特色优势。特色与优势是高等职业院校的核心竞争力。唯有形成独特

---

① 加快建设人力资源强国［EB/OL］.经济日报,http：//theory.people.com.cn/n/2012/1126/c107503-19690968.html，2012-11-26.

② 高书国.进入人力资源强国行列的战略意义［N］.中国教育报,2010-03-13.

的办学理念、育人模式、专业体系，高等职业院校才能彰显其持久的魅力。人力资源强国建设要求高等职业院校摒弃模仿普通本科教学的传统方式，探索并形成属于自身的特色优势；所有高等职业院校都有明确的办学定位，要迸发出各自的特色优势，培养出各个行业的优秀人才，形成一流的、高水平的职业院校。需要指出的是，这种对传统模式的摒弃、新型方式的形成不是一朝一夕能够完成的，需要所有教职人员与学生的共同努力与不懈探索。第四，人力资源强国建设要求高等职业教育更加重视社会引领与服务。人力资源的培养归根结底是为社会服务的，高等职业教育要检验其大学精神与理念是否彰显了这个社会主流的价值观与精神面貌，人才培养质量是否经得起社会的考验，就业结果如何，社会服务水平如何，文化传承与创新如何。当然，高等职业教育仍然面临着社会观念未根本改变、就业环境未完全净化、就业歧视仍然存在、就业渠道欠畅通等挑战，这些不仅会形成人力资源的浪费现象，还会阻碍人力资源向有效生产力的转化。

第五节　经济全球化对高等职业教育发展的机遇与挑战

在经济全球化下，整个世界的联系更加紧密，生产、流通等环节常常是由各国合作完成的，这种紧密的联系同时也意味着产业分工，而我国在产业分工中处于世界价值链的底端，这说明高等职业教育人才在产品附加值的提升上大有可为，说明高等职业教育大有可为。当然，如何从低附加值的长期枷锁中走出来，克服路径依赖，实现高附加值的路径替代，这是值得探索的问题。此外，经济全球化还意味着高等职业教育本身的国际化，如何将"走出去"与"引进来"有机结合，如何在全球化下建设世界一流的高等职业院校，是需要政府、高职院校、高职教育者等长期思考的问题。

一、我国产业分工从价值链的底端向中高端转移

完整的产业价值链或产业价值环节由技术环节、生产环节、营销环节构成，技术环节主要指产品研发与创意设计，生产环节包括上游的核心零部件生

产与设计及中下游的模块零部件生产、加工制造，营销环节主要指销售和售后服务等。而根据联合国工业发展组织（UNIDO）在《2002—2003 年度工业发展报告——通过创新和学习来参与竞争》中给出的定义，全球产业价值链是指"为实现商品或服务价值而连接生产、销售、回收处理等过程的全球性跨企业网络组织，涉及从原料采集和运输、半成品和成品的生产和分销，直至最终消费和回收处理的整个过程"[①]。全球产业价值链是一个产业不同的价值环节在世界范围内的展开，技术环节、处于上游的生产环节、营销环节等这一类资本与技术密集型、信息与管理密集型环节的劳动生产率高，附加值高，主要分布在发达国家；处于中下游的生产环节，即模块零部件生产、加工制造这一类劳动密集型的价值环节劳动生产率较低，利润低，主要分布在发展中国家。全球产业价值链三个环节呈现由高到低再转向高的深凹的 U 形曲线，被称为"微笑曲线"，如图 5-4 所示。微笑曲线的左端是全球产业价值链的上游，是资本与技术密集型环节，大量的资本、技术、人才的投入生产出新颖的高质量的产品，形成了高附加值；微笑曲线的右端是全球产业价值链的下游，是信息与管

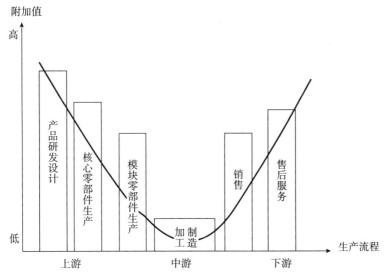

图 5-4　全球产业价值链分工的"微笑曲线"

注：微笑曲线是由中国台湾企业家施振荣先生在分析 IT 产业价值链时首次提出的，后被广泛用于关于全球价值链分工的探讨。

---

① 丁勇. 提升中国参与全球价值链分工地位探讨［J］. 现代财经，2010（8）：13-19.

理密集型环节，易形成品牌效应，从而产生较大附加值；微笑曲线的底端是全球产业价值链的中游，是劳动密集型环节，简单模仿与加工，缺乏创新，缺乏技术与高素质应用型人才的投入，附加值最低。

当代全球化愈演愈烈，我国也顺应全球化的趋势，加入全球产业分工，但我国在全球产业分工中仍然处于微笑曲线的底端，采取原始设备制造（Original Equipment Manufacture，OEM）、原始设计制造（Original Design Manufacture，ODM）等方式获取微小的利润。这主要是由于我国缺乏创新、缺乏本土高层次应用型人才、缺乏具有国际竞争力的品牌，要想在全球化竞争中脱颖而出，获得持续性的发展，必须改变这种局面，使我国产业分工向微笑曲线的两端靠拢。这样一来，我们就需要大量的研发设计人才、核心零部件生产与设计人才、销售服务人才、管理人才、品牌建立与推广人才。高等职业教育在这些人才的培养方面应该也必须大有可为，应适应全球化的要求，设置产品研发、销售服务、生产设计等高端专业，培养创造高附加值的各个领域或行业的专门性人才。只有高素质的专业性人才才能创造产业的高附加值，也只有实现产业的高附加值，高素质的专业性人才才有其施展创造、创意、设计、核心生产的空间，二者是一种长期互动的良性循环关系。当然，由于我国产业长期处于价值链的底端，受制于这种制度惯性与路径依赖，很难在短时间内实现由低附加值到高附加值的转变，高等职业院校也会因为这样的路径依赖而使高职教育改革困难重重。

二、高等职业教育的国际化趋势

全球化意味着资源配置的国际化，意味着优质教育资源在世界范围内的流动，意味着高等职业教育国际化是大势所趋。在这样的背景下，我国高等职业教育的发展将充满生机。第一，高等职业教育的国际化可以促进异国异校办学模式上的互相学习，特别是我国向他国的学习。美国、欧盟等发达国家较早开始举办高等职业教育，积累了丰富的办学经验，为其经济发展做出了巨大的贡献。在国际化进程中，我们可以借鉴发达国家的办学理念与办学模式，促进高等职业教育的发展。第二，高等职业教育国际化是资本、人员、技术等要素"引进来"与"走出去"的过程。我们可以借助国际化的平台进行高等职业教育的师资引进、教师培训、联合办学等实现教育资源的引进。高等职业教育要抓住全球化的历史机遇，吸引国际优秀师资力量，为高职院校的发展注入一流资源。有实力的高职院校也可以通过人才输出、学生出国、进修等方式实现教育资源的输出与人力资源素质的提升。第三，为了适应全球化、国际化的要求，高等职业教育必须主动自觉地开展对外合作，以期在较短的时间内培养出具有国际化视野与较强专业技能的人才，这无形中有利于高等职业教育的进步与发展。第四，高等职业教育国际化，意味着高职院校学生要更加关注世界政治、经济与社会的热点问题，关注全球面临的环境污染、人口膨胀、资源短缺、公共服务与安全等问题。中国从一个经济落后国到经济大国再到未来经济强国的跨越是不断融入世界、承担世界责任、推动全球经济社会发展的历史过程。高职院校必须适应国家的发展战略，关注全球性问题，培养学生的人文素养与国际化视野，以实现人的全面发展，从而促进社会的全面发展。当然，在高等职业教育国际化进程中，其要面临西方国家文化渗透的风险与挑战。"一些西方国家始终没有放弃对我国意识形态的无端干涉，采取各种手段进行文化教育渗透"。[①] 在国际化的过程中，一些国家通过直接的理念灌输（如通过教学吹嘘他们的国度、贬低中国的意识形态与社会制度，从而对我国高职院校出国的教师、学生进行直接的意识形态渗透）、人才的输出实现间接的教育渗透（如通过这些国家向我国的师资输入，他国的老师在高职院校任教，由这些老师向学生灌输意识形态的差异，从而逐渐达到意识形态渗透的目的）。高职院校在此过程中，务必要保持清醒的头脑，把握高等职业教育国际化进程中教育的主动性。

① 徐美银.我国高等职业教育国际化问题研究［J］.扬州职业大学学报，2009（2）：58.

第六章

发达国家（地区）高等职业教育与经济联动发展的经验及其启示

本书选取欧洲（德国、瑞士）、美洲（美国）、澳洲（澳大利亚）、亚洲（日本、中国台湾）四大洲高等职业教育发展较好的国家和地区作为研究的对象。上述发达国家（地区）较早开始探索和践行高等职业教育，构建了较完善的高等职业教育体系，高等职业教育是这些国家（地区）经济发展的助推器。中国的高等职业教育正站在新的历史起点上，研究总结这些国家（地区）高等职业教育与经济联动发展的路径与经验启示，梳理高等职业教育对这些国家（地区）经济发展的作用机制，是中国高等职业教育发展的经济学研究中必不可少的范畴。

第一节　以经济发展为导向的德国高等职业教育

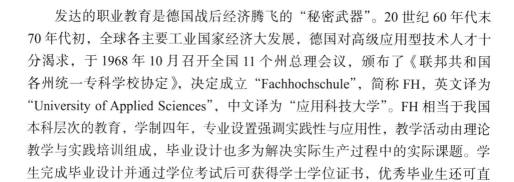

发达的职业教育是德国战后经济腾飞的"秘密武器"。20 世纪 60 年代末70 年代初，全球各主要工业国家经济大发展，德国对高级应用型技术人才十分渴求，于 1968 年 10 月召开全国 11 个州总理会议，颁布了《联邦共和国各州统一专科学校协定》，决定成立"Fachhochschule"，简称 FH，英文译为"University of Applied Sciences"，中文译为"应用科技大学"。FH 相当于我国本科层次的教育，学制四年，专业设置强调实践性与应用性，教学活动由理论教学与实践培训组成，毕业设计也多为解决实际生产过程中的实际课题。学生完成毕业设计并通过学位考试后可获得学士学位证书，优秀毕业生还可直接攻读博士学位。20 世纪 70 年代，德国巴符州建立了"Berufsakademie"，简

称 BA，德国人将其翻译为"University of Cooperative Education"（合作教育大学），我国通常将其称为"职业学院"，相当于我国专科层次的教育。在德国的高等职业教育中，职业学院采取双元制的模式，职业学院本身是学生学习理论课程的场所，教育企业是学生学习应用课程的场所，从而形成了德国特色并为越来越多的国家所效仿的"双元制"高等职业教育模式。1989 年，德国政府明确了 BA 文凭与 FH 文凭的等值性。考察德国高等职业教育的发展，可以发现其处处以经济发展与市场需求为导向，完善的立法、先进的培养理念、"双元制"职教模式、合理的专业与课程结构、优秀的教师队伍、不懈的职业教育研究概莫如此，它们共同助推了德国高等职业教育的繁荣及其经济的腾飞。

一、完善的立法

德国非常重视通过立法的方式对高等职业教育进行规范化，1969 年德国就颁布了联邦《职业教育法》，该法正式赋予德国职业教育"双元制"。1981 年，德国颁布了联邦《职业教育促进法》，以配套和促进职业教育的发展。21 世纪以来，在经济全球化的背景下，各国纷纷进行经济发展方式的转变与产业结构的调整，德国也因此更加注重提高国家竞争力，更加重视职业教育的法制建设。2004 年，德国制定了联邦《职业教育改革法》，决定合并 1969 年的联邦《职业教育法》与 1981 年的联邦《职业教育促进法》，制定新的联邦《职业教育法》。[①] 在充分总结前两部法律优点的基础上，联邦政府与联邦议会分别制定了《职业教育法》草案，经过联邦议会、联邦参院的表决，"2005 年 4 月 1 日颁布实施新的联邦《职业教育法》，2007 年 4 月 1 日，德国又对这部法律作了部分修改"[②]。

双元制的职业教育采取了政府办的职业院校与私人办的具有教育资格的企业合作开展职业教育的形式，即职业院校是"双元"中的一元，教育企业则是"双元"中的另一元。德国各级各类学校教育的立法权掌握在州这一级，因此，职业院校的教育是遵循各州颁布的《学校法》《职业学院法》等，而非联邦《职业教育法》。在德国，企业可以作为教育机构（当然要具备职业

① 姜大源，王泽荣，吴全全，陈东.当代世界职业教育发展趋势研究——现象与规律（之一）[J].中国职业技术教育，2012（6）：5-14.

② 姜大源.当代世界职业教育发展趋势研究 [M].北京：电子工业出版社，2012.

教育的资质或资格）跨越了传统仅以学校作为教育机构的界定，然而，企业同时又是生产机构，其经营范围常常是跨州乃至跨国的，所以企业所实施的职业教育也应相应跨州、跨国。如此一来，企业实施职业教育的依据及相关权利义务就不能由州教育法界定，而只能由联邦《职业教育法》予以跨区域界定。故"德国联邦《职业教育法》是规范具有职业教育办学资格的企业的法律"。[①] 而企业是否具备职业教育办学资格，要由其主管机构——行业协会及其分支机构予以认定。企业一旦获得职业教育的办学资质，其性质就变为公益性学校，不允许其把教育当作谋利的手段。因此，具有职业教育办学资质的企业被称为"教育企业"。"德国有资格实施'双元制'职业教育的企业，约占德国企业总数的25%。[②]"而且，"德国职业教育的主管部门是德国联邦教育与研究部和德国联邦经济与劳动部（即教育部与经济部）。所有涉及职业教育的法规性文件，由德国联邦教育与研究部制定，再会签德国联邦经济与劳动部，并由德国联邦经济与劳动部颁布"[③]。由此可见，德国政府较早且充分地意识到职业教育不仅仅是教育部门的事，更多的是与经济部门息息相关的事。

德国教育企业与院校共同办学的"双元制"职业教育成功的关键在于构建了一个成熟的法律体系与成熟的"校企合作"办学模式。联邦《职业教育法》通过赋予部分企业以职业教育的资格，将营利性的企业转变为一个公益性的教育企业，实现了职业教育"功利性"与"公益性"的整合，助推了德国职业教育的发展与成功。除《职业教育法》外，还有《教育法》《职业培训条例》《劳动促进法》《高等教育、职业教育专业培训及考试细则》及各州的教育法与学校法等法律法规来规范高等职业教育的发展。德国的立法涵盖了高职院校运行的方方面面，具有较强的实践性。

二、先进的培养理念

德国高等教育的培养理念凸显能力本位，高等教育总法规定应用科技大学与职业学院是高等教育体系的组成部分，承担应用型、非学术型人才的培养任务。高等职业教育的培养目标是"使学生掌握理论知识与实践技能，能够

---

①② 姜大源. 当代世界职业教育发展趋势研究［M］. 北京：电子工业出版社，2012.

③ 姜大源，王泽荣，吴全全，陈东. 当代世界职业教育发展趋势研究——现象与规律（之一）——基于横向维度延伸发展的趋势：定界与跨界［J］. 中国职业技术教育，2012（6）：5-14.

成为将科技成果产品化的应用型工程师或成为具备较高管理水平的企业型工程师"①。德国高等职业学校的毕业生被称为理论知识转化为现实生产力的"桥梁式职业人才"。德国的职业教育素以规定严格著称，德国工人的技术素以精准著称，德国对实践能力的重视一直是其国家传统。在高等职业教育中，如职业学院的学生每周两天在学院学习，接受严格的理论教育，而余下的时间大部分在企业进行实际操练，接受严格的实践训练。此外，德国高等职业教育还十分重视对学生关键能力的培养，以期学生在未来的社会中有较强的竞争力。关键能力也称"核心能力"或者"可携带的能力"。1974 年德国社会教育学家梅腾斯在《关键能力——现代社会的教育使命》中指出"普遍的、可迁移的、对劳动者未来发展起关键作用的能力。关键能力主要是指独立学习、终身学习、独立计划、独立实施、独立控制、独立评价的能力"②。这种非专业化的能力与理论知识及实践能力无直接关系，却能使学生在激烈的竞争下学会生存并具有创新精神，在劳动者职业发生变更、劳动力市场发生变化、经济发展方式转变、产业结构调整时，使劳动者快速适应新的工作环境。在这种以培养高端应用型人才、与职业及经济发展相适应的明确的培养目标及注重学生综合能力培养的先进培养理念下，毕业生不仅能够直接进入企业工作，还能与时俱进，较好较快地适应新的环境，在不同的岗位上，都会有高职毕业生的作为。这样的目标与理念定位还发挥了"四两拨千斤"的作用，调动了企业的积极性，使全社会都来关注职业教育，拓宽了办学渠道，形成良性循环的办学模式。

三、"双元制"职教模式

"双元制"教学模式的实施已经成为德国职业教育界的共识，并已深入人心。所谓"双元制"，就是在高职院校的理论学习与在教育企业实践培训相结合，学校与教育企业共同培养学生。"双元制"高职教育形式与纯粹的学校制形式有所不同，其相当于部分学校制高职教育形式。在进入"双元制"高职教育体系学习之前，学生必须具备主体中学或实科中学毕业证书（相当于我国的高中或中专文凭）。在这里，需要强调指出的是，德国的中等职业教育、高等

① 姜大源，王泽荣，吴全全，陈东.当代世界职业教育发展趋势研究——现象与规律（之一）——基于横向维度延伸发展的趋势：定界与跨界［J］.中国职业技术教育，2012（6）：5-14.

② 翟法礼.德国高等职业教育发展模式概述［J］.英才高职论坛，2006（2）：18.

职业教育、普通大学间是互通的，从而使德国的中等职业教育为高等职业教育储备了大量的优质生源。此外，学生还要寻找教育企业并签订学徒合同，学徒合同的期限"一般在两年半至三年间"。①确定了教育企业之后，企业再帮助寻找或个人自行寻找高职院校就读。该模式下，学生在学校是学生，在企业则是学徒工，即学生具有双重身份。在整个大学生涯里，"双元制"学校的普通教育课程大概只占40%，即学生只有两天甚至更少的时间在学校进行理论与专业的学习，而企业的实践课程则占到60%以上，即学生至少三天以上的时间都在企业接受培训。近年来，德国又探索出新型的企业培训方式作为"双元制"模式的补充。即学生在接受学校教育与规定企业培训的同时，每年安排部分时间到跨企业培训中心接受培训。

在"双元制"模式下，高等职业院校要接受全面的质量监控。一是要定期接受教育质量考评委员会的考核。二是要接受行业协会的监督。行业协会下的职业教育委员会要认定企业培训资格、对教育企业进行监督、接受学生和企业有关高职教育的咨询、向政府相关部门反映高职教育中出现的问题、审查学徒合同、组织技能考试等。三是"宽进严出"的教育制度。高职院校的毕业生不是都能顺利毕业，只有通过中间考试、毕业考试、师傅考试和进修考试，才能如期毕业。每年未能如期毕业的学生高达30%。当然，在德国，高职教育与普通高等教育是具有等值性的，能够毕业的学生，政府"赋予其资质称号来确定他们在劳动力市场中的地位"②。FH毕业生可获得"FH文凭工程师"称号，职业学院毕业生可获得"BA文凭工程师"称号，继续深造的可获得"博士工程师"称号。这样可以使全社会都非常重视高职教育，有利于毕业生的就业。

"双元制"模式下的教育经费供给充足。"学校教育遵照公共教育法，教学由州政府主管；而教育企业培训合同根据民法签订，由德国联邦政府主管。各州与乡镇承担学校费用，教育企业承担学生的培训费用，跨企业的教学工厂费用由各主办单位分担"③。在政府的大力支持下，德国高等职业教育形成了多元化的经费投入模式，除联邦政府、州政府、企业的经费投入外，还有个人资助、企业外集资资助及混合经费资助等社会资助模式，从而为"双元制"高等

① 陈为.德国高等职业教育现状和发展趋势及其启示［J］.中国教育技术装备，2009（6）：4.

② 徐文辉.德国高等职业教育管理的经验与启示［D］.东北大学硕士学位论文，2008.

③ 翟法礼.德国高等职业教育发展模式概述［J］.英才高职论坛，2006（2）：19.

职业教育的发展提供了物质保障。

在"双元制"模式下，学生所学的理论知识可以在企业培训中获得企业技术人员的实训指导，较好地做到了理论与实际的有机结合，保证了德国高等职业的高质量，从而被越来越多的国家所效仿。

四、合理的专业与课程结构

德国高等职业教育的专业设置与课程结构以培养企业需求、市场需求的人才为指引，设置灵活，与时俱进。

专业设置上主要有三种方式：①依据人才市场设置专业[①]。应用科技大学与职业学院在考察劳动力市场的基础上，依据劳动力市场对人才的不同需求设置相应的专业，以为各州经济发展服务。②根据校企合作设置专业[②]。如前所述，德国高等职业教育以培养高端应用型、具有综合能力的人才为目标，在这一目标的指引下，学校会积极寻找企业，企业也非常乐意参加学校的专业建设，即校企合作共同完成专业建设，各专业教学计划的制订、实施、调整等都由学校与企业代表组成的专业委员会负责。③根据技术进步动态调整专业设置。随着科学技术的进步，高新技术的发展，新兴、交叉职业涌现，要求学生掌握新兴技术知识，具备综合能力。德国高职院校一方面根据技术发展设置新兴专业、社会急需专业，另一方面通过学生跨校选课来扩充学生的知识，延伸专业方向。

课程安排以现代科学技术为基础，紧扣专业特点，并与时俱进地融入高新科技与工艺成果。课程分为理论课程与实训课程，即德国特色的"双元制"课程模式。理论课程包括基础课程与专业课程，前者占比 40% 左右，后者占比 60% 左右。在理论教学的过程中积极引入模块课程，提升学生的专业技能。实践课程要求学生能够自主独立地完成专门性的实验，如操作机器等实践。

德国高等职业教育始终贯穿创新的品质，不断创新专业，调整课程安排，灵活地进行模块化授课，使学生在掌握一般理论知识的基础上，又具备一定的实践操作能力，还能掌握最新的科技动态，从而更好地满足企业的要求。鉴于此，合理的专业设置与课程安排保证了德国高等职业教育的蓬勃发展。

---

①② 田光大 . 德国高等职业教育的发展与启示［J］. 职业教育研究，2010（3）：156.

五、优秀的教师队伍

从准入资格到培养、考核、实践、继续教育与深造等各个环节，德国对从事高等职业教育的教师都有着严格的要求与规定，从而保证了高等职业教育卓越的教师队伍。德国高等职业院校的教师由专职教师与兼职教师组成。兼职教师占较大比例，且大多来自生产第一线，由经验丰富的工程师与管理人员组成。兼职教师将工作中的新技术、管理方法带到课堂上，使课堂教学形象生动，使学生学到很多实践知识。专职教师的培养分为两个阶段：一是为期4.5~5年的大学师范教育阶段，主修职业教育，辅修其他专业，学习结束后参加国家统一考试Ⅰ；二是为期两年的见习期，参加大学的教育学、教学方法等方面研讨并到高职院校见习。见习期结束后，参加国家统一考试Ⅱ。只有两次考试通过者才可获得教师资格证书，从而才有资格成为高职院校的专职教师。此外，还要求专任教师必须具备两年以上从事本专业实际工作的经验，五年以上相关专业的工作经历，熟悉行业企业的生产工艺与生产流程，即教师必须是"双师"型的。专职教师还要定期参加企业实践，了解、更新技术实践的最新动态。虽然高职院校对教师的要求高，不过与之相适应的是职教教师的高待遇，专任教师享受政府的终身雇用及公务员待遇，免交社保，吸引了大量的优秀人才。

德国还十分重视高职教师的继续教育与培养，德国法律就明确规定职业教育的教师需参加继续教育。如德国的巴伐利亚州就建立了四个维度的职教教师进修网络：一是教师至少每五年到州属迪林根教师进修学院进修一次；二是教师至少每年到巴州七个行政区设立的教师进修学校进修2~3个月；三是参加行政区下属的96个教育局组织的教师短期培训活动；四是各高职院校校长负责校内师资培训活动。[①] 此外，很多高校、企业也会组织类似的教师培训工作。

德国高职教师入门难、要求高、发展好、待遇优，也正是因为德国极为重视高职教育师资力量的培养，才造就了一批卓越的教师队伍，从而为高职教育的发展提供了可靠的师资保障。

六、丰富的职业教育研究成果

德国将职业教育学作为大学的一门独立学科，这是在德语文化圈国家才有

---

① 翟法礼.德国高等职业教育发展模式概述［J］.英才高职论坛，2006（2）：19.

的现象。由此，德国建立了大量高水平的职业教育研究机构，拥有大批专门从事职业教育学研究的专家学者，产生并积累了丰富的职业教育研究成果，为德国高职院校与教育企业的职教发展与创新提供了有力的理论支持。德国"联邦职业教育科学研究所"（Bundesinstiut fuer Berufsbildungs Forschung，BBF）就是从事职业教育科学研究的专门机构，其根据 1969 年联邦《职业教育法》建立，1976 年更名为联邦职业教育研究所（Bundesinstiut fur Berufsbildung，BIBB），"除了科学研究功能之外，还增加了关于职业教育发展规划与职业教育经费调查的任务。[1]"德国联邦新的《职业教育法》第五部分专门对联邦职业教育研究所的法律地位进行了认定，这在世界各国的职业教育立法中是首创。职业教育研究所协助联邦教育与科学部解决职业教育事业上带根本性和全局性的问题，从多方面超前探索对职业社会可能产生重要影响的课题。40 多年来，职业教育研究所的成果极为丰富，包括大量的专著、报告、典型试验、出版物等，如关于经济危机对职业教育影响的研究，关于企业职业教育成本与效益的研究，关于企业对员工职业能力构成的研究，关于"双元制"的吸引力研究等。研究所致力于全局性、引导性的职业教育发展研究，强调研究成果的可行性与可操作性，在取得大量数据后，还要经过各类专家的评述，而后再进行周密的实验，最后才得出结果。这种研究成果可信度高，成为了政府、职业院校、教育企业等社会各界有力的咨询依据。德国职业教育研究所已成为被世界各国认可的全球最大的职业教育研究机构。

除了职业教育研究所之外，还有德国劳动市场与职业研究所（Arbeitsmarket-und Berufsforschung，IAB），其宗旨在于"研究劳动市场与职业领域里不同层次的能力需求、预测劳动市场与职业领域未来的发展趋势，并将相关研究结果提供给德国劳动代表处[2]"。劳动市场与职业研究所主要是研究劳动市场与职业的关系及劳动市场对从业者的职业能力要求，为高职院校的人才培养、专业设置、课程安排提供了很多前瞻性的建议。劳动市场与职业研究所的研究成果也很丰富，出版了大量的专著，其与职业教育研究所有很好的合作关系，共同推促了包括高等职业教育在内的职业教育的改革与发展。

因职业教育是德国经济发展的重要引擎，因德国政府非常重视职业教育而把职业教育学作为一门独立的学科，故德国从事职业教育研究的机构就特别多。除了职业教育研究所、劳动市场与职业研究所，还有专业研究所、大学研

①② 姜大源.当代世界职业教育发展趋势研究［M］.北京：电子工业出版社，2012.

究所、地方研究所、其他研究所等众多的研究机构。在德国，大学内从事职业教育研究的约 350 个，大学外从事职业教育研究的机构约 150 个。[①] 社会各界对职业教育的热心研究，为高等职业教育的发展奠定了坚实的理论基础，促进了德国高等职业教育的可持续发展。

第二节　与社会经济良性互动的瑞士高等职业教育

　　瑞士的自然资源很少，但却是世界最富有的国家之一，人均 GDP 曾为世界第一，2018 年排名第二，2019 年排名第四。瑞士的富有除了与其优越的地理位置、"致力于经济科技发展的政策"之外，最重要的是瑞士始终将人力资源的开发与管理作为立国之本"[②]，并且突出职业教育的战略地位。瑞士已经构建起了包括职业准备教育、中等职业教育、高等职业教育、职业继续教育在内的从初级到高级相互衔接的完整的终身职业教育体系。高等职业教育对瑞士高级职业人才的培养发挥了重要的作用。1995 年，瑞士颁发了《联邦高等职业学院法》，依据与大学"不同模式，同等水平"的定位原则组建联邦高等职业学院。将部分高等专科学校改组为高等专业学校，也称"应用科学大学"，以向学徒提供专门的高等职业教育机构。1997 年，又以原有的多所高级技术学校与高级经济管理学院为基础，分地区组建了 7 所联邦高等职业学院，1998 年得到联邦政府的认可。[③]高等专业学校学制三到四年，与普通大学具有等值性，各州都承认高等专业学校的文凭，教学、研究开发和社会服务是高等专业学校的三大任务。2004 年，瑞士在新的《联邦职业教育法》中明确提出了高等职业教育的概念，将高等职业教育作为非传统高等学校形态的高等教育。这是继中国 1996 年在《职业教育法》中提出高等职业教育的概念后，又一个在国家法律中明确提出高等职业教育概念的国家。瑞士高等职业教育始终紧扣社会经济的发展，受到瑞士广大青年的普遍欢迎，在国家与社会的高度重视下，受益

　　① 姜大源.当代世界职业教育发展趋势研究［M］.北京：电子工业出版社，2012.
　　②③ 王瑛.瑞士高等职业教育的成功经验及其对我国的启示［J］.黑龙江高教研究，2007（5）：93.

于瑞士社会经济的发展，也为瑞士社会经济发展不断注入活力，形成了与社会经济的良性互动。

一、国家与社会的高度重视

瑞士唯有职业教育由联邦政府统一负责，其他各类都是由各州及市政府负责。主管职业教育的部门是联邦公共经济部职业教育司，负责制定职业教育相关法律，组织职业或技能资格标准，制订教学计划等。除此之外，政府在高等职业教育经费上的投入也可看出国家对高等职业教育的重视。在每年超过 11 亿欧元的高等职业教育经费投入中，联邦政府占比 20.3%，州政府占比 77.4%，社会占比 2.3%[①]。

国家层面对高等职业教育高度重视，社会层面对高等职业教育也高度认可。在瑞士的家庭和学校也都已经达成一种共识，只要是符合孩子自身实际与兴趣爱好的，上普通大学还是职业院校，都会受到尊重，这两种选择都大有前途，人们并不会因为进入高职院校学习而低人一等。莫里茨·阿尔奈特（瑞士联邦全国州教育局长联席会议秘书长）曾说过："一个国家不能只培养科学尖子，还要培养职业尖子。"[②] 他还说："一国没有一个严谨、完整、高标准的职业培训体系，要取得经济与社会的成功是不可能的。[③]"莫里茨·阿尔奈特的观点被瑞士社会普遍认可与接受，形成了瑞士社会职业教育发展的良好社会氛围。瑞士高等职业院校对学生的入学资格是有严格要求的，不是所有学生都能进入高职院校学习，更不是因为考不上普通大学而去选择高职院校。必须是具有职业中等教育文凭的毕业生、持有普通高中文凭并且有一年以上的企业实践经历并通过职业能力测试的毕业生，才有资格进入瑞士高等职业院校学习。

此外，瑞士职业学位制度也已打通，除了职业学士学位之外，还有职业硕士研究生学位。2006 年瑞士着手开展职业硕士研究生教育试点，2008 年全面推广。职业学位打通了高等职业教育的升级渠道，促进了高等职业教育向纵深方向的发展。在瑞士，高等职业院校与综合性大学只是在类型上存在差异，层次上没有高低之分。

由上可知，政府、企业、家庭、学校、个人等社会主体对高等职业教育的

---

①②③　王瑛. 瑞士高等职业教育的成功经验及其对我国的启示 [J]. 黑龙江高教研究，2007（5）：94.

认可与重视共同推进了瑞士高等职业教育的发展与繁荣。

二、以学徒制为主的校企合作模式

学徒制是瑞士职业教育的显著特色，各行各业都有职业培训，先培训后就业，未经培训者不得就业。学徒期 2~4 年不等，一周两天去学校学习理论知识，余下时间则在企业师傅（指持有技能证书负责培训学徒的师傅）的带领下通过实践工作得到技能培训，学徒期满，通过考试后便可成为企业正式的员工。学徒制的培养方式使企业和学校都可减少成本，学习期内，又做到了理论与实践的有机结合，学徒还可领到薪水，这样的培养模式深受青年、家长与社会的欢迎。学徒期满，还可继续接受高职研究生教育。除了企业培训外，学校还积极与行业及职业协会合作，以期使学生获得更加社会化、规范化、系统化的培训。瑞士的行业或职业协会组织非常发达，有专门的培训中心、实训基地，可以直接协助企业培训学徒，传授行业高端水平的技能，提高学徒的岗位适应能力，拓宽他们的职业选择范围。这就形成了瑞士特色的学校、企业、行业培训中心的"三元制"模式。

在学徒制的培养模式下，学校以就业为导向，主要根据经济结构和劳动力市场需求设置专业与课程。瑞士的经济结构以工业及服务业为主，就业人口的部分情况如下："服务业就业人口占 61%，工业就业人口占 33%，农牧业就业人口占 6%。"[1] 相应地，瑞士高等职业教育的专业也以工业、服务业为主，大类专业有 7 个，分别是职业技术、酒店管理和旅游、行政管理和商业、健康和护理、社会工作、新闻媒体和通信信息、工艺美术。大类项下由联邦政府认定的具体专业约 400 多种，这种灵活的专业设置较好地顺应了经济发展的需求，保证了劳动力市场的需求。课程设置上也体现了较强的职业性，覆盖农业、园艺、林业、食品、纺织品生产、制造木材加工、制图、金属工程、建筑、绘画、技术组织、行政管理、销售、交通、酒店和餐饮、家政、清洁、卫生、个人保健、健康护理、科学和艺术、教学、福利管理等职业课程。[2] 教学上，注重培养学生的企业价值观、专业知识、综合素质、操作技能，理论联系实际，使学生毕业后具有较强的岗位适应能力。

---

① 黄志纯. 瑞士高等职业教育的特色、经验与启示 [J]. 比较高等教育，2010（2）：147.

② 徐向平. 瑞士高等职业教育发展特点及其启示 [J]. 职业技术教育，2006（16）：84.

在学徒制的校企合作模式下，高等职业教育与企业培训密切结合，高等职业教育的专业课程设置与教学方式紧扣社会经济发展、产业结构变化、劳动力市场岗位需求的变化，从而使瑞士成为全球失业率最低的国家之一。

三、建立国家资格框架

瑞士建立了与欧洲资格框架相协调的国家资格框架，使其成为瑞士高等职业教育资质认定的标准。欧洲资格框架与国家资格框架对瑞士的学徒制或谓之为"三元制"的职业教育体系均予以认可。这样就使瑞士高等职业教育的证书与文凭能够按照资格框架进行分类，从而使其能够在国际市场上与相应的教育体系较快地对接，使高等职业教育的证书或文凭持有者能够更加自由顺畅地流动于国内市场、欧洲市场乃至更广阔的国际市场。

与国家资格框架相配套的做法还有学位证书加注法、加快教育信息传递法等。学位证书加注法指对高等职业教育的学位证书与文凭进行加注并附英文说明，即对证书和文凭所代表的资格予以清晰地表述，从而使学生所获得的资格能够在国家资格框架与欧洲资格框架内予以快速地鉴定，更好地实现瑞士高职教育学位资质与国际标准的对接。此外，瑞士政府还建立了提供高等职业教育信息的各类网站，明晰高等职业教育证书与其他教育证书的区别，以体现高等职业教育是具有吸引力的优势教育，从而使高等职业教育得到瑞士社会公众的普遍认可。

瑞士为了增强其国家资格教育体系在国际教育空间的通融性，着力加强与德国、奥地利、卢森堡、丹麦等"双元制"职教体系国家的合作，并于2009年与德国、奥地利共同组建了"欧洲高技能职业联合会"，以期以"双元制"为基础，开发一个与欧洲职业框架相对应的、以培养高技能人才为目标的高等职业教育。瑞士高等职业教育的资格框架及其国际化视野促使其高等职业教育又好又快地发展。

四、良好的社会经济效益

瑞士高等职业学校的最高管理机构是"联邦经济部"。由此可见，瑞士联邦政府对高等职业教育重要性的认识已不仅限于教育层面，而将其提升至经济层面。从评估机构来看，联邦高等专业学校委员会是高等职业学校的评估机构，其不仅由联邦政府、州政府、学校的代表组成，还包括职业协会与行业协会的代表。由联邦经济部主管高等职业学校及由职业协会与行业协会参与评估的管理方式足见高等职业教育与经济发展的紧密结合。

瑞士高等职业教育向经济界输送了大批优秀的高技能人才，支撑了其具有国际竞争力的工业品和服务业两大王牌的创新力与高质量。瑞士高等职业教育的学习费用虽然高于大学和专业大学，但高职毕业生一般会得到更高的工资收入，也会更好地实现职务晋升，因此，从毕业生个人的角度来看，接受高等职业教育具有较高的教育收益率。而从社会教育收益率与国家教育收益率的角度来看，高等职业教育也是高于大学和专业大学的。个人教育收益率是个人教育收益与个人教育支出之比，社会教育收益率是社会收益与公共支出及个人支出之比，国家教育收益率是受教育者高工资收入纳税与公共教育支出之比。在这三者收益率中，国家教育收益率是最高的，足见高等职业教育为国家税收所做的贡献，为国家经济增长所做的贡献；在三种类型教育（高等职业教育、专业大学教育、大学教育）的收益率中，高等职业教育的国家收益率大大高于专业大学与大学教育，由此可见高等职业教育与经济发展的契合度极高。

第三节　与社区经济相耦合的美国高等职业教育

作为世界最大经济体的美国，其高等职业教育的发展也颇具特色。早期工业革命时期，美国主要效仿欧洲，采取学徒制的职业教育模式；工业革命后期，特别是电气化时代的到来对工人的职业素养提出了较高的要求，美国高等职业教育向以赠地学院和社区学院为双主体的模式转变。本书以赠地学院与社区学院为突破口，分析美国的高等职业教育，以期得出有助于实现我国高等职业教育与经济社会共赢发展的借鉴价值。

一、健全的法制

美国早期的高等教育以学术型教育为主，但南北战争后，工农业迅速发展，民主思想逐渐成为主流，社会经济的变革迫切需要培养一批专门的技术技能型人才，于是美国国会 1862 年颁布了《莫雷尔法案》，在大学中开始盛行实用主义。《莫雷尔法案》规定："按各州的国会参议员与众议员的名额，拨付每人 3 万英亩土地，由各州以土地所得作为一项长久性的资金，以辅助各州兴办农业和工艺学院，培养工农业专业人才，提高各实业阶层从事各种工作和职业的文化与实习教育。"① 依据《莫雷尔法案》建立起来的大学也就相应地被称为"赠地学院"。1890 年，美国国会又通过了第二个《莫雷尔法案》，决定向每所赠地学院提供 15 万美元的经费。赠地学院的发展促进了美国农业职业技术的发展。《莫雷尔法案》通过法律的形式确立了美国政府对高等职业教育的经费支持原则，有力地促进了美国高等职业教育的发展。第二次世界大战期间，美国政府为了促进军事工业的发展，出台了《国防职业教育法》，联邦政府增加对用于发展军事工业方面的职业教育的拨款。第二次世界大战结束后，美国国会又颁布了《退伍军人就业法》，以解决大量退伍军人的就业问题。1946 年颁布《乔治—巴登法》，要求联邦政府继续追加对职业教育的拨款。1958 年，颁布《国防教育法》，提出大力发展职业教育，培养中层技术人员。《国防教育法》颁布后，政府增加了对职业教育的拨款，以期实现职业教育的全民化。1963 年，美国政府颁布了《职业教育法》，强调职业教育主体的多元化、目标的多样性，通过招收不同阶层、不同年龄段职业教育的学生，推动了职业教育的社会化发展。1968 年颁布《职业教育法修正案》，让更多的人接受职业教育。1976 年继续修订《职业教育法》，形成了完整的职业教育体系。1984 年，美国国会颁布了《柏金斯法案》，使美国进入全民职业教育时代。1990 年、1998 年、2006 年又修订了《柏金斯法案》，② 使包括高等职业教育在内的美国职业教育走上良性发展的道路。

二、服务社区经济的教学理念与课程设置

美国赠地学院以服务于工农业、培养工农业领域的杰出人才为目标，涉及工业、农业、家政、兽医、军事教学等多个实用性领域，开设工农业实用课程，注重应用研究和技术推广。作为直接服务于社会经济发展的实用型高职教育形式，20 世纪初，逐渐发展为综合性大学乃至研究性大学。但赠地学院实

---

① 邹德军，董英娟．产业升级视域下美国职业教育的变迁及启示［J］．学术论坛，2015（6）：170.

② 刘玉．美国高等职业教育对我国高等职业教育发展的启示［J］．无锡职业技术学院学报，2014（3）：10–11.

用主义的教学理念与价值取向仍然内嵌于美国现代大学中。

19 世纪末，随着美国社会经济的发展，美国人口增加，高中毕业生也随之增加，在一定程度上冲击了精英式的高等教育，要求高等教育讲求实用性，服务于广大民众与社会公益事业。在这样的社会经济背景下，芝加哥大学校长哈珀提出将四年制的大学分成两个阶段，前两年称为初级学院，后两年称为高级学院。1902 年，美国正式创办了第一所公立初级学院。初级学院设立在社区中心，直接为社区服务，故而也称为"社区学院"。随后，通过各州的立法，社区学院逐步兴起。二战后，为了满足退伍军人就业培训的需求，社区学院开始发展壮大。1947 年，杜鲁门委员会引进社区学院这一名词，旨在让社区学院社区化。[①] 在各州法案的推动与美国初级学院协会的倡议下，美国社区学院获得了蓬勃的发展，截至 2014 年底，两年制的社区学院共有 1132 所。[②] 社区学院发展 100 多年来，教育职能在不断拓宽与丰富，但其始终遵循手工训练的思想与实用主义的理念，贯彻为社区服务、为地方服务的宗旨。在专业设置与课程开发上，紧密结合社区经济、产业、企业发展的需要，并随着市场需求的变化不断调整专业设置与课程安排。课程教学上，必须与实践紧紧相连，社区学院提供与企业同步乃至比企业更先进的实践设备。教学灵活，常规教学、在线教学、短期培训、集中培训以及分散式教学等多样化的教学方式并存；小班教学与个别辅导、授课与座谈、白班与夜班等多种教学模式并存。[③] 此外，州政府还制定了高等职业教育与企业合作的相关法律。因此，在校企合作与产教融合上，社区学院与企业建立起了密切的合作关系，企业界还通过行业协会、专业协会、专业团体的鉴定以及职业资格认定来评判社区学院的教学质量。在实用教学理念、为社区服务的专业设置与课程安排、完善的校企合作及产教融合等独具匠心的制度安排下，美国高等职业教育日趋显现出其强大的生命力。

三、多样化的办学主体与经费来源

从联邦政府到州政府，再到家庭及个人，都非常重视学生职业能力的培

---

① 温钰梅，顾巍.美国的社区学院 [J].山东人力资源和社会保障，2015（5）：39.

② 陈海峰.美国社区学院办学特色及启示 [J].湖北工业职业技术学院学报，2015（2）：1.

③ 段院生.美国社区学院教育对我国高职院校服务区域经济社会发展的启示 [J].武汉商学院学报，2015（2）：87.

养，因此，社区学院成为美国高等职业教育最重要的承担者。而社区学院多样化的办学主体也进一步保证并促进了社区学院的蓬勃发展。有以各州政府为办学主体的，也有以各州政府支持、个人与企业投资兴办的，不论何种形式的办学主体，社会各界都积极广泛地参与社区学院的办学。^① 相应地，在经费来源上，社区学院建立了多元化的筹融资模式。从全国平均来看，美国社区学院30%的经费源自联邦政府的拨款，39%源自州政府税收，18%源自州政府拨款，10%源自其他来源。^②具体的经费构成上，各州各社区学院不尽相同。学杂费都是社区学院的重要经费来源，但需要特别指出的是，社区学院的学费比四年制大学的学费要低得多。此外，很多社区学院会通过提供社区服务、继续教育等来补充办学资金；一些社区学院还会向私人机构筹措经费；社会各界出于对社区学院的认可，也会积极向社区学院捐款，形成社区学院的教育基金。这些多样化的办学主体与办学经费保证了社区学院的物质基础，使实践、实习、校企合作等各项实用性得以顺利开展。

四、完善的专兼师资队伍

美国高等职业教育的发展还得益于其构建了一支专兼结合的精干的师资队伍。首先，从师资的构成上看，兼职教师的数量占了社区学院教师数量的一半以上（2003年该比值为67.8%）^③，因此，总体而言，社区学院里兼职教师的数量是多于专职教师的。社区学院的教师是通过面向各州乃至全世界公开选聘出来的高素质人才，无论是专职教师还是兼职教师，大部分都要求具备硕士学位及以上学历。兼职教师主要来自行业企业，实践经验丰富，主要讲授实践指导课程；专职教师更多讲授理论课程。但专职教师与兼职教师也朝综合性的方向发展，注重理论与实践、实践与理论的相结合，具备"一职两专"的教学技能。其次，从薪酬待遇来看，美国高等职业院校采取灵活的薪酬制度激励教师积极认真地从业。工资结构以学校基本工资为主，绩效工资为辅，但允许各

① 刘玉.美国高等职业教育对我国高等职业教育发展的启示［J］.无锡职业技术学院学报，2014（3）：11.

② 温钰梅，顾巍.美国的社区学院［J］.山东人力资源和社会保障，2015（5）：41.

③ 张琳琳.美国高等职业教育师资管理的特点及对我国的启示［J］.哈尔滨师范大学社会科学学报，2013（6）：188.

个学校根据各自财政状况制定具有院校特色的灵活的工资方案与激励制度。最后，美国建立起了完善的包括职前培训与职后培训在内的完善的师资培训体系。一方面，针对想要或将要成为高职教育教师的人员开展教学理论、技能培训等职前培训；另一方面，针对已从事教学工作的专职教师与兼职教师进行职后培训。专兼教师要深入企业，接受企业的培训，或者去国内外大学进修，提升综合素养，以更好地服务于教学。

第四节　以行业技能需求为驱力的澳大利亚高等职业教育

　　澳大利亚是除欧洲国家，特别是德国之外的职业教育最为成功的国家。[1]澳大利亚在职业教育道路上的不懈探索铸就了其高水平的职业教育。澳大利亚高等职业教育起步时被统称为技术教育（Technical Education，TE），后来改称"技术与继续教育"（Technical and Further Education，TAFE），相应地，技术与继续教育学院就成为了澳大利亚实施高职教育的主要机构。据统计，每年大约有 127 万学生在全国大约 250 所 TAFE 学院注册学习，这个数字是澳大利亚普通高等学校在校生数的 1.7 倍。每年澳大利亚政府为 TAFE 学院提供 69 亿澳元的教育经费。[2]接受 TAFE 教育的学生能充分发挥自身潜能，掌握与行业企业需求相适应的技能，促进澳大利亚经济的发展。TAFE 模式已被认为是世界上最先进的职业教育模式之一。

　　澳大利亚《1998—2003 国家战略》与《构建我们的未来：2004—2010 年国家职业教育与培训策略》明确提出了职业教育的指导思想：为澳大利亚商业服务，使之具有国际竞争力；为澳大利亚人服务，使之具有世界级的知识与技能；为澳大利亚社会服务，使之具有包容性并能够可持续发展。[3]这两大国家战略还强调了职业教育的就业导向及技能水平的提高，这与澳大利亚以技能为驱动力的职业教育定位是相吻合的。

① 姜大源. 当代世界职业教育发展趋势研究［M］.北京：电子工业出版社，2012.

② 李英英.美国、澳大利亚、德国高等职业教育的启示［D］.华中农业大学硕士学位论文，2011.

③ 张立言.高职院校双师型队伍建设问题研究［D］.华北电力大学硕士学位论文，2010.

一、终身教育理念与终身教育模式

终身教育理论打破了"大学是专为青年人而设的""大学教育是终结性的教育"等传统观念，强调在人的一生中，可以选择合适的时间、合适的地点进行学习。在澳大利亚高等职业教育改革与发展的过程中，确立了终身教育理念，建立了"学习—工作—再学习—再工作"的终身教育模式。[①] 在这样的理念与模式下，澳大利亚高等职业教育淡化了高职教育与普通高等教育、学历教育与岗位培训、全日制教育与非全日制教育间的界限，并且能够将上述教育类型有机结合起来。

作为澳大利亚高等职业教育的标志与主体，TAFE 学院在招生上没有年龄的限制，鼓励人们随时回到 TAFE 学习。学生、企业员工、家长、社会已充分意识到接受职业岗位学习与培训的重要性，终身教育观念已深入人心。首先，TAFE 致力于为所有人提供"职业岗位训练"的机会，不管是本科生、研究生、企业员工，还是成人，很多人都选择 TAFE 学院进行学习或培训。在 TAFE 学院中，全日制学生约占 30%，非全日制学生约占 70%。[②] 而在非全日制学生中，大部分都是从业人员。据统计，每年约有 142 万人在各类 TAFE 学院中接受高职教育或培训。[③]TAFE 学院通常有直接设置独立学院和在普通大学内设学院两种组建模式。如澳大利亚斯威本科技大学就内设 TAFE 学院，提供从证书到博士学位的各种层次的教育。其次，中等教育与 TAFE，TAFE 与普通大学教育建立起了较好的衔接制度。学生可从高中二三年级直接进入 TAFE 学院，一方面继续接受高中教育，另一方面同时接受高等职业教育培训，进入 TAFE 学院后高中阶段所修 TAFE 课程的学分是被认可的，避免重复学习。学生在 TAFE 学院取得职业教育文凭后，也可以直接进入大学本科二年级学习，学分可以转换。最后，企业的所有岗位对求职者的技能提出高要求，必须具有 TAFE 资格证书才能上岗，这就使求职者必须去 TAFE 学院学习、再学习、培训、再培训，当然，持有 TAFE 证书并被企业录用者，企业也会结合内外发展情况，通过各种形式及时地对员工进行培训与再培训，这些都充分地体现了终身职教思想。此

① 黄日强.邓志军.澳大利亚高等职业教育的改革与发展 [J].广东技术师范学院学报,2005(2):62-66.

②③ 王乐夫，姚洪略.澳大利亚高等职业教育体系剖析及对我国职教发展的借鉴 [J].高教探索,2007（3）：55.

外，政府与社会也为终身职教提供了各种必要的保障。

二、以市场为导向的能力培养体系

澳大利亚高等职业教育的专业设置、课程安排、教学方式等处处体现着以市场需求为导向的人才培养方式，注重知识的实用性，以能力培养为基础，已建立起以市场为导向的能力培养体系。所谓能力，根据澳大利亚"国家工业能力标准"的界定，是指能够持续应用的符合雇用标准的知识与技能。[①] 在能力培养体系下，关键看学生完成阶段性的高职教育后，其所掌握的知识与技能能否满足市场需求，能否应用于各个行业企业。而能力是否符合市场标准，要进行考核，考核遵循有效性、权威性、充分性、一致性、领先性五个原则。在考核内容上，实践部分较理论部分重要得多，对实践能力的考核非常严格，这也体现了以能力为本位的培养体系。

为了建立完善的能力培养体系，使学生的技能符合行业要求，澳大利亚在高等职业教育过程中，从专业设置、课程安排到教学方式、师资建设到办学模式上严格以市场为导向。首先，专业上遵循能力本位，根据市场需求设置并灵活调整。澳大利亚政府规定高职院校专业设置要符合四个条件：一是企业岗位所需要的专业；二是学生愿意学习的专业；三是高职院校具备了办相关专业的师资、场所、设备等条件；四是要有政府与行业机构在宏观布局上的认证。[②] 此外，专业设置还会根据市场的变化而相应调整，针对岗位或岗位群的变化调整专业，根据岗位的跨学科性设置综合专业，以拓宽专业的覆盖面。其次，课程上以实用课程为主，根据行业职业能力标准与国家统一的证书制度设置。澳大利亚高职教育需开设哪些基础课、专业课、实践课，课程模块如何配置组合都要结合产业、行业发展需要和企业所提供的课程需求信息、就业市场信息、岗位的技能要求与能力标准，并由中央政府、地方政府及学院的行业咨询组织来审批与制定。所有开设的课程还必须在职业教育权威认证机构获得认证与注册。[③] 当然，课程设置并非一成不变，而是根据劳动力市场的变化而不断修订。

---

① 杨波.澳大利亚高等职业教育的能力培养体系对我国的启示［J］.教育科学，2003（10）：44.

②③ 黄日强，邓志军.澳大利亚高等职业教育的改革与发展［J］.广东技术师范学院学报，2005（2）：63.

再次，教学上结合全日制学生的兴趣爱好、在职学生的工作实际进行灵活多样的教学。在以提高学生能力素质为准则的前提下，强调实践教学，纯理论教学以够用为度，教学以学生的学习设计模式为主，而非以教师的教为主。学生可根据自己的实际，自主选择教育的时间、地点、方式、内容、教师、考试办法等。复次，澳大利亚高等职业教育遵循市场原则，建立了一支精干高效的教师队伍。澳大利亚高职院校的教师与德国一样，也是由专职教师与兼职教师组成的，二者都有严格的聘任标准，专职教师少于兼职教师。无论是专职教师还是兼职教师，都必须要有 3~5 年的企业工作经历。兼职教师主要源自企业行业具有丰富实践经验的技术人员与管理人员，实践教学效果较好。专职教师每学年也要至少安排两周到企业工作，以保证理论教学与实际的有效结合。最后，积极探索与企业的校企合作办学。澳大利亚发动企业参与高等职业教育教学建设，使高职院校形成了较好的校企合作办学模式。企业帮助学院购置现代教学设备，建设实训基地，接待学生实习，有的企业还会把企业自己的生产设备提供给高职院校使用。此外，行业企业还会参加教学质量的评估，如学生的学业成绩及技能水平就是由学校与企业联合鉴定。

三、完善的国家资格框架

在能力本位的驱力下，澳大利亚政府于 1995 年 1 月开始实施《澳大利亚资格框架》（AQF），这 20 年来，澳大利亚高等职业教育的成功与国家层面完善的资格框架息息相关。《澳大利亚资格框架》由一系列证书与文凭所代表的资格构成，而资格又由"职业"的资格与"学历"的资格组成，如表 6-1 所示。

表 6-1　澳大利亚资格证书与水平等级之间的关系

水平等级	中等教育	职业教育与培训	高等教育
10 级			博士学位 （Doctor Degree）
9 级			硕士学位 （Master Degree）
8 级		职业教育研究生文凭 （Vocational Graduate Diploma）	研究生文凭 （Graduate Diploma）

水平等级	中等教育	职业教育与培训	高等教育
7级		职业教育研究生证书 （Vocational Graduate Certificate）	研究生证书 （Graduate Certificate）
6级		高级专科文凭 （Advanced Diploma）	学士学位 （Bachelor Degree）
5级		专科文凭 （Diploma）	专科文凭 （Associate Degree）
4级		四级证书 （Certificate IV）	
3级	高中毕业证书 （Senior Secondary Certificate of Education）	三级证书 （Certificate Ⅲ）	
2级		二级证书 （Certificate Ⅱ）	
1级		一级证书 （Certificate Ⅰ）	

资料来源：姜大源.当代世界职业教育发展趋势研究［M］.北京：电子工业出版社，2012.

2005年以前，《澳大利亚资格框架》将职业资格证书分为一级证书、二级证书、三级证书、四级证书、文凭（Diploma）与高级文凭（Advanced Diploma）六个级别。2005年以后，这一资格框架增加了职业教育研究生证书（Vocational Graduate Certificate）与职业教育研究生文凭（Vocational Graduate Diploma）两个级别。2005年后增加的这两个级别与普通高等教育是等值的，学习时间基本相似。具有高级文凭、四级证书、三级证书且有相应的行业经验者、证明具有研究生层级的学习能力并具有相关行业经验者、具有学士学位或有相关行业经验的副学士学位者才能参加这两级资格的学习。这就使高职教育由本科层次延伸至研究生层次，大大拓展了高职教育者在纵向上的学习通道，同时这也与前述的终身教育理念相吻合。"澳大利亚教育界人士认为，学生的智力类型是有差别的，部分学生的智力倾向为学术型，而部分学生的智力倾向则为非学术型"①。高职教育为非学术型的学生提供了良好的教育平台，并且由于不同智力类型的学生都各有自己的发展空间，所以需要设置不同级别的证书与资格制度。澳大利亚政府建立的这种国家统一认证的证书、文凭和学位框架，加强了各类证书、文凭与学位之间的衔接，很好地将高等职业教育、普通高等教育连成一体，从而建立起了"立交桥"式的教育体系。学生在 TAFE 学院毕业后既可以直接就业，也可进入大学深造学习，②受教育者在 TAFE 学院、大学及培训机构间是可以自由流动的。除了《澳大利亚资格框架》外，澳大利亚政府还颁布了《澳大利亚质量培训框架》（AQTF）来规范包括 TAFE 学院在内的职业教育与培训机构，使高职院校本身满足相应的质量标准，从而保证高职院校能够提供高水平的职业资格与学历资格。在严格的职业资格认证体系下，澳大利亚的技能资格得到了越来越多国家的认可。

四、多元化的教育经费来源

在政府法律的保障与政策的支持下，澳大利亚高等职业教育已形成了以州政府为主导、行业企业积极投入、学院自筹等多元化的经费投入方式，从而保证了澳大利亚高等职业院校的发展。首先，在政府投入上，澳大利亚《宪法》规定，全国 6 个州和 2 个领地的政府对包括高等职业教育在内的教育与培训负主要责任，各自管理辖区内的所有 TAFE 学院，并为其提供教育运行与发展的资金支持。其次，在行业企业投入上，澳大利亚也通过法的方式引导、激励行业企业对高等职业教育的投入。如澳大利亚《培训保障法》规定，年收入在 22.6 万澳元以上的雇主应将 1.5% 的工资预算用于对其员工的职业资格培训。③ 若未达到 1.5% 这一最低标准，企业应缴付差额至国家培训保障机构。此外，《培训保障法》还规定职业院校的教师赴企业实践的培训费用也主要由企业承担。事实上，澳大利亚行业企业在高等职业教育的投入上也非常积极，除了法律的强制性规定外，更主要的是企业充分意识到对高等职业教育的投入

---

① 姜大源.当代世界职业教育发展趋势研究［M］.北京：电子工业出版社，2012.

② 杨璐.TAFE 教育对我国高等职业教育的启示［J］.河南财政税务高等专科学校学报，2010（2）：16.

③ 夏伟.职业教育的国家战略：对澳大利亚 TAFE 的思考［J］.中国教育研究，2012（1）：35.

而带来的人才价值是企业竞争力的核心因素，这是其他任何要素无法比拟的。最后，除了以上两种渠道外，还有学费、学校自主创收等方式。高校学生交学费一定程度上减轻了政府的负担，也在压力的作用下促进了学生学习效率的提高。在澳大利亚大力推进高等职业教育国际化的政策背景下，TAFE 学院及设有 TAFE 学院的大学还采取开展国际办学、招收国外学生、举办国际会议、进行国际培训、发展国际远程教学等方式来筹措高等职业教育经费。除此之外，TAFE 学院还会充分发挥自身优势，通过提供短期培训、咨询服务、转让教育技术、开办合营企业、申请研究经费等方式进行努力创收，扩大财源。当然，TAFE 学院的创收并不过分强调盈利目的，而只是通过生产创收与学生实习结合起来的方式用来适当补充高职院校教育的经费而已。

由上可知，澳大利亚高等职业教育的经费既有政府的大力支持，又有企业的积极参与，高职院校自身也努力开拓财源，为以技能为驱力的澳大利亚高等职业教育的发展奠定了稳定可靠的物质基础。

第五节　以产学结合为特征的日本高等职业教育

日本国土面积很小，但经济总量却排在世界第三，这与其先进的职业教育是分不开的。明治维新以来，日本政府就非常重视职业教育，特别是中等职业教育。而第二次世界大战以后，随着全球经济结构的调整，日本的产业结构也逐渐向高端制造业和现代服务业集中。与之相适应，日本典型的"企业模式"，即日本企业招收职业高中毕业生、专业高中毕业生、综合高中毕业生进行培养而成为其技术工人，并使员工终身受雇于一个企业的模式开始改变。至此，日本高等职业教育开始得到较快的发展，并逐步形成以短期大学（学制两年）、高等专门学校（学制五年）、专修学校（学制一至四年不等）等高职院校繁荣发展的态势。日本传统的职业教育，学校的职业教育与企业的职业教育是分离的，即学校注重人文教育，企业注重实践教育，随着经济结构的调整，高等职业教育的发展走出了一条企业与学校合作办学的产学结合的道路。高等职业教育的发展不断为日本的国民经济发展注入活力，并促进经济结构转型升级，当然其也反过来受益于经济的发展而使高等职业教育自身的发展得到深化。

一、不断调整与修正的立法

二战结束时，日本职业教育基本处于瘫痪状态，为了恢复与发展职业教育，日本政府于 1947 年制定《职业安定法》，从国家层面对职业教育进行支持、指导与监督。1947 年还颁布了《教育基本法》《学校教育法》《劳动基准法》，对职业教育的要求、职业培训的目的做了具体规定。1949 年，对《学校教育法》进行修订，正式确立高等职业教育中的短期大学制度。随后又制定了《短期大学的设置基准》，明确规定短期大学的性质与目的。短期大学是在高中教育的基础上完成的教育，是培养具有专门职业能力的大学教育。1964年，日本继续修订《学校教育法》，将短期大学作为永久性的大学机构。除了短期大学外，高等专门学校、专修学校也是属于高等职业教育的学校范畴。《学校教育法》将高等专门学校的教育目的明确为传授高等专业知识与技术，培养职业技术人才。[①]1965 年继续修改《学校教育法》，指出高等专门学校毕业生的资格等同于大学或短期大学的毕业程度，高等专门学校的事务由大学学术局负责，私立学校法也适用于高等专门学校的法人。《学校教育法》还专门指出高等专门学校以传授专门学艺为目的，不具备研究机构的研究职能。1975 年，日本又修订了《学校教育法》，成立专修学校，指出专修学校是以培养职业和实际生活能力、实施教养教育的机构。除此之外，日本还对每一类高等职业学校设定相应的法律予以规范，如《高等专业学校设置基准》《短期大学设置基准》《专修学校设置基准》等，使高等职业教育的各个环节都有法可依。日本依据经济发展的需要不断调整与修正高等职业教育立法，从而保证了高等职业教育的发展，满足了产业结构升级与经济结构调整对人才的需求。

二、充足的教育经费保证

按照学校性质的不同，日本的高等职业教育学校可分为国立、公立、私立三种。高等专门学校大部分是国立学校，短期大学与专修学校大部分是私立学校，学校性质的不同使其经费来源也不一样。国立高等职业学校的经费依法由国家下达，即国库承担。除了财政拨款外，国立学校还有学费、入学注册费、从公积金提取的收入、借款、财产处置所得、捐赠、杂项收入等。当然，这些

---

① 梁丽华.战后日本高等职业教育的特点与地位［D］.山东大学硕士学位论文，2009.

收入不能留在学校，而是要交给国家，以减少乃至防止国立学校违反财经纪律现象的发生。因此，从根本上来说，国立高等职业学校的办学经费主要来源于国家。当学校收入高于国库预算资金时，可根据机动条款，将超出部分用于学校事业的发展。这样就使国立高等职业学校的经费来源非常充足，从而为其教育事业的发展奠定了可靠的物质保证。

公立高等职业学校由地方开办，相应地，办学经费也由地方政府承担。当然，由于地方政府财力不同，如果纯粹依靠地方政府办公立学校，会造成受教育条件与受教育机会的不公平。因此，在地方政府承担主要办学经费的前提下，国家会给予公立高等职业学校适当的经费补充。公立学校与国立学校一样，学费收入要上缴所属地方政府。而对于私立的高等职业学校，其经费来源渠道则是多元化，包括学费收入、政府补助、社会捐赠、学校事业收入等，这些经费全部由学校自己支配，不需上缴国家或地方政府。学费收入是私立高职学校主要的经费来源。

三、先进的产学结合模式

日本传统的职业教育体系由学校的职业教育与企业的职业培训构成，前者注重基础与基本教育，后者注重职业实践，二者相对分离。这一传统的"双轨制"已不能适应日本经济与产业变革的需要，从而使包括高等职业教育在内的日本职业教育转向学校与产业界相互合作、共同培育人才的先进的产学结合模式。在宏观层面上，产学结合体现在高等职业教育由劳动部门与教育部门合作管理。改革后的日本职业教育行政管理以厚生劳动省为主体，由文部科学大臣、厚生劳动大臣、经济产业大臣以及经济财政担当大臣共同推进。[①]在中观层面上，产学结合体现在产业企业与高职学校的合作办学，即实施高职教育的机构是双元的。一类是学习者首先被高职学校接受后，以高职学校为主体的"教育机构主导型"办学模式，由高职学校寻找能够接受学生培训的企业，校企共同制订培训计划，学生在校学习职业理论的同时，委托企业实施实践培训；另一类是学习者首先被企业录用后，以企业为主体的"企业主导型"办学模式，"企业以非正式雇用的形式录取为培训生，再由企业寻找高职学校，

---

① 陆素菊.日本模式职业教育双元制的试行及其意义之解读［J］.职教通讯，2006（3）：61.

与学校共同制订培训计划"①。微观层面上，产学结合体现在离岗学习与在岗培训相结合的教学方式。具体来说，离岗学习与在岗培训相结合的实施方式有三种：第一种是 3 天在学校集中学习，2 天在企业在岗培训；第二种是上午在学校集中学习，下午在企业在岗培训；第三种是每 1~2 个月，学校的集中学习与企业的在岗培训交替进行。这种先进的产学结合模式大大促进了21 世纪以来日本高等职业教育的发展及与之相应的高级技术技能型人才的培养。

四、突出实践的专业与课程设置

日本高等职业教育旨在培养服务于经济社会发展的应用型人才，与其相适应的专业课程设置也非常突出企业实践能力的培养。①短期大学。短期大学女生人数占比高达 90% 以上，"绝大部分是私立学校，主要开设人文、家政、教育、艺术等专业，少数的国立、公立短期大学开设工学、农学、保健等专业"②。教学中注重学生实践能力的培养，学生毕业后的就业率很高，主要就业方向是以服务业为主的第三产业，"就业率稳定在 80% 以上"③。②高等专门学校。高等专门学校以培养实践型技术人员为目标，专业设置以工业为主，培养了很多具有实际工作能力的骨干技术人员。基础课程与专业课程教学交叉进行，注重学生的实验、实习、实践操作，对学生实施细节指导。毕业生的就业方向是以制造业为中心的大企业。③专修学校。专修学校以私立为主，市场化程度较高，以培养各种职业所需的技术能力、理论知识为目标，其专业与课程设置相对灵活。专修学校重视与职业资格相对应的教育，设置了烹调、美容、动画片制作和旅游实务等课程。很多专修学校的专业与课程设置直接以取得职业资格为目标。在就业市场上，专修学校因以职业资格、专门技能为突破口，赢得了中小企业的广泛认可，并实现了高于很多普通大学、短期大学的就业率。

---

① 姜大源，王泽荣，吴全全，陈东.当代职业教育发展趋势研究——现象与规律（之一）——基于横向维度延伸发展的趋势：定界与跨界［J］.中国职业技术教育，2012（18）：5.

② 朱颖华.日本高等职业教育的教育体系及课程特点［J］.吉林工程技术师范学院学报，2008（11）：63.

③ 梁丽华.战后日本高等职业教育的特点与地位［D］.山东大学硕士学位论文，2009.

需要强调指出的是，要有一支优秀精干的教师队伍，才能保证专业与课程设置的效果。为确保师资水平，日本高职学校的教师一般是在工科学院毕业后，再到师范院校或职业培训单位进行理论学习、生产实践学习，经考试合格后才能任教。此外，还建立了完善的教师进修制度，使教师了解技术变革的新动向，不断提高职教素养，保证教学质量。严要求的背后是高待遇，日本是世界上教师待遇较高的国家之一，而高职学校往往又超过普通教师。如短期大学与高等专门学校教师的基本工资每年增长一级，增长幅度通常比物价上涨幅度还要高。日本以优厚的待遇吸引职业教育人才，保证了高职教育的质量。

第六节　与产业结构调整紧密结合的中国台湾高等职业教育

与大陆有着相同文化背景与历史传统的中国台湾地区（本节简称台湾）有着完备的职业教育体系，职业教育特别是高等职业教育为台湾培养了大量高层次的技术技能型人才，在台湾经济的发展中扮演了重要的角色。在台湾，职业教育也称"技职教育"，即"技术与职业教育"的简称。20世纪50年代，台湾只有单一的传统农业，而现今已形成了以电子工业、信息产业、创意产业为主导的多元化产业，还曾创造了亚洲"四小龙"的辉煌，在这一过程中，高等职业教育功不可没。

一、完整的高等职业教育体系

台湾的高等职业教育体系非常完整，既有专科层次的高职教育，也有本科层次的高职教育，还有包括硕士与博士在内的研究生层次的高职教育。专科层次的职业教育主要由专科学校承担，学制有二年制和五年制两种。二年制的专科学校，台湾简称"二专"，招收高级职业学校（在台湾属于高中阶段的职业教育）的毕业生或具有同等学历者；五年制的专科学校，台湾简称"五专"，招收初中毕业者或同等学历者。①本科层次的职业教育由技术学院及科技大学完成，有二年制与四年制，相应地，在台湾分别称为"二技"与"四技"。二技招收专科学校毕业或同等学历、入学考试合格者，四技招收高级学校毕业或同等学历、入学考试合格者。②研究生层次的教育由技职院校的研究所承担，分设硕士班与博士班。这种完整、一贯的技职教育体系体现了政府与社会对高等职业教育的重视，使职业教育的学生与普通教育的学生一样，也可获得学历上的纵向提升，因此人们喜欢并愿意接受高等职业教育，从而促进了台湾高等职业教育的发展。

二、与产业结构密切结合的高职变革路径

台湾高等职业教育的发展并非一成不变，而是随着台湾经济的发展与产业结构的调整相应地变革、升级。也正因如此，高等职业教育才能更好地适应并促进台湾经济的发展、产业结构的调整，形成了二者间的良性互动关系。

20世纪40年代，台湾光复初期，经济正处于百废待兴的阶段，当时是以农业为主的劳动密集型产业为主，职业教育处于萌芽阶段，与产业结构相对应，只有高级职业学校，即职业高中，尤其是农业职业学校居多。

20世纪50~60年代，是台湾经济发展的"黄金时代"。台湾开始发展轻工业，工业类的高级职业学校迅猛发展。20世纪60年代末，台湾产业开始从劳动密集型转向技术密集型，产品技术含量增加，③不仅需要职业人才，也需要具有较强能力的职业人才，于是，"这一期间建立了11所专科学校"④，以满足产业结构升级对人才的需求。

20世纪70~80年代，台湾开始大力发展重工业，产品的附加值不断提高。这一阶段的产业升级提出了对高层次职业人才及与之相应的技术学院的需求（当然，农业、工业、商业的高级职业学校也仍然需要）。1974年，台湾工业技术学院（即现今的台湾科技大学）成立，这是台湾第一所本科层次的技术学院，1979年，该学院成立"研究所"，开设硕士研究生班，1986年该研究所开

①②③ 左彦鹏.我国台湾地区现代职业技术教育体系特征与成因分析［J］.常州工学院（社会科学版），2015（2）：103.

④ 姜大源.当代世界职业教育发展趋势研究［M］.北京：电子工业出版社，2012.

设博士研究生班。

20 世纪 90 年代，在知识经济的推动下，台湾开始以信息产业作为发展重点，鼓励高科技产业与高附加值产品，进一步提升了对高技能人才的需求。这一时期，台湾继续按照产业发展的要求全面调整专业，并将绩优专科学校改制为技术学院，将绩优技术学院改制为科技大学。

21 世纪至今，随着"文化创意产业"的提出，创意产业及创意经济开始在台湾崛起。高科技产品与技术层出不穷，对台湾高等职业教育的发展提出了新的挑战。台湾高职以此为契机，将创新、创意不断融入专业、课程与教学中，并对发展过程中存在的问题及时予以解决与改进。

由上可知，台湾高等职业教育的发展紧扣产业结构，随着产业结构的升级而不断"升格"，形成了与台湾产业发展相配套的、完整的、独立于普通教育体系的高等职业教育体制。

三、建教合作、工学结合的人才培养模式

在台湾高等职业教育的发展中，始终强调学校与企业的建教合作，强调教学与生产劳动的工学结合。台湾的《大学法》明确规定"大学要与政府机关、事业机关、民间团体、学术研究机构等团体进行合作"。[1]台湾教育部门还颁布了《建教合作实施办法》，对学校与企业合作的内容、经费、双方权利义务等进行界定。此外，教育部门还采取了设置产学合作奖、将产学合作列入院校考评等措施。简言之，台湾非常支持建教合作，并有相应的细化指标予以激励，调动了企业的积极性，企业也很踊跃地参与到高等职业教育的建设中，给学校注资、建实验室、提供实训基地等。在建教合作下，具体的工学结合模式有三种：第一种是轮调式工学结合，即将学生分成两组，一组在学校接受职业理论教育，另一组在企业接受技能、职业精神、职业素养等方面的训练，每月或每周轮流一次；第二种是三明治式的工学结合，第一年第一学期在学校上课，第二学期则在企业培训，第二年第一学期在学校上课，第二学期在企业培训，如此交叉进行；第三种是委托式的工学结合，即企业委托学校对其员工进行职

---

① 郭福春．大陆与台湾高等职业教育比较研究［J］．黑龙江高教研究，2011（9）：70.

业培训，学校为企业员工开设订单班，为企业量身打造技能型人才。2005年，台湾教育主管部门开始实行第四种工学结合模式，即"最后一里程"计划。"最后一里程"指高等职业院校开设最后一年课程时，先与行业企业联系，校企共同制订教学计划，共同授课，打造企业所需人才，使学生一毕业就能就业，打通学校与劳动力市场的"最后一里程"。

在建教合作、工学结合上，台湾高等职业教育有很多有益的创新探索，使学生能够较好地做到理论联系实践，促进了学生就业率的提高，形成良好的社会效应，从而反过来进一步促进台湾高等职业教育的发展。

四、实践化的课程设置与优秀的教师队伍

相应地，台湾高职课程的设置也随着经济发展与产业结构的调整而不断发展变化。高等职业教育传统的课程设置强调职业性与专业化程度，而现今主要实行宽专业口径的群集课程模式，即从单一专业、行业所需的课程向更广泛的专业、行业群所需的课程转变。因此，台湾高职的必修课程少，选修课程多。此外，课程设置还强调与实践的有机结合，所以理论课程少，实践课程多。依据学生不同的兴趣爱好与定位和产业界密切合作，设置课程，开展教学，提高学生的实践应用能力。实践课程中又特别强调"创业、创意、创新"三创课堂的教学、强调对学生的素质教育，以培养学生的创新能力、社会责任感等。

要出色地完成高等职业教育的课堂教学是非常不易的，所以台湾高等职业教育对教师的招聘有严格的要求。具有5年教学经历和4年实践工作（产业年资）经历，教学与实践经验均很丰富者才可担任高职院校的教师。台湾高职院校的教师大多有博士学位，且来源于企业的教师占较大比例。除了严把招聘关外，还提供各种渠道让教师继续深造，如鼓励教师利用业余时间赴企业学习，进行实务锻炼；创造条件让教师两年内赴欧美、日本等国家的高校进行访学，以了解国际科学与技术发展的前沿动态，学习现代创新的教学方式。优秀的教师队伍为台湾高等职业教育的创新与发展提供了不可缺少的人力资源保障。

第七节　发达国家（地区）发展高等职业教育与经济联动发展的共同经验及其启示

尽管政治背景、经济发展、文化传统各异，但以上发达国家（地区）都非常重视高等职业教育的发展，在调整中巩固、在改革中发展、在发展中创新高等职业教育，也因此促进了这些国家（地区）经济的腾飞。在这一过程中，我们可以梳理出以上发达国家（地区）发展高等职业教育的共性，以期为我国高等职业教育的发展提供可资借鉴的经验。

一、通过立法促进并规范高等职业教育的发展

以上发达国家（地区）都非常重视通过立法的方式促进并规范高等职业教育的发展。德国有《教育法》《职业教育法》《职业学院法》《学校法》《职业培训条例》《劳动促进法》《高等教育、职业教育专业培训及考试细则》及各州的教育法与学校法等法律法规来规范高等职业教育的发展。这些立法涵盖了高等职业教育办学主体、办学模式、办学经费、资质认定等诸多方面的范畴，使德国高等职业的发展有法可依，有章可循。瑞士有联邦《职业教育法案》及各州的立法。美国从《莫雷尔法案》到《柏金斯法案》，构建起了一套支持职业教育发展的法律体系。澳大利亚也有《职业教育与培训法》《技术学院法》《培训保障法》《职业教育与培训经费法》等。日本有《职业安定法》《教育基本法》《学校教育法》《劳动基准法》《高等专业学校设置基准》《短期大学设置基准》《专修学校设置基准》等。我国台湾地区也有《大学法》《职业训练法》及各种实施办法。发达国家（地区）的立法细而全，有专门针对某一类型学校的法律，如德国的《职业学院法》、澳大利亚的《技术学院法》等；有专门针对企业培训的法律与条例，如德国的《职业培训条例》。

而我国目前只有《教育法》《职业教育法》《高等教育法》来规范高等职业教育的发展，随着我国高等职业教育的发展，应出台更具有针对性、更细化的法律，如《高等职业教育法》《企业培训法》等，使高等职业教育发展的方方面面都有法可依。

二、社会高度认同与重视高等职业教育

以上发达国家（地区）从理论高度、思想意识、实践选择上，处处体现着对高等职业教育的认同与重视，高等职业教育不是"后进生"的选择，就业市场上也没有对高职毕业生"另眼相看"，而是与普通高校毕业生一视同仁地看待。由于高职毕业生具备先进的技术技能水平，所以其在就业市场上的选择宽、待遇好。德国高等职业学校的毕业生被称为理论知识转化为现实生产力的"桥梁式职业人才"。瑞士政府每年都在高等职业教育上投入大量的经费，家庭、学校与社会已达成一种共识，只要是符合孩子自身实际与兴趣爱好的，接受普通大学或职业院校的教育都同样受到社会的尊重。社会普遍认为两种选择都各有前途，人们并不认为接受高等职业教育就低人一等。美国从联邦政府到州政府，再到家庭及个人，都非常重视社区学院的发展以及学生职业能力的培养。澳大利亚强调终身教育理念，学生、企业员工、家长、社会充分意识到接受职业岗位学习与培训的重要性，终身教育观念已深入人心。日本政府充足的经费投入也足见其对高等职业教育的重视。中国台湾 1974 年就已建立了本科层次的高职院校，并逐步形成了从专科到博士完整的高职教育体系，也足见社会对高等职业教育的认可与重视。社会对高等职业教育的认可与重视，使各个主体都有动力，也着实办好了高等职业教育。

而在我国大陆，中央政府已非常重视高等职业教育的发展，但地方政府的观念还没有及时扭转过来。社会对高等职业教育不够重视，认为高等职业教育是"后进生"无奈的选择，就业市场上对高职毕业生也存在偏见。由于社会的偏见加上国家缺乏对企业有效的激励机制，导致企业缺乏动力去支持高等职业教育的发展。社会的歧视与偏见很大程度上限制了我国高等职业教育的内涵式发展。因此，政府层面应继续出台与高等职业教育相关的法律文件，明确定位高等职业教育，强调高等职业教育与普通大学教育的等值性，突出高等职业教育的经济社会功能。还要出台相关文件支持企业与学校的合作化办学，采取激励措施激发企业参与办学的积极性。此外，应建立并完善从专科层次到研究生层次的完整的高等职业教育体系，使人们可以获得职业教育学历上的提升，同时也有助于改变社会对高等职业教育的偏见。

三、强调校企合作、工学结合的人才培养模式

德国、瑞士、美国、澳大利亚、日本、中国台湾等发达国家（地区）在高等职业教育人才培养的具体模式上各有特色，但它们都非常重视学校与企业的合作、学习与工作的结合、研究与生产的结合，这样使学生与老师都能较好地做到理论与实践的结合，推促了高等职业教育的发展。德国的"双元制"模式强调学校与教育企业共同培养学生，高职院校的理论学习与教育企业实践培训相结合，学校的普通教育课程大概占40%，企业的实践课程则占到60%以上。瑞士则实行学徒制下学校、企业、行业培训中心相结合的"三元制"模式，学生除了接受学校的学习和企业的实践培训外，还要接受行业或职业协会系统化的培训，以提高学生的岗位适应能力。美国的社区学院与企业建立起了密切的合作关系，企业界还通过行业协会、专业协会、专业团体的鉴定以及职业资格认定来评判社区学院的教学质量。澳大利亚发动企业参与高等职业教育教学建设，使高职院校形成了较好的校企合作办学模式。企业帮助学院购置现代教学设备，建设实训基地，接待学生实习，有的企业还会把自己的生产设备提供给高职院校使用。行业企业还参加教学质量的评估，如学生的学业成绩及技能水平就是由学校与企业联合鉴定。日本现代的高等职业教育也是实行学校与产业界相互合作、共同培育人才的产学结合模式，劳动部门与教育部门共同管理高等职业教育、产业企业与高职学校的合作办学、离岗学习与在岗培训相结合。中国台湾始终强调学校与企业的建教合作，强调教学与生产劳动的工学结合。政府在建教合作、工学结合上给予了大力支持，有《大学法》明确规定建教合作行为，也有相关配套政策对建教合作、工学结合予以激励。

中国大陆高等职业院校也开始实行校企合作、订单培养等人才培养模式。但还存在以下不足：一是政府的支持力度较小。无论是中央政府还是地方政府，都鲜有出台专门的政策文件对校企合作予以支持，法律也没有对校企合作进行明确规定。二是当前的校企合作只是浅层次的校企合作。高职院校未能根据企业需求进行有效的课程设置，也未能完全实施与企业共同制订的人才培养方案，所谓的校企合作、订单培养往往只是在大学学习的最后一年，将学生送到部分企业进行实习而已，很难做到理论与实践的有效结合。三是企业的积极性不高。在社会的偏见、政府缺乏激励等诸多原因的影响下，我国大陆企业参与校企合作的积极性不高。且不说很多企业没有校企合作的意识，就是在有进行校企合作的企业里，也缺乏专门的有实力的师傅对学生进行实践性培训，学

生到企业往往只是做一些简单的事务性工作，实践能力很难得到有效提升，实习期结束后，很少有学生会继续留在实习企业工作。因此，我国大陆在高等职业教育校企合作、工学结合的广度与深度上都有待提高，需要政府、高职院校、企业等多方主体的共同努力。

四、注重与社会经济发展及结构调整相适应的职教改革

以上发达国家（地区）的高等职业教育法律政策、专业设置、课程安排、教学方法、培养模式等都不是一成不变的，而是随着社会经济的发展与结构的调整而相应地予以变革，得益并服务于社会经济的发展。德国《职业教育法》几经修订，依据人才市场设置专业、根据技术进步动态调整专业、与时俱进地融入高新科技与工艺成果、不断创新专业，灵活地进行模块化授课等都体现了高等职业教育与社会经济发展的紧密结合。瑞士高等职业教育良好的社会经济效益、美国高等职业教育不断与社区经济相耦合、澳大利亚以市场为导向的能力培养体系的建立、日本不断调整与修正的立法、中国台湾与产业结构调整密切结合的高职变革路径都体现了这些国家（地区）的高等职业教育随着社会经济的发展而发展，这是这些国家（地区）高等职业教育能够蓬勃发展的生命力所在。

我国已经在进行经济发展方式的转变、产业结构的调整，但相应的职教法律变革仍显单薄与滞后，专业设置与课程安排欠灵活，未能有效满足市场需求，教学方法的实践性不突出，培养模式也没有及时更新。简言之，我国高等职业教育的发展没有及时有效地跟上经济发展方式的转变、产业结构的调整，从而使其所培养人才未能很好地与市场需求相匹配，这又进一步造成了"生源差—学校差—就业差—生源差"的恶性循环。因此，政府在推动高等职业教育的法律变革上应有更大的作为，高等职业院校也要以2014年全国职业教育大会为契机，优化专业与课程的建设，使高职教育的发展受益并服务于社会经济的发展。

五、重视"双师型"教师队伍建设

优秀的教师队伍建设是高等职业教育发展的核心要素之一。德国从准入资格到培养、考核、实践、继续教育与深造等各个环节对从事高等职业教育的教

师都有着严格的要求与规定。德国高等职业院校的教师由专职教师与兼职教师组成。兼职教师占较大比例，且大多来自生产第一线，由经验丰富的工程师与管理人员组成。专职教师除了具备理论知识、通过国家统一考试外，还要求其必须具备两年以上从事本专业实际工作的经验，有五年以上相关专业的工作经历，熟悉行业企业的生产工艺与生产流程，即教师必须是"双师"型的。专职教师还要定期参加企业实践、参加继续教育。与严要求相对应的是职教教师的高待遇，专职教师享受政府的终身雇用及公务员待遇，免交社保。美国构建了一支专兼结合的精干的师资队伍，社区学院的教师是通过面向各州乃至全世界公开选聘出来的多数具备硕士学位及以上学历的高素质人才，兼职教师主要来自行业企业，实践经验丰富，主要讲授实践指导课程；专职教师更多讲授理论课程。但专职教师与兼职教师也朝综合性的方向发展，注重理论与实践、实践与理论的相结合，具备"一职两专"的教学技能。澳大利亚高等职业教育遵循市场原则，建立了一支精干高效的教师队伍。澳大利亚高职院校的教师与德国一样，也是由专职教师与兼职教师组成的，二者都有严格的聘任标准，专职教师少于兼职教师。无论是专职教师还是兼职教师，都必须要有3~5年的企业工作经历。兼职教师主要源自企业行业具有丰富实践经验的技术人员与管理人员，实践教学效果较好。专职教师每学年也要至少安排两周到企业工作，以保证理论教学与实际的有效结合。日本高职学校的教师一般是在工科学院毕业后，再到师范院校或职业培训单位进行理论学习、生产实践学习，经考试合格后才能任教。日本还建立了完善的教师进修制度，使教师了解技术变革的新动向，不断提高职教素养，保证教学质量。严要求的背后也是高待遇，日本是世界上教师待遇较高的国家之一，而高职学校往往又超过普通学校。如短期大学与高等专门学校教师的基本工资每年增长一级，增长幅度通常比物价上涨幅度还要高。日本以优厚的待遇吸引职业教育人才，保证了高职教育的质量。中国台湾高等职业教育对教师的招聘也有严格的要求，具有5年教学经历和4年实践工作（产业年资）经历，教学与实践经验均很丰富者才可担任高职院校的教师。中国台湾高职院校的教师中大多有博士学位，且来源于企业的教师占较大比例。除了严把招聘关之外，还提供各种渠道让教学继续深造。如鼓励教师利用业余时间赴企业学习，进行实务锻炼；创造条件让教师两年内赴欧美、日本等国家的高校进行访学，以了解国际科学与技术发展的前沿动态，学习现代创新的教学方式。

　　我国高职院校中的教师大部分是专职教师，少部分是兼职教师。兼职教师也往往是其他高校的专职教师，企业一线的工程师、高级管理人员较少。由于对专职教师的企业实践经历没有硬性的规定，使一些教师的教学只能是从理论到理论，很难有实践的升华。我国高职院校也开始强调"双师型"教师队伍建设，但缺乏统一的考核标准，如一些高职院校只要求教师通过某一考试，获得某一证书，就可认定为是"双师型"教师；或者教师到企业参加一定时间的培训后，学校就认定其为"双师型"教师，缺乏行业统一的认定标准。即这种"双师型"教师与发达国家（地区）的"双师型"教师是不同的。前者只要获得理论考试的证书，后者强调证书，但更强调实践能力。因此，我国的"双师型"教师仍然是实践能力较弱的教师。此外，我国高职院校也没有针对教师的专门的完善的继续教育与培训系统，这些都使我国高职院校很难有一支精干高效实践型的教师队伍，从而也就很难全方位地培养出有实践能力的学生。因此，在中央政府高度重视职业教育的背景下，高等职业院校要从理论与实践（突出实践）两个横向维度提高教师素质，从招聘与继续教育两个纵向维度加强教师队伍建设，以使我国从事高等职业教育的教师是实践型、创新型、与时俱进型的真正"双师型"教师。

六、形成职业资格认证体系与国家资格框架

很多国家（地区）注重高等职业教育的职业资格认证与国家资格框架的建立，这样就使高职毕业生在国内市场乃至国际市场上有了被认可的准绳或标准，促进了高职毕业生在劳动力市场上的流动。在德国，高职教育与普通高等教育是具有等值性的，能够毕业的学生，政府"赋予其资质称号来确定他们在劳动力市场中的地位"[①]。FH 毕业生可获得"FH 文凭工程师"称号，职业学院毕业生可获得"BA 文凭工程师"称号，继续深造的可获得"博士工程师"称号。澳大利亚为高职学生设置了不同级别的国家统一认证的证书与资格制度，"加强了各类证书、文凭与学位之间的衔接，很好地将普通高等教育、成人教育和高等职业教育连成一体，建立起了'立交桥'式的教育体系"[②]。在严格的职业资格认证体系下，澳大利亚的技能资格得到了越来越多国家的认可。瑞士

---

① 徐文辉. 德国高等职业教育管理的经验与启示［D］. 东北大学硕士学位论文，2008.

② 杨璐. 澳大利亚 TAFE 教育对我国高等职业教育的启示［J］. 河南财经税务高等专科学校学报，2010（2）：28.

建立了与欧洲资格框架相协调的国家资格框架，使其成为瑞士高等职业教育资质认定的标准。欧洲资格框架与国家资格框架对瑞士的学徒制或谓之为"三元制"的职业教育体系均予以认可。这样就使瑞士高等职业教育的证书与文凭能够按照资格框架进行分类，从而使其能够在国际市场上与相应的教育体系较快地对接，使高等职业教育的证书或文凭持有者能够更加自由顺畅地流动于国内市场、欧洲市场乃至更广阔的国际市场。

我国的各类职业证书鱼龙混杂，各类证书的含金量较低，国家统一的职业资格认证体系尚未建立，也就很难实现职业证书与文凭或学位的衔接，更无所谓"国家资格框架"的建立。有能力的毕业生很难凭借证书在国内市场上被认可，在国际市场更找不到被认可的标准。因此，国家应出台统一规范的职业资格认证标准，让市场找到标准，让学校找到准绳，让学生找到规范。在此基础上，加强与其他国家的合作交流，逐渐搭建起符合国际市场标准的"国家资格框架"，让中国的高等职业教育走向国际。

新时代实现高等职业教育高质量发展的对策

高等职业教育是我国经济发展的助推器，是社会和谐的稳定剂，是个人发展的润滑剂。在中国特色社会主义新时代的背景下，高等职业教育更加凸显其强大的社会经济功能。如第四章、第五章所述，随着《国务院办公厅关于深化产教融合的若干意见》（国办发〔2017〕95号）、《教育部等六部门关于印发职业学校校企合作促进办法的通知》（教职成〔2018〕1号）、《国务院关于印发国家职业教育改革实施方案的通知》（国发〔2019〕4号）的相继发布，我国高等职业教育的发展迎来了前所未有的发展机遇，但也必须清晰地意识到，我国高等职业教育的发展仍然滞后于经济的发展，未能形成与经济发展可持续的良性互动；社会仍然对高等职业教育持有偏见；政府对高等职业教育的引导规范作用仍显不足；办学经费结构仍显单一；校企合作的广度有待拓宽，深度有待提高；教师队伍建设仍显落后。我们要坚持以习近平新时代中国特色社会主义思想为指导，适当吸收西方经济学合理的内涵，抓住中国特色社会主义新时代下高质量发展、产业结构调整、科技进步、"人力资源大国"向"人力资源强国"转变和经济全球化的机遇，借鉴德国、瑞士、美国、澳大利亚、日本、中国台湾等发达国家（地区）高等职业教育发展的经验，尤其是借鉴它们如何实现高等职业教育与经济发展有效契合的经验，迎接新时代下高等职业教育发展的挑战，克服新时代下高等职业教育发展的困难，以期实现高等职业教育高质量发展。

这里需要指出的是，新时代下，我国掀起了供给侧结构性改革的浪潮。党的十九大报告指出："必须坚持质量第一、效益优先，以供给侧结构性改革为主线，推动经济发展质量变革、效率变革、动力变革，提高全要素生产率。"[1]供给侧改革是新时代下经济提质增效的新动力，其"重点是解放和发

---

① 《2016政府工作报告》。

展社会生产力，用改革的办法推进结构调整，减少无效和低端供给，扩大有效和中高端供给，增强供给结构对需求变化的适应性和灵活性，提高全要素生产率"[1]。高等职业教育以"培养技术技能型人才、直接服务于经济发展"为己任，第四章中所指的高等职业教育存在的问题归根结底是其供给端的问题。因此，在增强高等职业教育发展对新时代适应性的基础上，要优化政府制度供给，并加强高等职业院校自身的供给侧改革（完善师资队伍建设、创新人才培养模式、优化经费供给），以减少无效和低端的人才供给，扩大有效和中高端人才供给，增强人才供给结构对市场需求变化的适应性和灵活性。

第一节　增强高等职业教育发展对新时代的适应性

经济发展是高等职业教育发展的基础，高等职业教育发展只有与经济发展相适应，才能获得高质量的可持续发展，而目前我国高等职业教育的发展滞后于经济发展。中国经济发展已进入新时代，经济发展由"高速"向"中高速"转变、"结构不合理"向"结构的优化"转变、"投资与要素驱动"向"创新驱动"转变。高等职业教育务必要适应新时代的特性，才能适应经济的发展要求，也才能反过来获得自身的高质量发展。从顶层设计到高等职业院校的发展定位都要强调高等职业教育发展与新时代的契合性；企业的人才定位也要明晰，不仅需要研究型人才，也需要技术技能型人才；个人的发展定位不仅要注重学历，更要注重学以致用的能力，特别是关键能力的培养。

一、高等职业教育改革方向要适应新时代

国家对高等职业教育的改革共识要适应新时代，准确定位高等职业教育在高等教育中的位置。高等职业教育是直接服务于经济发展与社会进步的教育，

---

[1]　习近平在省部级主要领导干部学习贯彻党的十八届五中全会精神专题研讨班上的讲话[N].人民日报，2016-05-10.

是面向经济社会发展和生产服务一线，培养高素质劳动者和技术技能人才，并促进人的可持续职业发展的教育。发展高等职业教育，建立现代化的高等职业教育体系，有利于促进高等职业教育服务"转方式、调结构、促改革、保就业、惠民生和工业化、信息化、城镇化、农业现代化同步发展"①，有利于中国经济的转型升级，创造更大的人才红利，促进就业和改善民生，实现中华民族伟大复兴的中国梦。与此同时，不仅要充分意识到高等职业教育强大的经济功能及其在新时代下的重要使命，更重要的是要把这种认识形成法规性文件，作为高等职业教育经济功能的顶层设计。经济发展规律告诉我们，依靠低成本、低附加值、高耗能的经济增长模式，生态平衡破坏严重，难以可持续发展。并且由于租金、土地成本、劳动力成本、物流成本等逐年上升，低端制造业正逐渐向成本更低的东南亚国家转移。因此，必须转变经济增长方式，依靠科技进步与自主创新，实现产业结构的优化升级。而产业结构的优化升级和新兴产业的发展需要高层次应用技术和技能人才的支撑，包括数量、层次、结构的多重支撑。亚洲制造业协会首席执行官罗军（2012）指出："如果我们国家每一年毕业的 700 万大学生中有 80% 来自高等职业教育，那么中国制造业创新水平和信息化能力至少提速 2 倍以上。"②

当然，高等职业教育对新时代的适应还体现在高职教育自身的发展上。即顶层设计也要强调高等职业教育自身发展的新变化，从量的扩张向质的提升转变，从结构（包括院校结构、规模结构、布局结构、专业结构）不合理向结构优化的转变，从要素（人力、财力、物力）驱动向创新驱动转变。高等职业教育的发展不能走老路子，要依靠科技创新、增设及调整专业设置、提高管理队伍与师资队伍的素养等来促进其内涵发展。

高等职业教育往往是为区域培养人才，所以作为直接受惠于高等职业教育发展的地方政府更要认识到高等职业教育是直接服务于经济发展与社会进步的教育，是新时代下大有可为的教育，并把这种认识反映到地方政策文件中。只有地方政府明确高等职业教育在经济发展战略中的地位，赋予高等职业教育应有的社会地位与经济功能（必要时还可借鉴德国，由教育部门与特定的经济部门共同主管高等职业教育），才能加大对高等职业教育的投入，将技术技能型

---

① 《现代职业教育体系建设规划（2014–2020 年）》（教发〔2014〕6 号）。

② 专家：未来中国制造业专业人才需求将有巨大空间［EB/OL］.中国新闻网，http：//money.163.com/12/0520/19/81VKGLGR00253B0H.html，2012–05–20.

人才队伍建设纳入政府人才建设规划，引领社会各界共同参与高等职业教育的办学，从政策与实践上处处彰显顶层设计者对高等职业教育的重视。唯有顶层设计者对高等职业教育的重视，提供与高等职业教育有关的保障制度，给予高等职业教育充分的办学资源，才能形成政策导向，逐步引领社会改变"重学历文凭、轻技术技能"的偏见性观念，让全社会逐步意识到高等职业教育是直接服务于经济发展与社会进步的教育，是与经济发展密切相关的教育，是能够得到就业市场充分认可的教育。

在顶层设计的引领下，政府还要积极"推进以部分地方本科高等学校为重点的转型发展试点，支持一批本科高等学校转型发展为应用技术类型高等学校，形成一批支持产业转型升级、加速先进技术转化应用、对区域发展有重大支撑作用的高水平应用技术人才培养专业集群"①直接服务于经济发展与社会进步的高等职业教育的顶层设计无疑将增强高等职业教育发展对新时代的适应性，为高等职业教育的发展注入根本的动力与活力。当然，由于制度的路径依赖性，顶层设计要得到全社会的认可不可能一蹴而就，需要循序渐进地推进。

二、高等职业院校办学定位应耦合于新时代

高等职业教育的发展滞后于普通本科教育、滞后于经济发展的重要原因像于高职院校自身的发展定位不清晰。一些高职院校自身未能充分意识到高等职业教育在经济发展中扮演的重要角色，在办学过程中，定位不清晰，攀比学历层次，盲目升格，未形成高等职业教育应有的办学特色。在不清晰的办学定位下，一些高职院校的专业与课程设计未能突出实践性，也未能随着经济发展方式的转变、产业结构的调整而调整，从而使高职教育培养出来的毕业生难以适应经济发展的要求。在新时代赋予高等职业院校中高速、调结构、新动力的历史机遇与顶层设计者高度重视高等职业教育发展的契机下，高等职业院校要回归到高等职业教育应有的办学定位上，即回归到以培养技术技能型人才为己任的办学定位上。在这样的办学定位下，高职院校应形成自身的办学特色，少一些普通本科院校人才培养计划的印记，不一味强调向普通本科院校的"升格"，不过分强调向研究型大学的转型，而应着重强调对学生职业能力、职业素养的培养，强调专业特色的建设，强调实践课课程的设计。

---

① 《现代职业教育体系建设规划（2014–2020年）》（教发〔2014〕6号）。

特别要指出的是，高等职业教育应以培养技术技能型人才为己任，这里的技术技能必须是与经济发展特别是与经济发展方式转变、产业结构调整相适应的技术技能。如第六章所述，发达国家（地区）高等职业教育的发展始终紧扣经济社会发展及产业结构调整。我国高等职业院校对技术技能型人才的培养也应强调与经济发展的契合度，以就业市场为导向，以服务地区经济发展为目的，随着经济社会的变革与时俱进地调整专业与课程设计，使其培养的毕业生能够较好地满足市场的需求。具体而言，当前主要是培养满足服务工业转型升级的人才及现代服务业人才。一方面，"根据国家发展先进制造业的战略部署，按照现代生产方式和产业技术进步的要求，重点培养掌握前沿技术、具备前沿技能的高素质技术技能型人才，优先发展适应战略性新兴产业、现代能源产业、海洋产业、综合交通运输体系、生态环境保护等领域"[1]的相关新兴专业及与之相关的新兴课程。另一方面，根据现代服务业加快发展的趋势，高等职业院校应提高与现代服务产业相适应的现代服务专业的设置比重，如金融、物流、商务、医疗、健康和高技术服务等，培养具有较高文化素质和技术技能素质的新型服务人才。此外，还应深化文化艺术类高等职业教育改革，重点培养文化创意人才，有效传承中华民族文化和民族技艺，推动文化产业成为国民经济的支柱性产业。[2]

除了专业与课程设置上以就业为导向、与经济发展相契合外，高职院校还应注重对学生"关键能力"，即"普遍的、可迁移的、对劳动者未来发展起关键作用的能力"的培养。关键能力主要包括独立学习、终身学习、独立计划、独立实施、独立控制、独立评价的能力。这种非专业化的能力与理论知识及实践能力无直接关系，却能使学生在激烈的竞争下学会生存并具有创新精神，在劳动者职业发生变更、劳动力市场发生变化、经济发展方式转变、产业结构调整时，使其快速适应新的工作环境。这种"关键能力"的培养与培养适应经济发展的技术技能人才是相吻合的。

三、社会人才观应内化于新时代

新时代下，社会需要大量的技术技能型人才，无论是人才的需求者，还是人才本身，都要适应新时代的要求。一方面，企业应充分意识到产业结构调

---

①② 《现代职业教育体系建设规划（2014—2020年）》（教发〔2014〕6号）。

整背景下迫切需要高职教育培养的技术技能型人才。改革开放初期，我国经济增长很大程度上是通过"高投入、高能耗、高污染"的粗放型发展方式获得的，是不可持续的。在全球产业价值链的分工中，我国处于微笑曲线的底端，即只是获得加工制造的极低的附加值。因此，我们必须进行经济发展方式的转型与产业结构的调整，走"低投入、低能耗、低污染、高效益"的集约型发展道路，走产业升级的道路，获得较高的附加值，实现可持续发展。党的十八大报告明确提出了加快完善社会主义市场经济体制和加快转变经济发展方式的任务，提出要坚持走新型工业化道路，把优化产业结构作为主攻方向，加快传统产业转型升级，推动战略性新兴产业和先进制造业健康发展，推动企业跨行业、跨地区、跨所有制兼并联合和战略性改组，提高产业集中度，促进产业层次从低端走向中高端。党的十九大报告提出：支持传统产业优化升级，加快发展现代服务业，瞄准国际标准提高水平。促进我国产业迈向全球价值链中高端，培育若干世界级先进制造业集群。加强水利、铁路、公路、水运、航空、管道、电网、信息、物流等基础设施网络建设。企业转变经济发展方式与调整产业结构是新时代的内在要求。

在新时代及与之相应的经济转型升级与产业结构调整的背景下，作为市场主体的企业也必须主动适应这一改革，发展技术密集型、知识密集型、资本密集型产业，发展以高科技作为驱动力的现代制造业与现代服务业，提升产品附加值，在国内竞争乃至国际竞争中占有一席之地。这样一来，在产业结构由传统落后产业向新兴先进产业转型升级的过程中，企业就对其所需的人才提出了新的要求。企业不仅需要懂新技术、会新技术工艺的操作人才，而且还需要具有创意创新能力的人才，企业的产品附加值才有持续提升的基础与保障。企业应将高等职业教育与经济、与就业更直接地联系起来，以满足其对人才的需求。

另一方面，个人也需要接受高等职业教育以满足新时代下社会对技术技能型人才的需求。在未来产业结构调整中，要实现"中国制造"走向"优质制造""精品制造"，满足工业4.0对智能工厂与智能生产的要求，塑造中国服务新优势，实体经济竞争实力跃上新台阶，必须推进经济提质增效升级，实施创新驱动发展战略。这样无疑会催生科技创新与科技进步。未来社会是需要大量科技型人才、创新型人才的社会，个人要想获得职业上的进步与发展，要学习并掌握适当的技能，掌握学习新技能的方法（关键能力），具备创新精神，这样才能适应激烈的市场竞争，适应经济发展方式转变、产业结构调整、科技进步的需要。而这些能力的学习与获得要通过接受高等职业教育才能较好地实现。企业、家长等社会主体的观念要及时改变，要充分意识到无论是上普通大学还是高职院校，只要是符合个人实际与兴趣爱好的，两种选择都将大有前途。在顶层设计的引领下，在新时代、经济发展方式转变、产业结构调整、科技进步的大环境下，高等职业教育必将大有作为。接受高等职业教育的学生也不会低人一等，因为其不仅同样能在就业市场上获得竞争优势，而且还能够实现个人价值与社会价值的有机统一。

第二节　发挥政府在高等职业教育发展中的引导与规范作用

高等职业教育具有准公共物品的性质，在发展过程中应坚持政府统筹规划的原则。加强高等职业教育发展的顶层设计，明确高等职业教育发展的目标与原则，在高等职业教育发展过程中充分发挥政府引导、规范和监督的职能，使高等职业教育为我国产业结构调整与经济转型升级服务。当然，强调政府在高等职业教育中的主导与规范作用的同时要坚持以市场需求为导向，发挥市场在资源配置中的决定性作用，提升高等职业教育服务产业发展的能力。

一、加快高等职业教育的顶层设计

如前文所述，改革开放以来我国高等职业教育取得了巨大的成就，职业院校办学能力与招生规模都空前发展。但是，我国高等职业教育也存在社会认可度不高、发展理念落后、行业企业参与办学积极性低、制度不健全、人才培养模式陈旧等问题，这些问题集中表现为不适应我国经济结构转型升级的要求。我国高等职业教育存在的这些问题看似是单纯的教育问题，实则是许多地方政府在高等职业教育顶层设计中缺位导致而成的。长期以来，政府偏重普通本科教育、忽视高等职业教育的倾向使高等职业的经费投入、社会认可度等远落后于普通本科教育，高等职业教育陷入"投入少—办学质量差—生源差—就业难—社会认可度低—投入少"的恶性循环。可以说，我国高等职业教育顶层设计的模糊导致了我国高等职业教育的低水平运作。随着新型工业化的推进，我国政府已经逐步认识到构建现代职业教育体系对于打造中国经济升级版，创造人才红利，扩大就业，实现中国梦具有十分重要的意义。在此背景下，党中央、国务院高度重视职业教育发展，开始重视高等职业教育的顶层设计。关于发展高等职业教育的各种决定与规划文件相继出台，习近平、李克强等党和国家领导人分别对发展职业教育做出重要批示，对我国高等职业教育的发展指明了方向。中央相关部门及各级政府应当在决定以及建设规划的指导下，进一步落实与细化高等职业教育发展的指导思想与建设目标，系统构建发展高等职业教育的框架体系与运行机制，进行体制机制改革与创新，完善各项重大政策与基本制度，使社会形成重视发展高等职业教育的共识。首先，中央应明确高等职业教育在高等教育体系中的地位，提升高等职业教育的地位与重要性，缩小高等职业教育与普通本科教育在优惠政策方面的差距。其次，中央及地方各级政府应合理制定高等职业教育发展的目标，并提出切实可行的阶段性方案，实现高等职业教育稳步发展。最后，中央及地方各级政府应完善高等职业教育各项制度，特别是在财政投入、招生政策、师资建设、办学模式等方面给予更多的优惠与支持。只有在政府主导下，对高等职业教育发展进行科学合理的顶层设计，才能推动各种有利因素与各种资源向高等职业教育领域倾斜，才能实现高等职业教育的高水平发展。

二、完善高等职业教育的政策法规

高等职业教育立法是实现高等职业教育高水平发展的法律保障。从德国、澳大利亚、日本等发达国家高等职业教育实践来看，立法是这些国家高等职业教育获得高水平发展的重要保障。高等职业教育立法能够对各个相关主体起到指引、预测与强制的作用，能够规范各级政府、行业、企业、院校、公民等相关角色在高等职业教育中的行为，从而推动、保障高等职业教育发展。

我国高等职业教育自改革开放以来已有40多年的历史，但是在高等职业教育立法方面却是十分薄弱的。我国高等职业教育立法是我国高等职业教育发展的薄弱环节，主要体现在以下几个方面：一是立法的滞后性。截至目前，我国颁布了《教育法》《职业教育法》《高等教育法》，缺乏单独的高等职业教育法，且《职业教育法》于1996年颁布，实施了近20年，与职业教育目前的发展形势已有较大的差距。二是高等职业教育法制的依附性。由于缺少专门的立法，高等职业教育办学只能依据其他教育法律以及政府颁布的各种政策、规章制度。三是高等职业教育法制的零碎性。由于缺乏专门的立法，关于发展高等职业教育的规定散见于各类教育法律法规之中，缺乏系统性。四是高等职业教育法制的非权威性。散见于各种教育法律法规关于高等职业教育的零星原则性规定缺乏针对性、操作性，对政府及相关主体的行为不具约束力，对各种违法行为也没有强制与制裁措施。

我国高等职业教育法制存在的问题极大地制约了我国高等职业教育的发展，应当借鉴发达国家关于高等职业教育立法的经验，推动完善各项高等职业教育法律法规，为高等职业教育发展提供法律保障。首先，应加快推动制定《高等职业教育法》，使该法成为高等职业教育的基本法，在该法中应明确规定我国高等职业教育的目标、原则与基本架构，明确规定政府、院校、行业、企业等相关主体的权利与义务，规定违法的各项处罚与强制措施。其次，根据高等职业教育的要求推动相关法律与管理规定的修订与完善，重点修订教育法、高等教育法、学位条例、教师法、民办教育促进法等法规，为高等职业教育发展营造良好的法制环境，扫清高等职业教育发展的制度性障碍。最后，应当建立健全高等职业教育标准体系，相关部门应当加快制定符合高等职业教育办学特征、符合我国经济结构转型升级以及产业结构调整需要的高等职业教育办学标准，完善各项标准实施监督检查制度，确保高等职业院校达到国家规定的办学标准。

三、合理与优化配置高等职业教育资源

教育公平是实现社会公平的重要基础，要始终把实现教育公平作为高等职业教育发展的目标之一，将教育公平作为高等职业教育改革与发展的基本价值取向之一，使教育公平成为促进社会公平的重要手段。在市场经济条件下，应当充分发挥市场在资源配置中的决定性作用。但是市场配置方式存在"市场失灵"现象，特别是在具有准公共物品特性的教育领域，单纯依靠市场手段无法实现高等职业教育的公平化发展，政府必须建立健全各种促进实现教育公平的体制机制。

目前我国高等职业教育存在严重的不公平现象，突出表现在以下几个方面：一是高等职业教育区域发展失衡。高等职业教育资源在东、中、西部地区的分布严重失衡，且主要集中在省会城市，这造成了不同区域的民众在接受高等职业教育的机会上存在极大的不公平。二是高等职业教育与普通本科教育的

各种待遇存在不公平。高等职业教育长期以来受到政府及社会各界的歧视与偏见，这不仅使高等职业教育院校办学困难重重，同时也使高职学生遭受各种歧视。我国高等职业教育存在的不公平现象阻碍了我国高职教育的发展。

政府应当建立健全各种促进实现教育公平的体制机制，将其作为高职教育改革的目标之一。一是要给予高等职业教育与普通高等教育平等的地位，在管理机制、财政投入、招生政策、学生升学、就业等方面跟普通本科教育看齐。二是加大对中西部落后地区高等职业教育发展的支持力度，特别是要注意根据中西部经济发展及产业发展的需求构建当地高等职业教育专业结构，将支持当地高等职业教育发展与扶贫政策良好结合起来。三是应当完善各种教育资助政策体系，加大对急缺专业、特殊专业的补助力度。应当建立健全国家资助政策体系，扩大资助的覆盖面，并将资助政策适当向落后地区、特殊人群、特殊专业倾斜，确保补助金惠及真正需要资助的受教育者。四是要构建职业教育学科门类，针对职业教育的特殊性，设置第十四个"职业教育"学科门类，科学设立国家职业教育研究机构，提高职业教育可持续发展研究能力和水平。

四、健全高等职业教育公共服务体系

在充分发挥市场机制对高等职业教育资源配置的基础上，还要发挥政府的统筹作用，政府应为高等职业教育发展提供完善的公共服务与良好的发展环境。具体来说，包括以下几个方面的内容：

一是政府要为高等职业教育发展提供良好的办学环境。政府应当积极转变管理高职院校的方式，通过推动高等职业教育立法，制定高等职业教育发展战略、规划、政策、标准等指导高等职业教育发展，减少对院校具体事务的干预，扩大办学自主权。

二是为产教融合、校企合作提供服务保障。中央和地方政府应出台各种有助于开展产教融合、校企合作以及各种力量参与办学的财税政策。行业主管部门应承担起搭建产教融合、校企合作平台的职责。人力资源管理部门应完善各类职业的从业资格标准，健全各类职业的技能鉴定体系。

三是政府要为高等职业教育发展营造良好的社会氛围。目前我国普遍存在轻视高等职业教育的思想，政府应当通过各种方式对高等职业教育进行舆论宣传与支持，改变社会各界对高等职业教育的偏见。在进行舆论宣传的同时，应保证政府部门、公共服务部门有一定比例的就业岗位是面向高等职业教育的毕业生，是面向技能型、操作型的毕业生，使社会形成高等职业教育与普通本科教育具有同等地位与重要性的氛围。

四是政府要为高等职业教育提供足额的财政支持。长期以来，我国偏重普通高等教育。在财政投入方面也是如此，普通本科高校获得财政支持的力度远远超过职业院校。而实际上，高等职业教育尤其需要大量的实操训练，教育成本十分高昂，政府财政支持力度不够势必影响教育质量。政府应加大对高等职业院校财政拨款的支持力度，为高等职业教育发展提供充足的财政支持。

第三节　构建新时代"双师型"教师队伍

新时代要求高等职业教育的高质量发展，要顺应高等职业教育高质量发展的趋势，师资队伍建设是其中重要一环。从当前情况来看，高等职业教育"双师型"教师队伍数量不足、结构不合理是最主要的矛盾，这与高等职业教育高质量发展相悖。高等职业教育以培养高技能应用型人才为主，要求毕业生能够在很短的时间内胜任企业的岗位要求，学生在校期间就要求与职业岗位保持紧密联系。因此，拥有一支理论基础扎实、实践经验丰富的教师队伍是我国高等职业教育发展的必备条件，也是高等职业教育发展的主要方向。我国正处于经济结构转型升级的关键时期，为我国经济发展提供大量高技能应用型人才是高等职业院校的责任。我国高等职业教育发展处在全新的历史起点，应从完善"双师型"教师制度、完善培训体系、引进教师等方面构建与高等职业教育相匹配的教师队伍。

一、完善"双师型"教师制度

教师制度的建设与完善是"双师型"教师队伍建设的前提。首先，要注重"双师型"教师制度的标准化建设，即要解决目前"双师型"教师标准模糊、评价不科学的问题。要出台一套统一的"双师型"教师认定标准管理办法，并且认定标准要兼具科学性与可行性。在标准化建设中，尤其重要的是要明确"双师"的概念及评定标准，要对"什么是双师""符合什么条件可以评定为双师"进行明确界定。根据出台的标准对已有"双师型"队伍进行调整，将符合新评定办法的老师认定为"双师";对于已认定为"双师"但是不符合新标准的及时取消资格。其次,要完善"双师型"教师聘任与考核制度。对"双师型"教师要实行与普通教师相区别的聘任与考核制度,对"双师型"教师的考核办法要区别于普通教师。除了完成基本的课程教学外,"双师型"教师还应在专业建设、产学研一体化建设、实践教学等方面发挥更大作用。当然,在基本待遇与绩效分配上要适当向"双师型"教师倾斜,充分发挥其积极性。最后,要完善"双师型"教师评价制度。对"双师型"教师的评价关系到"双师型"教师制度的实际实施效果,应当采取量化的评价方式对"双师型"教师定期进行评估,作为新一期聘任与否的参考依据。

二、健全教师培养培训体系

完善的教师培养培训体系是保证教学质量的关键环节。第一,各省要探索建设专门培养培训职业教育的师资及其管理人才的职业教育学院,为高等职业教育输送高素质的、专业化的人才队伍。第二,要鼓励教师提升学历,攻读专业硕士、专业博士学位。第三,要建立可持续的培训机制。建立入职前培训、入职后定期培训的常态化培训机制,并将定期参加培训作为教师考核的内容之一,使教师实时了解与掌握该专业领域最新的理论动态与操作技能。第四,要注重与行业龙头企业的合作。在高等职业教育理论培训体系的基础上,邀请企业技术骨干、核心管理人才对教师进行培训,可采取系列讲座、企业实地培训等方式加深教师对行业、企业的认识。第五,要扩大培训的范围。将专业教师、兼任教师、学校职能部门管理人员都纳入培训的范围,提高对高等职业教育本质的认识,把加强教师培训作为提高高等职业教育总体素质的重要途径,为教学工作的开展营造良好的氛围。第六,要拓展培训的内容。对高等职业教师的培训不应仅仅局限于授课技巧与专业知识的培训,还要将实践操作技能、技术创新方法等内容作为培训的课程,提高教师信息化技术应用水平,提升教师专业教学能力、教改能力和教研能力等,为打造"双师型"教师队伍打下坚实的基础。

三、优化"双师型"教师队伍结构

从现阶段来看,高等职业教育"双师型"教师队伍在实践能力、师资来源等方面有较大的矛盾冲突，这与加快发展现代职业教育的战略要求是不相符的。在实践能力上，现有"双师型"教师队伍实践能力有待提升；在师资来源上，现有"双师型"教师大部分是高职院校自主培养，来自产业企业的骨干型师资数量较少，缺少企业系统化的工作锻炼。因此，除了完善师资培养培训体系外，还需要进一步优化"双师型"教师队伍结构。一方面，应加大从企业引进高技能型人才的力度，改善"双师型"师资来源结构，完善企业技术人员与技能人才到职业院校任教的相关政策，为高技能型人才提供施展才干的环境。另一方面，鼓励参与校企合作的企业提供相对稳定的兼职教师，校企双方共享人才培养的成果、技术创新的成果。同时，要落实常态化的教师企业实践锻炼制度，提高教师把握行业动态、产业规律、企业技术革新和实践能力。只有解决好"双师型"教师队伍的问题，才能为人才培养模式改革提供坚实的保障。

第四节　完善市场导向下的校企合作与工学结合模式

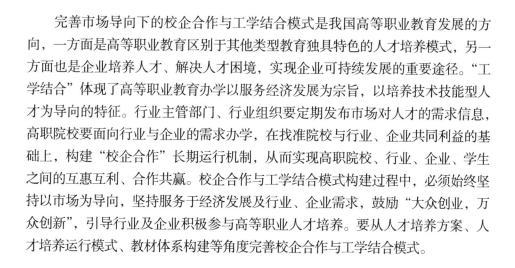

　　完善市场导向下的校企合作与工学结合模式是我国高等职业教育发展的方向，一方面是高等职业教育区别于其他类型教育独具特色的人才培养模式，另一方面也是企业培养人才、解决人才困境，实现企业可持续发展的重要途径。"工学结合"体现了高等职业教育办学以服务经济发展为宗旨，以培养技术技能型人才为导向的特征。行业主管部门、行业组织要定期发布市场对人才的需求信息，高职院校要面向行业与企业的需求办学，在找准院校与行业、企业共同利益的基础上，构建"校企合作"长期运行机制，从而实现高职院校、行业、企业、学生之间的互惠互利、合作共赢。校企合作与工学结合模式构建过程中，必须始终坚持以市场为导向，坚持服务于经济发展及行业、企业需求，鼓励"大众创业，万众创新"，引导行业及企业积极参与高等职业人才培养。要从人才培养方案、人才培养运行模式、教材体系构建等角度完善校企合作与工学结合模式。

一、合理设计"校企合作与工学结合"的人才培养方案

　　高等职业教育侧重于培养高层次操作技能型人才，学校的人才培养方案应

当在深入广泛调研行业、企业的基础上，提炼企业的人才需求与岗位要求，由校企共同制订专业人才培养方案。可以在学校及专业带头人的主持下，由行业、企业派人参加，组成专业人才培养委员会，负责制订专业人才培养方案，既要保证学生接受充足的文化素质课以及专业核心课程的教育，同时也要使企业的需要及岗位技能要求得到充分的体现。具体来说，校企合作与工学结合人才培养方案要包括以下几个方面内容：

一是要大力推行校企合作与工学结合的人才培养模式。高等职业教育以服务经济建设为宗旨、以学生就业为导向，校企合作与工学结合是职业院校服务经济建设、服务企业的重要方式，也是实现学生就业的重要手段。在制订高职人才培养方案中，要大胆探索校企合作、校企共同培养模式，形成学生在前期以学校培养、课程学习为主，在后期以企业培养、参加实训、顶岗实习为主，形成学校与企业共同培养、共同管理的人才培养模式。

二是根据不同专业特性采取灵活的人才培养方式。高等职业教育不同专业之间培养方式存在很大的差异，特别是文科、理工以及工科之间的差别更是十分明显，要根据学科专业的性质与特性采取灵活的人才培养方式。如财经等应用文科类专业，对学生的理论分析能力要求较高，对教学硬件条件要求相对较低，可以采取前期学校专业学习为主，后期企业顶岗实习为主的方式；而对于以机械操作类为代表的工科专业，侧重于强调学生的实际操作能力，对教学的硬件条件要求很高，可以从校企合作项目入手，采取学校学习与企业实践轮调的学习方式，将理论学习与实践操作紧密联系起来，增强学生的理论应用能力。

三是在人才培养方案中要有切实可行的管理机制。要有切实可行的考核机制，院校应当成立专门的考核小组，对人才培养方案的实施效果进行监督考核，不断完善培养方案。要有切实可行的校企人员互动机制，一方面学校要为企业选派骨干教师全程参与企业人才培养过程中的管理、专业知识辅导；另一方面企业要为学校选派技术骨干参与对学生的教学与辅导。校企之间还要建立紧密的合作关系，学校为企业提供技术研发升级、员工培训，企业可以为学校提供科研成果产业化、学生实训、顶岗实习的平台。

二、合理搭建"校企合作与工学结合"的培养运行平台

高等职业教育具有自身的特殊性，其人才培养运行模式理应与其他类型教

育有所不同。探索区别于普通高等教育的人才培养运行模式，根据不同的专业特性选择合适的人才培养运行模式是实现高等职业教育发展目标的重要环节。

一是要积极探索校企合作培养运行新模式。目前，我国高职教育校企合作更多的是学校组织学生到企业去参加实训。这种方式便于学校管理，有一定优势，但是也存在很大的缺陷，校企合作更多停留在表面，学生难以真正接受企业训练。我们可以将学生在学期间划分为在校学习理论课、在企业接受实训、顶岗实习三个阶段，根据三个阶段时间长短进行组合，探索校企合作培养运行新模式。探索"1.5+0.5+0.5+0.5"办学模式，即前三个学期学生在学校接受理论课学习，一个学期在学校接受校企联合开发的课程，一个学期到企业接受企业实训，最后一个学期在企业顶岗实习。探索"1.5+1+0.5"办学模式，即前三个学期学生在学校接受理论课学习，两个学期工学交替（根据课程学习的需要，在学校与企业之间交替学习），一个学期顶岗实习。探索"0.5+1.5+0.5+0.5"办学模式，即一个学期在企业接受校企合作开发的课程，三个学期在学校接受理论课学习，一个学期在企业参加实训，一个学期顶岗实习。高职院校各个专业可以根据专业特性及办学需要合理安排在校学习以及在企业实训、实习的时间及顺序，使学生以最快的速度掌握各种技能。此外，还要加快推进现代学徒制试点进程，重点扶持试点现代学徒制的高等职业院校，实行先招工后招生、先招生后招工或招工招生一体化的模式，促进校企合作与工学结合的深入发展。

二是改革学分制及考核办法。高职院校应该采取更为弹性灵活的学分制度，允许学生在规定的期限内取得学分即可毕业；同时规定可延长年限，即在规定的延长期内获得足额学分也可以毕业；还可以规定各种学分不满允许破格毕业的情形，如在各种职业技能大赛获奖等。高职院校还应对学生考核办法进行改革，改变传统的以卷面考试考核学生的办法。高等职业教育特别是工科教育，学生的实践操作能力是非常关键的指标，这种实践操作能力无法通过卷面考试体现出来，应当采取卷面考试与职业技能鉴定的方式来对学生进行考核，并赋予相应的权重。

三、合理构建"校企合作与工学结合"的专业课程体系

课程是学生学习理论与专业知识的重要途径，必须要根据高等职业教育的办学特色、校企合作与工学结合的办学要求来构建现代高等职业教育的课程体

系。高等职业教育以培养操作技能型人才为主，课程设置必须适应这种人才培养目标，不能一味追求理论深度，要更加注重实际操作技能训练。特别是在探索校企合作与工学结合办学模式过程中，要更加注重从行业发展需要、企业岗位需要的角度出发，构建深度与广度适中的课程体系。

一是校企联合开发教程。高等职业教育课程设置应以实践型课程为主，与专业设置相吻合，采取校企合作的方式共同开发课程，实现人才培养目标。目前我国高等职业教育教材普遍存在理论深度不够而实用性又不足的问题，学生在学习过程中一方面很少有机会接受最新理论知识与学术动态，另一方面实用操作性又不足，教材中很多实操性的内容与现实脱节较为严重。应当由学校专业骨干与企业技术骨干密切合作编写、筛选教材，所编写及筛选的教材应该包括专业基础知识、最新动态以及实际操作技能，围绕专业的核心能力以及企业的岗位技能要求设置课程内容，使学生掌握基础理论知识并能够很快胜任企业的岗位工作要求。

二是最新知识编进教程。高等职业教育教材应当融入最新的工艺、专业技术，融入"互联网+""工业4.0""一带一路"建设、"自贸区"建设等前沿的元素。高等职业教育以培养技术技能型人才为主，要求学生能很快胜任企业的岗位，因此必须在教材中融入最新的内涵与元素。在授课过程中，既要让学生掌握专业基础知识，又必须涵盖企业应用的最新的生产工艺、专业技术与操作技能，让学生时刻处在企业技术应用与操作流程的前沿。

为了使教材更贴近生产实际，可以成立由高等职业院校、行业、企业专家组成的教材编写委员会，深入行业、企业调研，确定人才培养目标与能力要求。在此基础上构建专业课程体系，并由教材编写委员会组织、指导专业教材编写与筛选，为"校企合作与工学结合"提供合乎高校办学要求、符合企业需求、学生满意的具有实际使用价值的教材，确保"校企合作与工学结合"取得良好效果。

第五节　建立多元化的办学主体与经费投入模式

由第四章可知，近年来，我国高等职业教育表面上已形成了国家财政性教育经费投入、事业收入（包括学杂费）、民办学校中举办者投入，社会捐资经费及其他收入等多元化的教育经费投入结构。但事实上，国家财政性经费与事业收入构成了高等职业教育经费的主要来源，高职院校自筹经费的能力较弱，行业企业及其他社会力量参与高等职业教育办学的积极性不高。非多元的办学主体与经费投入制约了高等职业教育的内涵式发展。在新时代下，务必要落实多元化的办学主体与经费投入模式，保证高等职业教育发展所需的经费，让高等职业教育发展充满活力。①

一、继续加大并落实财政性高等职业教育经费投入

如第四章所述，虽然近年来我国高等职业教育财政性经费投入有所增长，但相对其在经济社会发展中发挥的作用而言，教育经费投入仍显不足。一是每年的高等职业教育经费投入占 GDP 的比重不到 0.3%。二是每年的高等职业教育经费投入只占教育经费总投入的 5% 左右。三是高等职业教育经费投入远落后于普通本科教育。因此，总体上看，高等职业教育的经费投入仍然偏少。政府要把顶层设计、把对高等职业教育的重视落到实处，首要的就是加大对高等职业教育的财政性经费投入，并可由此发挥财政的引领示范作用，引导社会资本对高等职业教育的投入。具体而言，总量投入增加、结构安排优化等举措要多管齐下。第一，加大对高等职业教育经费的总量投入。高等职业教育是培养技术技能型的人才，因其需要更多的实验室、实训设备、实训基地等，所以其刚性支出一定程度上比普通本科院校更多，但对高等职业院校的经费投入远小于普通本科院校。这样的投入明显不合理，而且还容易造成一种错误的政策导向，即国家不重视高等职业教育，所以对其投入也特别少。因此，各级政府必须增加对高等职业教育的经费投入，并建立稳定的投入增长机制，缩小与普通本科院校财政性经费投入的差距。第二，优化高等职业教育经费投入结构。有限的资源如何发挥最大的作用，需要政府对高等职业教育的布局结构、基本建设、专业建设和教师队伍建设进行研究与规划，加大对高等职业教育体系建设重点领域和薄弱环节的财政性投入。重点加大对现代农业、装备制造业、现代服务业、战略性新兴产业、民族工艺、互联网、基本公共服务等领域的急需专

① 唐文忠.我国高等职业教育投入产出的经济学分析与对策思考［J］.福建师范大学学报（哲学社会科学版），2015（2）：20–21.

业（集群）的财政支持力度。此外，中央财政要加大对经济欠发达地区高等职业教育的转移支付力度。

二、引导企业等社会力量加大对高等职业教育的投入

长期以来，很多行业企业与社会人士认为投资高职教育无利可图，无论是经济效益还是社会效益都难以达到投资人心目中的要求，加上缺乏政府有效的激励政策，使企业等社会力量缺乏参与高等职业教育办学的动力。在经济发展方式转变、产业结构调整、科技进步的背景下，在顶层设计的引领下，行业企业是直接受惠于高等职业教育的，高等职业教育发展得越好，行业企业就可以获得越多优秀的创新、创意、技术技能型人才。发达国家（地区）的很多行业企业都参与了高等职业教育的办学，并以各种形式投办高等职业教育。我国行业企业对高等职业教育的投入，可以是货币形式，也可以是实物形式。货币形式主要体现在校企合作过程中培训费由企业承担及企业对高等职业院校直接的投入。特别是国有企业占用了较多的社会资源，更应该承担对高职院校的投入这一社会责任。当然，这个过程需要各级政府的全力支持。政府不仅要完善鼓励企业经费投入的政策环境，还要出台激励政策鼓励企业对高职院校的投入。落实《国家职业教育改革实施方案》（简称"职教二十条"）关于"金融+财政+土地+信用"的组合式激励政策，如当企业对高职院校的投入达到一定比例时，可以给予适当的税收优惠或税收返还，促进企业投资高等职业教育。

除了鼓励行业企业加大对高等职业教育的投入外，还应引导社会力量直接参与高等职业院校的办学，公办和民办高等职业院校共同发展高等职业教育，拓宽高等职业教育的经费来源。实行统一的准入制度，积极支持各类办学主体通过独资、合资、合作等形式开展民办高等职业教育，各类主体兴办的高等职业院校具有同等的法律地位，依法公平、公开竞争。社会各界力量也要意识到未来发展高等职业教育具备有利的政策与经济环境，兴办高等职业教育本身将具有较大的经济与社会红利。政府、企业、社会都扩大对高等职业教育的投入时，形成高等职业教育有利于经济社会发展的共识时，也必将吸引社会捐赠（当然，政府应制定企业、社会团体或个人捐赠高等职业教育资金的免税制度），从而进一步增加高等职业教育的办学经费，促进高等职业教育的发展，并使其经费进入良性循环、稳步增长的轨道。

三、多管齐下以提高高等职业院校自身的筹融资能力

高等职业院校作为高等职业教育最主要的办学载体，在良好的政策环境与经济环境下，更应明晰为经济社会发展培养技术技能型人才的办学定位，改善软硬件办学条件，提高毕业生就业的量与质，增强高职院校对学生的吸引力，提高录取率、报到率、保有率，增加以学费为主的事业性收入。除了事业性收入外，高等职业院校还可通过银行贷款、社会集资支教与社会捐赠、科研成果转化、提供培训咨询服务等方式扩大财源。一是银行贷款收入。高等职业院校的财政拨款与事业性收入较为稳定，经营风险较小，较易获得银行贷款。而银行贷款的利息相对较低，高等职业院校应充分利用这种低息贷款以赢得发展的有利时期。二是社会集资支教与社会捐赠收入。高等职业院校应创造条件让一些大型企业为学校建设垫付部分资金（社会集资支教），还要积极利用社会资源，如关注校友的发展，争取校友对学校办学经费的支持与捐赠，并对助学金及建筑物冠以捐赠方的名字，以增加教育经费收入。三是科研成果转化收入。高职院校应结合学校的特点、自身的技术与研发优势，产学研相结合，将创新、创意设计、创意服务等科研成果应用于企业，转化为现实生产力，从而进一步获得资金保障。四是服务收入。高等职业院校应根据市场需求情况（如对互联网人才、智能制造与创造、自贸区人才等的需求），结合学校特色与教师特点，通过提供短期培训、咨询服务、项目合作、国际化办学等方式努力创收，扩大财源。当然，高等职业院校的创收不应过分强调盈利目的，而只是通过生产创收与学生实习结合起来的方式用来适当补充教育经费而已。高职院校自身筹融资能力的增强能在很多大程度上补充教育经费，还可用创收的经费来提高教师的待遇，吸引优秀人才，为高等职业教育的发展不断注入活力。

四、通过探索股份制、混合所有制充实高等职业教育经费

党的十八届三中全会强调，要积极发展混合所有制经济，指出国有资本、集体资本、非公有资本等交叉持股、相互融合的混合所有制经济是基本经济制度的重要实现形式。党的十九大报告强调"发展混合所有制经济"。"职教二十条"要求"2020年初步建成300个示范性职业教育集团（联盟），带动中小企业参与。支持和规范社会力量兴办职业教育培训，鼓励发展股份制、混合所有制等职业院校和各类职业培训机构"。在包括高等职业教育在内的教育改革进

入深水区的当下，充分发挥市场的作用，借鉴现代企业的运作方式来探索股份制、混合所有制高等职业教育，有利于实现不同所有制形式的互相联合、优势互补，有利于推动教育资源的优化配置。股份制、混合所有制高等职业院校的股东包括国家、企事业单位与个人。除了学校层面可以采取混合所有制形式，二级学院（系）也可以吸收社会资金，采取股份制、混合所有制的办学方式，建设产业学院。这样的办学方式将教育成果与股东利益紧密结合，可以有效增加社会及个人投办高等职业教育的热情，从而充实高等职业教育经费。同时，将教育成果与自身经济利益相结合，也可以有效地监督办学成果、提高办学质量。此外，通过股份制、混合所有制所筹集的资金不同于举债所筹资金，即前者不具备偿还性，这就意味着高等职业院校可以长期稳定地运用股份资本，提高运营效率。需要特别强调的是，在发展股份制、混合所有制高等职业院校的过程中，仍然要以高等职业院校为控股主体，减少乃至避免国有资产的流失。

在探索股份制、混合所有制的过程中，还应注重以多元投资主体为契机，组建覆盖全产业链的职业教育集团（联盟）以拓宽高职教育经费来源。混合所有制下高等职业教育的投资主体是多元的，支持院校、行业、企业、科研机构、社会组织等共同组建覆盖全产业链的职业教育集团，健全联席会、董事会、理事会等治理结构和决策机制。职业教育集团可利用其覆盖的主体多、产业链长的优势，筹集到较多的办学资金，从而拓宽高等职业教育的办学经费。

第六节　结论与展望

一、结论

党的十八大以来，党中央、国务院高度重视职业教育发展，先后发布了《国务院关于加快发展现代职业教育的决定》（国发〔2014〕19号）、《现代职业教育体系建设规划（2014–2020年）》（教发〔2014〕6号）、《国务院办公厅关于深化产教融合的若干意见》（国办发〔2017〕95号）、《教育部等六部门关于印发职业学校校企合作促进办法的通知》（教职成〔2018〕1号）、《国务院关于印发国家职业教育改革实施方案的通知》（国发〔2019〕4号），习近平、李克强等党和国家领导人对职业教育的发展寄予厚望，我国高等职业教育迎来了前所未有的发展机遇。在此背景下，本书以习近平新时代中国特色社会主义思想为指导，充分借鉴已有研究成果，从经济学的角度对我国高等职业教育进行研究，分析新时代下我国高等职业教育面临的机遇与挑战，对发达国家（地区）高等职业教育的经验进行总结，在此基础上，提出我国高等职业教育发展适应经济新常态的对策建议。通过本书的研究，得出了以下结论：

（1）我国高等职业教育发展必须坚持以马克思主义经济学作为理论基础。本书对马克思主义经典作家的教育经济理论进行梳理，认为马克思主义经典作家及中共中央领导人对职业教育与经济发展之间的辩证关系有深入的研究，提出了许多深刻的理论与观点，这些理论与观点应当成为我国高等职业教育发展的理论基础。

（2）改革开放40多年来，中国的经济发展取得了举世瞩目的成绩，高等职业教育无疑为中国经济的腾飞、结构的调整、产业的升级培养了大量技术技能型人才，其在经济社会发展中扮演着日趋重要的角色。然而，受政策机制、行业企业、高职院校、社会观念、市场环境等因素的制约，我国高等职业教育发展还存在经费投入不平衡、专业群与产业链契合度低、学生创新能力不足、教师实践水平不高、产教融合不深入等问题。

（3）中国特色社会主义进入新时代，新时代下，高等职业教育将在国民经济发展以及产业结构优化升级中发挥更加重要的作用。特别是党的十八大以来，党中央、国务院高度重视职业教育的发展，这些将使我国高等职业教育迎来前所未有的发展机遇，同时也带来了巨大的挑战，必须以先进的理念及视角看待高等职业教育的发展。

（4）德国、瑞士、美国、澳大利亚、日本、中国台湾等发达国家（地区）构建了较完善的高等职业教育体系，高等职业教育是这些国家（地区）经济发展的助推器。这些国家（地区）发展高等职业教育的经验值得我们借鉴，包括通过立法促进并规范高等职业教育的发展；社会高度认同与重视高等职业教育；强调校企合作、工学结合的人才培养模式；注重与社会经济发展及结构调整相适应的职教变革；重视教师队伍建设；形成职业资格认证体系与国家资格框架。

（5）高等职业教育发展是一项复杂的系统性工程，必须完善各项配套政策才能实现新时代高等职业教育高质量发展。应增强高等职业教育发展对新时代的适应性，发挥政府在高等职业教育发展中的引导与规范作用，构建新时代"双师型"教师队伍，完善市场导向下的校企合作与工学结合模式，建立多元化的办学主体与经费投入模式。

二、展望

在新时代下，高等职业教育将在经济发展与产业结构优化升级中发挥更加重要的作用。因此，如何发展高等职业教育，使之适应我国经济发展的需要将成为学术界长期研究的热点问题，具有十分重要的理论与现实意义。本书在职业教育与经济发展辩证关系的经济思想史考察、我国高等职业教育发展现状、新时代下我国高等职业教育发展的机遇与挑战、高等职业教育适应新时代的对策建议等方面做了一些探索与努力，得到了一些有益的研究成果。但限于主观能力，职业教育与经济发展辩证关系思想史考察仍然有待进一步深化、高等职业教育适应新时代的对策建议需要进一步优化。同时，受客观条件的限制，未能全面、深入地对我国各个地区高等职业教育服务经济发展的创新实践进行实地考察与调研，在实证分析方面有所欠缺。这些问题都将在以后的学习与工作中切实加以改进。

附　录

教育部关于开展现代学徒制试点
工作的意见

教职成〔2014〕9号

各省、自治区、直辖市教育厅（教委），各计划单列市教育局，新疆生产建设
兵团教育局，有关单位：

为贯彻党的十八届三中全会和全国职业教育工作会议精神，深化产
教融合、校企合作，进一步完善校企合作育人机制，创新技术技能人
才培养模式，根据《国务院关于加快发展现代职业教育的决定》（国发
〔2014〕19号）要求，现就开展现代学徒制试点工作提出如下意见。

一、充分认识试点工作的重要意义

现代学徒制有利于促进行业、企业参与职业教育人才培养全过程，实现专
业设置与产业需求对接，课程内容与职业标准对接，教学过程与生产过程对
接，毕业证书与职业资格证书对接，职业教育与终身学习对接，提高人才培
养质量和针对性。建立现代学徒制是职业教育主动服务当前经济社会发展要

求，推动职业教育体系和劳动就业体系互动发展，打通和拓宽技术技能人才培养和成长通道，推进现代职业教育体系建设的战略选择；是深化产教融合、校企合作，推进工学结合、知行合一的有效途径；是全面实施素质教育，把提高职业技能和培养职业精神高度融合，培养学生社会责任感、创新精神、实践能力的重要举措。各地要高度重视现代学徒制试点工作，加大支持力度，大胆探索实践，着力构建现代学徒制培养体系，全面提升技术技能人才的培养能力和水平。

二、明确试点工作的总要求

1.指导思想

以邓小平理论、"三个代表"重要思想、科学发展观为指导，坚持服务发展、就业导向，以推进产教融合、适应需求、提高质量为目标，以创新招生制度、管理制度和人才培养模式为突破口，以形成校企分工合作、协同育人、共同发展的长效机制为着力点，以注重整体谋划、增强政策协调、鼓励基层首创为手段，通过试点、总结、完善、推广，形成具有中国特色的现代学徒制度。

2.工作原则

——坚持政府统筹，协调推进。要充分发挥政府统筹协调作用，根据地方经济社会发展需求系统规划现代学徒制试点工作。把立德树人、促进人的全面发展作为试点工作的根本任务，统筹利用好政府、行业、企业、学校、科研机构等方面的资源，协调好教育、人社、财政、发改等相关部门的关系，形成合力，共同研究解决试点工作中遇到的困难和问题。

——坚持合作共赢，职责共担。要坚持校企双主体育人、学校教师和企业师傅双导师教学，明确学徒的企业员工和职业院校学生双重身份，签好学生与企业、学校与企业两个合同，形成学校和企业联合招生、联合培养、一体化育人的长效机制，切实提高生产、服务一线劳动者的综合素质和人才培养的针对性，解决好合作企业招工难问题。

——坚持因地制宜，分类指导。要根据不同地区行业、企业特点和人才培养要求，在招生与招工、学习与工作、教学与实践、学历证书与职业资格证书获取、资源建设与共享等方面因地制宜，积极探索切合实际的实现形式，形成特色。

——坚持系统设计，重点突破。要明确试点工作的目标和重点，系统设计人才培养方案、教学管理、考试评价、学生教育管理、招生与招工，以及师资配备、保障措施等工作。以服务发展为宗旨，以促进就业为导向，深化体制机制改革，统筹发挥好政府和市场的作用，力争在关键环节和重点领域取得突破。

三、把握试点工作内涵

1. 积极推进招生与招工一体化

招生与招工一体化是开展现代学徒制试点工作的基础。各地要积极开展"招生即招工、入校即入厂、校企联合培养"的现代学徒制试点，加强对中等和高等职业教育招生工作的统筹协调，扩大试点院校的招生自主权，推动试点院校根据合作企业需求，与合作企业共同研制招生与招工方案，扩大招生范围，改革考核方式、内容和录取办法，并将试点院校的相关招生计划纳入学校年度招生计划进行统一管理。

2. 深化工学结合人才培养模式改革

工学结合人才培养模式改革是现代学徒制试点的核心内容。各地要选择适合开展现代学徒制培养的专业，引导职业院校与合作企业根据技术技能人才成长规律和工作岗位的实际需要，共同研制人才培养方案、开发课程和教材、设计实施教学、组织考核评价、开展教学研究等。校企应签订合作协议，职业院校承担系统的专业知识学习和技能训练；企业通过师傅带徒形式，依据培养方案进行岗位技能训练，真正实现校企一体化育人。

3. 加强专兼结合师资队伍建设

校企共建师资队伍是现代学徒制试点工作的重要任务。现代学徒制的教学任务必须由学校教师和企业师傅共同承担，形成双导师制。各地要促进校企双方密切合作，打破现有教师编制和用工制度的束缚，探索建立教师流动编制或设立兼职教师岗位，加大学校与企业之间人员互聘共用、双向挂职锻炼、横向联合技术研发和专业建设的力度。合作企业要选拔优秀高技能人才担任师傅，明确师傅的责任和待遇，师傅承担的教学任务应纳入考核，并可享受带徒津贴。试点院校要将指导教师的企业实践和技术服务纳入教师考核并作为晋升专业技术职务的重要依据。

4. 形成与现代学徒制相适应的教学管理与运行机制

科学合理的教学管理与运行机制是现代学徒制试点工作的重要保障。各地要切实推动试点院校与合作企业根据现代学徒制的特点，共同建立教学运行与质量监控体系，共同加强过程管理。指导合作企业制定专门的学徒管理办法，保证学徒基本权益；根据教学需要，合理安排学徒岗位，分配工作任务。试点院校要根据学徒培养工学交替的特点，实行弹性学制或学分制，创新和完善教学管理与运行机制，探索全日制学历教育的多种实现形式。试点院校和合作企业共同实施考核评价，将学徒岗位工作任务完成情况纳入考核范围。

四、稳步推进试点工作

1. 逐步增加试点规模

将根据各地产业发展情况、办学条件、保障措施和试点意愿等，选择一批有条件、基础好的地市、行业、骨干企业和职业院校作为教育部首批试点单位。在总结试点经验的基础上，逐步扩大实施现代学徒制的范围和规模，使现代学徒制成为校企合作培养技术技能人才的重要途径。逐步建立起政府引导、行业参与、社会支持，企业和职业院校双主体育人的中国特色现代学徒制。

2. 逐步丰富培养形式

现代学徒制试点应根据不同生源特点和专业特色，因材施教，探索不同的培养形式。试点初期，各地应引导中等职业学校根据企业需求，充分利用国家注册入学政策，针对不同生源，分别制定培养方案，开展中职层次现代学徒制试点。引导高等职业院校利用自主招生、单独招生等政策，针对应届高中毕业生、中职毕业生和同等学历企业职工等不同生源特点，分类开展专科学历层次不同形式的现代学徒制试点。

3. 逐步扩大试点范围

现代学徒制包括学历教育和非学历教育。各地应结合自身实际，可以从非学历教育入手，也可以从学历教育入手，探索现代学徒制人才培养规律，积累经验后逐步扩大。鼓励试点院校采用现代学徒制形式与合作企业联合开展企业员工岗前培训和转岗培训。

五、完善工作保障机制

1. 合理规划区域试点工作

各地教育行政部门要根据本意见精神，结合地方实际，会同人社、财政、发改等部门，制定本地区现代学徒制试点实施办法，确定开展现代学徒制试点的行业企业和职业院校，明确试点规模、试点层次和实施步骤。

2. 加强试点工作组织保障

各地要加强对试点工作的领导，落实责任制，建立跨部门的试点工作领导小组，定期会商和解决有关试点工作重大问题。要有专人负责，及时协调有关部门支持试点工作。引导和鼓励行业、企业与试点院校通过组建职教集团等形式，整合资源，为现代学徒制试点搭建平台。

3. 加大试点工作政策支持

各地教育行政部门要推动政府出台扶持政策，加大投入力度，通过财政资助、政府购买等奖励措施，引导企业和职业院校积极开展现代学徒制试点。并按照国家有关规定，保障学生权益，保证合理报酬，落实学徒的责任保险、工伤保险，确保学生安全。大力推进"双证融通"，对经过考核达到要求的毕业生，发放相应的学历证书和职业资格证书。

4. 加强试点工作监督检查

加强对试点工作的监控，建立试点工作年报年检制度。各试点单位应及时总结试点工作经验，扩大宣传，年报年检内容作为下一年度单招核准和布点的依据。对于试点工作不力或造成不良影响的，将暂停试点资格。

教育部

2014 年 8 月 25 日

附录2

教育部关于深化职业教育教学改革全面提高
人才培养质量的若干意见

教职成〔2015〕6号

各省、自治区、直辖市教育厅（教委），各计划单列市教育局，新疆生产建设兵团教育局，各行业职业教育教学指导委员会：

为贯彻落实全国职业教育工作会议精神和《国务院关于加快发展现代职业教育的决定》（国发〔2014〕19号）要求，深化职业教育教学改革，全面提高人才培养质量，现提出如下意见。

一、总体要求

（一）指导思想

全面贯彻党的教育方针，按照党中央、国务院决策部署，以立德树人为根本，以服务发展为宗旨，以促进就业为导向，坚持走内涵式发展道路，适应经济发展新常态和技术技能人才成长成才需要，完善产教融合、协同育人机制，创新人才培养模式，构建教学标准体系，健全教学质量管理和保障制度，以增强学生就业创业能力为核心，加强思想道德、人文素养教育和技术技能培养，全面提高人才培养质量。

（二）基本原则

坚持立德树人、全面发展。遵循职业教育规律和学生身心发展规律，把培育和践行社会主义核心价值观融入教育教学全过程，关注学生职业生涯和可持续发展需要，促进学生德智体美全面发展。

坚持系统培养、多样成才。以专业课程衔接为核心，以人才培养模式创新为关键，推进中等和高等职业教育紧密衔接，拓宽技术技能人才成长通道，为学生多样化选择、多路径成才搭建"立交桥"。

坚持产教融合、校企合作。推动教育教学改革与产业转型升级衔接配套，加强行业指导、评价和服务，发挥企业重要办学主体作用，推进行业企业参与人才培养全过程，实现校企协同育人。

坚持工学结合、知行合一。注重教育与生产劳动、社会实践相结合，突出做中学、做中教，强化教育教学实践性和职业性，促进学以致用、用以促学、学用相长。

坚持国际合作、开放创新。在教学标准开发、课程建设、师资培训、学生培养等方面加强国际交流与合作，推动教育教学改革创新，积极参与国际规则制定，提升我国技术技能人才培养的国际竞争力。

二、落实立德树人根本任务

（三）坚持把德育放在首位

深入贯彻落实中共中央办公厅、国务院办公厅《关于进一步加强和改进新形势下高校宣传思想工作的意见》和教育部《中等职业学校德育大纲（2014年修订）》，深入开展中国特色社会主义和中国梦宣传教育，大力加强社会主义核心价值观教育，帮助学生树立正确的世界观、人生观和价值观。建设学生真心喜爱、终身受益的德育和思想政治理论课程。加强法治教育，增强学生法治观念，树立法治意识。统筹推进活动育人、实践育人、文化育人，广泛开展"文明风采"竞赛、"劳模进职校"等丰富多彩的校园文化和主题教育活动，把德育与智育、体育、美育有机结合起来，努力构建全员、全过程、全方位育人格局。

（四）加强文化基础教育

发挥人文学科的独特育人优势，加强公共基础课与专业课间的相互融通和配合，注重学生文化素质、科学素养、综合职业能力和可持续发展能力培养，为学生实现更高质量就业和职业生涯更好发展奠定基础。中等职业学校要按照教育部印发的教学大纲（课程标准）规定，开齐、开足、开好德育、语文、数学、英语、历史、体育与健康、艺术、计算机应用基础等课程。高等职业学校要按照教育部相关教学文件要求，规范公共基础课课程设置与教学实施，面向全体学生开设创新创业教育专门课程群。

（五）加强中华优秀传统文化教育

要把中华优秀传统文化教育系统融入课程和教材体系，在相关课程中增加中华优秀传统文化内容比重。各地、各职业院校要充分挖掘和利用本地中华优秀传统文化教育资源，开设专题的地方课程和校本课程。有条件的职业院校要开设经典诵读、中华礼仪、传统技艺等中华优秀传统文化必修课，并拓宽选修课覆盖面。

（六）把提高学生职业技能和培养职业精神高度融合

积极探索有效的方式和途径，形成常态化、长效化的职业精神培育机制，重视崇尚劳动、敬业守信、创新务实等精神的培养。充分利用实习实训等环节，增强学生安全意识、纪律意识，培养良好的职业道德。深入挖掘劳动模范和先进工作者、先进人物的典型事迹，教育引导学生牢固树立立足岗位、增强本领、服务群众、奉献社会的职业理想，增强对职业理念、职业责任和职业使命的认识与理解。

三、改善专业结构和布局

（七）引导职业院校科学合理设置专业

职业院校要结合自身优势，科学准确定位，紧贴市场、紧贴产业、紧贴职业设置专业，参照《产业结构调整指导目录》，重点设置区域经济社会发展急需的鼓励类产业相关专业，减少或取消设置限制类、淘汰类产业相关专业。要注重传统产业相关专业改革和建设，服务传统产业向高端化、低碳化、智能化发展。要围绕"互联网＋"行动、《中国制造2025》等要求。

（八）优化服务产业发展的专业布局

要建立专业设置动态调整机制，及时发布专业设置预警信息。各地要统筹管理本地区专业设置，围绕区域产业转型升级，加强宏观调控，努力形成与区域产业分布形态相适应的专业布局。要紧密对接"一带一路"、京津冀协同发展、长江经济带等国家战略，围绕各类经济带、产业带和产业集群，建设适应需求、特色鲜明、效益显著的专业群。要建立区域间协同发展机制，形成东、中、西部专业发展良性互动格局。支持少数民族地区发展民族特色专业。

（九）推动国家产业发展急需的示范专业建设

各地、各职业院校要围绕现代农业、先进制造业、现代服务业和战略性新兴产业发展需要，积极推进现代农业技术、装备制造、清洁能源、轨道交通、现代物流、电子商务、旅游、健康养老服务、文化创意产业等相关专业建设。要深化相关专业课程改革，突出专业特色，创新人才培养模式，强化师资队伍和实训基地建设，重点打造一批能够发挥引领辐射作用的国家级、省级示范专业点，带动专业建设水平整体提升。

四、提升系统化培养水平

（十）积极稳妥推进中高职人才培养衔接

要在坚持中高职各自办学定位的基础上，形成适应发展需求、产教深度融合，中高职优势互补、衔接贯通的培养体系。要适应行业产业特征和人才需求，研究行业企业技术等级、产业价值链特点和技术技能人才培养规律，科学确定适合衔接培养的专业，重点设置培养要求年龄小、培养周期长、复合性教学内容多的专业。要研究确定开展衔接培养的学校资质和学生入学要求，当前开展衔接培养的学校以国家级、省级示范（骨干、重点）院校为主。

（十一）完善专业课程衔接体系

统筹安排开展中高职衔接专业的公共基础课、专业课和顶岗实习，研究制订中高职衔接专业教学标准。注重中高职在培养规格、课程设置、工学比例、教学内容、教学方式方法、教学资源配置上的衔接。合理确定各阶段课程内容的难度、深度、广度和能力要求，推进课程的综合化、模块化和项目化。鼓励开发中高职衔接教材和教学资源。

（十二）拓宽技术技能人才终身学习通道

建立学分积累与转换制度，推进学习成果互认，促进工作实践、在职培训和学历教育互通互转。支持职业院校毕业生在职接受继续教育，根据职业发展需要，自主选择课程，自主安排学习进度。职业院校要根据学生以往学习情况、职业资格等级以及工作经历和业绩，完善人才培养方案，实施"学分制、菜单式、模块化、开放型"教学。

五、推进产教深度融合

（十三）深化校企协同育人

创新校企合作育人的途径与方式，充分发挥企业的重要主体作用。推动校企共建校内外生产性实训基地、技术服务和产品开发中心、技能大师工作室、创业教育实践平台等，切实增强职业院校技术技能积累能力和学生就业创业能力。发挥集团化办学优势，以产业或专业（群）为纽带，推动专业人才培养与岗位需求衔接，人才培养链和产业链相融合。积极推动校企联合招生、联合培养、一体化育人的现代学徒制试点。注重培养与中国企业和产品"走出去"相配套的技术技能人才。

（十四）强化行业对教育教学的指导

各级教育行政部门要完善职业教育行业指导体系，创新机制，提升行业指导能力，通过授权委托、购买服务等方式，把适宜行业组织承担的职责交给行业组织，完善购买服务的标准和制度。教育部联合行业部门、行业协会定期发布行业人才需求预测、制订行业人才评价标准。各职业院校要积极吸收行业专家进入学术委员会和专业建设指导机构，在专业设置评议、人才培养方案制订、专业建设、教师队伍建设、质量评价等方面主动接受行业指导。

（十五）推进专业教学紧贴技术进步和生产实际

对接最新职业标准、行业标准和岗位规范，紧贴岗位实际工作过程，调整课程结构，更新课程内容，深化多种模式的课程改革。职业院校要加强与职业技能鉴定机构、行业企业的合作，积极推行"双证书"制度，把职业岗位所需要的知识、技能和职业素养融入相关专业教学中，将相关课程考试考核与职业技能鉴定合并进行。要普及推广项目教学、案例教学、情景教学、工作过程导向教学，广泛运用启发式、探究式、讨论式、参与式教学，充分激发学生的学习兴趣和积极性。

（十六）有效开展实践性教学

公共基础课和专业课都要加强实践性教学，实践性教学课时原则上要占总课时数一半以上。要积极推行认识实习、跟岗实习、顶岗实习等多种实习形式，强化以育人为目标的实习实训考核评价。顶岗实习累计时间原则上以半年为主，可根据实际需要，集中或分阶段安排实习时间。要切实规范并加强实习教学、管理和服务，保证学生实习岗位与其所学专业面向的岗位群基本一致。推进学生实习责任保险制度建设。要加大对学生创新创业实践活动的支持和保障力度。

六、强化教学规范管理

（十七）完善教学标准体系

教育部根据经济社会发展实际，定期修订发布中、高职专业目录，组织制订公共基础必修课和部分选修课的课程标准、专业教学标准、顶岗实习标准、专业仪器设备装备规范等。省级教育行政部门要根据国家发布的相关标准，组织开发具有地方特色的专业教学指导方案和课程标准，积极开发与国际先进标准对接的专业教学标准和课程标准。鼓励职业院校结合办学定位、服务面向和创新创业教育目标要求，借鉴、引入企业岗位规范，制订人才培养方案。

（十八）加强教学常规管理

各地、各职业院校要严格执行国家制定的教学文件，适应生源、学制和培养模式的新特点，完善教学管理机制。要加强教学组织建设，健全教学管理机构，建立行业企业深度参与的教学指导机构。职业院校的院校长是教学工作的第一责任人，要定期主持召开教学工作会议，及时研究解决学校教学工作中的重大问题。要坚持和完善巡课和听课制度，严格教学纪律和课堂纪律管理。要加强教学管理信息化建设和管理人员的培训，不断提高管理和服务水平。

（十九）提高教学质量管理水平

各地、各职业院校要加强教育教学质量管理，把学生的职业道德、职业素养、技术技能水平、就业质量和创业能力作为衡量学校教学质量的重要指标。要适应技术技能人才多样化成长需要，针对不同地区、学校实际，创新方式方法，积极推行技能抽查、学业水平测试、综合素质评价和毕业生质量跟踪调查等。要按照教育部关于建立职业院校教学工作诊断与改进制度的有关要求，全面开展教学诊断与改进工作，切实发挥学校的教育质量保证主体作用，不断完善内部质量保证制度体系和运行机制。

（二十）健全教材建设管理制度

加快完善教材开发、遴选、更新和评价机制，加强教材编写、审定和出版队伍建设。各地要切实加强对本地区教材建设的指导和管理，健全区域特色教材开发和选用制度，鼓励开发适用性强的校本教材。要把教材选用纳入重点专业建设、教学质量管理等指标体系。各地要完整转发教育部公布的《职业教育国家规划教材书目》，不得删减或增加。各职业院校应严格在《书目》中选用公共基础必修课教材，优先在《书目》中选用专业课教材。

七、完善教学保障机制

（二十一）加强教师培养培训

建立健全高校与地方政府、行业企业、中职学校协同培养教师的新机制，建设一批职教师资培养培训基地和教师企业实践基地，积极探索高层次"双师型"教师培养模式。加强教师专业技能、实践教学、信息技术应用和教学研究能力提升培训，提高具备"双师"素质的专业课教师比例。落实五年一周期的教师全员培训制度，实行新任教师先实践、后上岗和教师定期实践制度，培养造就一批"教练型"教学名师和专业带头人。继续实施职业院校教师队伍素质提升计划，加强专业骨干教师培训，重视公共基础课、实习实训、职业指导教师和兼职教师培训。各地要制订职教师资培养规划，根据实际需要实施职业院校师资培养培训项目。

（二十二）提升信息化教学能力

要加强区域联合、优势互补、资源共享，构建全国职业教育教学资源信息化网络。各地、各职业院校要组织开发一批优质的专业教学资源库、网络课程、模拟仿真实训软件和生产实际教学案例等。广泛开展教师信息化教学能力提升培训，不断提高教师的信息素养。组织和支持教师和教研人员开展对教育教学信息化的研究。继续办好信息化教学大赛，推进信息技术在教学中的广泛应用。要积极推动信息技术环境中教师角色、教育理念、教学观念、教学内容、教学方法以及教学评价等方面的变革。

（二十三）提高实习实训装备水平

建立与行业企业技术要求、工艺流程、管理规范、设备水平同步的实习实训装备标准体系。要贯彻落实好教育部发布的专业仪器设备装备规范，制订本地区、本院校的实施方案，到2020年实现基本达标。各地要推进本地区学校实训装备的合理配置和衔接共享，分专业（群）建设公共实训中心，推进资源共建共享。要按照技能掌握等级序列和复杂程度要求，在中高职院校差别化配置不同技术标准的仪器设备。

（二十四）加强教科研及服务体系建设

省、市两级要尽快建立健全职业教育教科研机构，国家示范（骨干）职业院校要建立专门的教研机构，强化教科研对教学改革的指导与服务功能。要针对教育教学改革与人才培养的热点、难点问题，设立一批专项课题，鼓励支持职业院校与行业、企业合作开展教学研究。要积极组织地方教科研人员开展学术交流和专业培训，组织开展教师教学竞赛及研讨活动。完善职业教育教学成果奖推广应用机制。

八、加强组织领导

（二十五）健全工作机制

各级教育行政部门、各职业院校要高度重视，切实加强组织领导，建立以提高质量为导向的管理制度和工作机制，把教育资源配置和学校工作重点集中到教学工作和人才培养上来。各行业职业教育教学指导委员会要加强对教学工作的指导、评价和服务，选择有特点有代表性的学校或专业点，建立联系点机制，跟踪专业教学改革情况。

（二十六）加强督查落实

各省级教育行政部门要根据本意见要求，结合本地实际情况，抓紧制订具体实施方案，细化政策措施，确保各项任务落到实处。要对落实本意见和本地实施方案情况进行监督检查和跟踪分析，对典型做法和有效经验，要及时总结，积极推广。

教育部

2015年7月27日

附录3

国务院办公厅关于深化产教融合的若干意见

国办发〔2017〕95号

各省、自治区、直辖市人民政府，国务院各部委、各直属机构：

进入新世纪以来，我国教育事业蓬勃发展，为社会主义现代化建设培养输送了大批高素质人才，为加快发展壮大现代产业体系作出了重大贡献。但同时，受体制机制等多种因素影响，人才培养供给侧和产业需求侧在结构、质量、水平上还不能完全适应，"两张皮"问题仍然存在。深化产教融合，促进教育链、人才链与产业链、创新链有机衔接，是当前推进人力资源供给侧结构性改革的迫切要求，对新形势下全面提高教育质量、扩大就业创业、推进经济转型升级、培育经济发展新动能具有重要意义。为贯彻落实党的十九大精神，深化产教融合，全面提升人力资源质量，经国务院同意，现提出以下意见。

一、总体要求

（一）指导思想

全面贯彻党的十九大精神，坚持以习近平新时代中国特色社会主义思想为指导，紧紧围绕统筹推进"五位一体"总体布局和协调推进"四个全面"战略布局，坚持以人民为中心，坚持新发展理念，认真落实党中央、国务院关于教育综合改革的决策部署，深化职业教育、高等教育等改革，发挥企业重要主体作用，促进人才培养供给侧和产业需求侧结构要素全方位融合，培养大批高素质创新人才和技术技能人才，为加快建设实体经济、科技创新、现代金融、人力资源协同发展的产业体系，增强产业核心竞争力，汇聚发展新动能提供有力支撑。

（二）原则和目标

统筹协调，共同推进。将产教融合作为促进经济社会协调发展的重要举措，融入经济转型升级各环节，贯穿人才开发全过程，形成政府企业学校行业社会协同推进的工作格局。

服务需求，优化结构。面向产业和区域发展需求，完善教育资源布局，加快人才培养结构调整，创新教育组织形态，促进教育和产业联动发展。

校企协同，合作育人。充分调动企业参与产教融合的积极性和主动性，强化政策引导，鼓励先行先试，促进供需对接和流程再造，构建校企合作长效机制。

深化产教融合的主要目标是，逐步提高行业企业参与办学程度，健全多元化办学体制，全面推行校企协同育人，用 10 年左右时间，教育和产业统筹融合、良性互动的发展格局总体形成，需求导向的人才培养模式健全完善，人才教育供给与产业需求重大结构性矛盾基本解决，职业教育、高等教育对经济发展和产业升级的贡献显著增强。

二、构建教育和产业统筹融合发展格局

（三）同步规划产教融合与经济社会发展

制定实施经济社会发展规划，以及区域发展、产业发展、城市建设和重大生产力布局规划，要明确产教融合发展要求，将教育优先、人才先行融入各项政策。结合实施创新驱动发展、新型城镇化、制造强国战略，统筹优化教育和产业结构，同步规划产教融合发展政策措施、支持方式、实现途径和重大项目。

（四）统筹职业教育与区域发展布局

按照国家区域发展总体战略和主体功能区规划，优化职业教育布局，引导职业教育资源逐步向产业和人口集聚区集中。面向脱贫攻坚主战场，积极推进贫困地区学生到城市优质职业学校就学。加强东部对口西部、城市支援农村职业教育扶贫。支持中部打造全国重要的先进制造业职业教育基地。支持东北等老工业基地振兴发展急需的职业教育。加强京津冀、长江经济带城市间协同合作，引导各地结合区域功能、产业特点探索差别化职业教育发展路径。

（五）促进高等教育融入国家创新体系和新型城镇化建设

完善世界一流大学和一流学科建设推进机制，注重发挥对国家和区域创新中心发展的支撑引领作用。健全高等学校与行业骨干企业、中小微创业型企业紧密协同的创新生态系统，增强创新中心集聚人才资源、牵引产业升级能力。

适应以城市群为主体的新型城镇化发展，合理布局高等教育资源，增强中小城市产业承载和创新能力，构建梯次有序、功能互补、资源共享、合作紧密的产教融合网络。

（六）推动学科专业建设与产业转型升级相适应

建立紧密对接产业链、创新链的学科专业体系。大力发展现代农业、智能制造、高端装备、新一代信息技术、生物医药、节能环保、新能源、新材料以及研发设计、数字创意、现代交通运输、高效物流、融资租赁、电子商务、服务外包等产业急需紧缺学科专业。积极支持家政、健康、养老、文化、旅游等社会领域专业发展，推进标准化、规范化、品牌化建设。加强智慧城市、智能建筑等城市可持续发展能力相关专业建设。大力支持集成电路、航空发动机及燃气轮机、网络安全、人工智能等事关国家战略、国家安全等学科专业建设。适应新一轮科技革命和产业变革及新经济发展，促进学科专业交叉融合，加快推进新工科建设。

（七）健全需求导向的人才培养结构调整机制

加快推进教育"放管服"改革，注重发挥市场机制配置非基本公共教育资源作用，强化就业市场对人才供给的有效调节。进一步完善高校毕业生就业质量年度报告发布制度，注重发挥行业组织人才需求预测、用人单位职业能力评价作用，把市场供求比例、就业质量作为学校设置调整学科专业、确定培养规模的重要依据。新增研究生招生计划向承担国家重大战略任务、积极推行校企协同育人的高校和学科倾斜。严格实行专业预警和退出机制，引导学校对设置雷同、就业连续不达标专业，及时调减或停止招生。

三、强化企业重要主体作用

（八）拓宽企业参与途径

鼓励企业以独资、合资、合作等方式依法参与举办职业教育、高等教育。坚持准入条件透明化、审批范围最小化，细化标准、简化流程、优化服务，改进办学准入条件和审批环节。通过购买服务、委托管理等，支持企业参与公办职业学校办学。鼓励有条件的地区探索推进职业学校股份制、混合所有制改革，允许企业以资本、技术、管理等要素依法参与办学并享有相应权利。

附录

（九）深化"引企入教"改革

支持引导企业深度参与职业学校、高等学校教育教学改革，多种方式参与学校专业规划、教材开发、教学设计、课程设置、实习实训，促进企业需求融入人才培养环节。推行面向企业真实生产环境的任务式培养模式。职业学校新设专业原则上应有相关行业企业参与。鼓励企业依托或联合职业学校、高等学校设立产业学院和企业工作室、实验室、创新基地、实践基地。

（十）开展生产性实习实训

健全学生到企业实习实训制度。鼓励以引企驻校、引校进企、校企一体等方式，吸引优势企业与学校共建共享生产性实训基地。支持各地依托学校建设行业或区域性实训基地，带动中小微企业参与校企合作。通过探索购买服务、落实税收政策等方式，鼓励企业直接接收学生实习实训。推进实习实训规范化，保障学生享有获得合理报酬等合法权益。

（十一）以企业为主体推进协同创新和成果转化

支持企业、学校、科研院所围绕产业关键技术、核心工艺和共性问题开展协同创新，加快基础研究成果向产业技术转化。引导高校将企业生产一线实际需求作为工程技术研究选题的重要来源。完善财政科技计划管理，高校、科研机构牵头申请的应用型、工程技术研究项目原则上应有行业企业参与并制订成果转化方案。完善高校科研后评价体系，将成果转化作为项目和人才评价重要内容。继续加强企业技术中心和高校技术创新平台建设，鼓励企业和高校共建产业技术实验室、中试和工程化基地。利用产业投资基金支持高校创新成果和核心技术产业化。

（十二）强化企业职工在岗教育培训

落实企业职工培训制度，足额提取教育培训经费，确保教育培训经费60%以上用于一线职工。创新教育培训方式，鼓励企业向职业学校、高等学校和培训机构购买培训服务。鼓励有条件的企业开展职工技能竞赛，对参加培训提升技能等级的职工予以奖励或补贴。支持企业一线骨干技术人员技能提升，加强产能严重过剩行业转岗就业人员再就业培训。将不按规定提取使用教育培训经费并拒不改正的行为记入企业信用记录。

（十三）发挥骨干企业引领作用

鼓励区域、行业骨干企业联合职业学校、高等学校共同组建产教融合集团（联盟），带动中小企业参与，推进实体化运作。注重发挥国有企业特别是中央企业示范带头作用，支持各类企业依法参与校企合作。结合推进国有企业改革，支持有条件的国有企业继续办好做强职业学校。

四、推进产教融合人才培养改革

（十四）将工匠精神培育融入基础教育

将动手实践内容纳入中小学相关课程和学生综合素质评价。加强学校劳动教育，开展生产实践体验，支持学校聘请劳动模范和高技能人才兼职授课。组织开展"大国工匠进校园"活动。鼓励有条件的普通中学开设职业类选修课程，鼓励职业学校实训基地向普通中学开放。鼓励有条件的地方在大型企业、产业园区周边试点建设普职融通的综合高中。

（十五）推进产教协同育人

坚持职业教育校企合作、工学结合的办学制度，推进职业学校和企业联盟、与行业联合、同园区联结。大力发展校企双制、工学一体的技工教育。深化全日制职业学校办学体制改革，在技术性、实践性较强的专业，全面推行现代学徒制和企业新型学徒制，推动学校招生与企业招工相衔接，校企育人"双重主体"，学生学徒"双重身份"，学校、企业和学生三方权利义务关系明晰。实践性教学课时不少于总课时的 50%。

健全高等教育学术人才和应用人才分类培养体系，提高应用型人才培养比重。推动高水平大学加强创新创业人才培养，为学生提供多样化成长路径。大力支持应用型本科和行业特色类高校建设，紧密围绕产业需求，强化实践教学，完善以应用型人才为主的培养体系。推进专业学位研究生产学结合培养模式改革，增强复合型人才培养能力。

（十六）加强产教融合师资队伍建设

支持企业技术和管理人才到学校任教，鼓励有条件的地方探索产业教师（导师）特设岗位计划。探索符合职业教育和应用型高校特点的教师资格标准和专业技术职务（职称）评聘办法。允许职业学校和高等学校依法依规自主聘请兼职教师和确定兼职报酬。推动职业学校、应用型本科高校与大中型企业合作建设"双师型"教师培养培训基地。完善职业学校和高等学校教师实践假期制度，支持在职教师定期到企业实践锻炼。

（十七）完善考试招生配套改革

加快高等职业学校分类招考，完善"文化素质＋职业技能"评价方式。适度提高高等学校招收职业教育毕业生比例，建立复合型、创新型技术技能人才系统培养制度。逐步提高高等学校招收有工作实践经历人员的比例。

（十八）加快学校治理结构改革

建立健全职业学校和高等学校理事会制度，鼓励引入行业企业、科研院所、社会组织等多方参与。推动学校优化内部治理，充分体现一线教学科研机构自主权，积极发展跨学科、跨专业教学和科研组织。

（十九）创新教育培训服务供给

鼓励教育培训机构、行业企业联合开发优质教育资源，大力支持"互联网＋教育培训"发展。支持有条件的社会组织整合校企资源，开发立体化、可选择的产业技术课程和职业培训包。推动探索高校和行业企业课程学分转换互认，允许和鼓励高校向行业企业和社会培训机构购买创新创业、前沿技术课程和教学服务。

五、促进产教供需双向对接

（二十）强化行业协调指导

行业主管部门要加强引导，通过职能转移、授权委托等方式，积极支持行业组织制定深化产教融合工作计划，开展人才需求预测、校企合作对接、教育教学指导、职业技能鉴定等服务。

（二十一）规范发展市场服务组织

鼓励地方政府、行业企业、学校通过购买服务、合作设立等方式，积极培育市场导向、对接供需、精准服务、规范运作的产教融合服务组织（企业）。支持利用市场合作和产业分工，提供专业化服务，构建校企利益共同体，形成稳定互惠的合作机制，促进校企紧密联结。

（二十二）打造信息服务平台

鼓励运用云计算、大数据等信息技术，建设市场化、专业化、开放共享的产教融合信息服务平台。依托平台汇聚区域和行业人才供需、校企合作、项目研发、技术服务等各类供求信息，向各类主体提供精准化产教融合信息发布、检索、推荐和相关增值服务。

（二十三）健全社会第三方评价

积极支持社会第三方机构开展产教融合效能评价，健全统计评价体系。强化监测评价结果运用，作为绩效考核、投入引导、试点开展、表彰激励的重要依据。

六、完善政策支持体系

（二十四）实施产教融合发展工程

"十三五"期间，支持一批中高等职业学校加强校企合作，共建共享技术技能实训设施。开展高水平应用型本科高校建设试点，加强产教融合实训环境、平台和载体建设。支持中西部普通本科高校面向产业需求，重点强化实践教学环节建设。支持世界一流大学和一流学科建设高校加强学科、人才、科研与产业互动，推进合作育人、协同创新和成果转化。

（二十五）落实财税用地等政策

优化政府投入，完善体现职业学校、应用型高校和行业特色类专业办学特点和成本的职业教育、高等教育拨款机制。职业学校、高等学校科研人员依法取得的科技成果转化奖励收入不纳入绩效工资，不纳入单位工资总额基数。各级财政、税务部门要把深化产教融合作为落实结构性减税政策，推进降成本、补短板的重要举措，落实社会力量举办教育有关财税政策，积极支持职业教育发展和企业参与办学。企业投资或与政府合作建设职业学校、高等学校的建设用地，按科教用地管理，符合《划拨用地目录》的，可通过划拨方式供地，鼓励企业自愿以出让、租赁方式取得土地。

（二十六）强化金融支持

鼓励金融机构按照风险可控、商业可持续原则支持产教融合项目。利用中国政企合作投资基金和国际金融组织、外国政府贷款，积极支持符合条件的产教融合项目建设。遵循相关程序、规则和章程，推动亚洲基础设施投资银行、丝路基金在业务领域内将"一带一路"职业教育项目纳入支持范围。引导银行业金融机构创新服务模式，开发适合产教融合项目特点的多元化融资品种，做好政府和社会资本合作模式的配套金融服务。积极支持符合条件的企业在资本市场进行股权融资，发行标准化债权产品，加大产教融合实训基地项目投资。加快发展学生实习责任保险和人身意外伤害保险，鼓励保险公司对现代学徒制、企业新型学徒制保险专门确定费率。

（二十七）开展产教融合建设试点

根据国家区域发展战略和产业布局，支持若干有较强代表性、影响力和改革意愿的城市、行业、企业开展试点。在认真总结试点经验基础上，鼓励第三方开展产教融合型城市和企业建设评价，完善支持激励政策。

（二十八）加强国际交流合作

鼓励职业学校、高等学校引进海外高层次人才和优质教育资源，开发符合国情、国际开放的校企合作培养人才和协同创新模式。探索构建应用技术教育创新国际合作网络，推动一批中外院校和企业结对联合培养国际化应用型人才。鼓励职业教育、高等教育参与配合"一带一路"建设和国际产能合作。

七、组织实施

（二十九）强化工作协调

加强组织领导，建立发展改革、教育、人力资源社会保障、财政、工业和信息化等部门密切配合，有关行业主管部门、国有资产监督管理部门积极参与的工作协调机制，加强协同联动，推进工作落实。各省级人民政府要结合本地实际制定具体实施办法。

（三十）营造良好环境

做好宣传动员和舆论引导，加快收入分配、企业用人制度以及学校编制、教学科研管理等配套改革，引导形成学校主动服务经济社会发展、企业重视"投资于人"的普遍共识，积极营造全社会充分理解、积极支持、主动参与产教融合的良好氛围。

国务院办公厅

2017 年 12 月 5 日

附录4

教育部等六部门关于印发《职业学校校企合作促进办法》的通知

教职成〔2018〕1号

各省、自治区、直辖市教育厅（教委）、发展改革委、工业和信息化厅（经济信息化委）、财政厅（局）、人力资源社会保障厅（局）、国家税务局、地方税务局，新疆生产建设兵团教育局、发展改革委、工信委、财政局、人力资源社会保障局，有关单位：

产教融合、校企合作是职业教育的基本办学模式，是办好职业教育的关键所在。为深入贯彻落实党的十九大精神，落实《国务院关于加快发展现代职业教育的决定》要求，完善职业教育和培训体系，深化产教融合、校企合作，教育部会同国家发展改革委、工业和信息化部、财政部、人力资源社会保障部、国家税务总局制定了《职业学校校企合作促进办法》（以下简称《办法》）。现将《办法》印发给你们，请结合本地区、本部门实际情况贯彻落实。

教育部　国家发展改革委

工业和信息化部　财政部

人力资源社会保障部　国家税务总局

2018 年 2 月 5 日

职业学校校企合作促进办法

第一章 总 则

第一条 为促进、规范、保障职业学校校企合作，发挥企业在实施职业教育中的重要办学主体作用，推动形成产教融合、校企合作、工学结合、知行合一的共同育人机制，建设知识型、技能型、创新型劳动者大军，完善现代职业教育制度，根据《教育法》《劳动法》《职业教育法》等有关法律法规，制定本办法。

第二条　本办法所称校企合作是指职业学校和企业通过共同育人、合作研究、共建机构、共享资源等方式实施的合作活动。

第三条　校企合作实行校企主导、政府推动、行业指导、学校企业双主体实施的合作机制。国务院相关部门和地方各级人民政府应当建立健全校企合作的促进支持政策、服务平台和保障机制。

第四条　开展校企合作应当坚持育人为本，贯彻国家教育方针，致力培养高素质劳动者和技术技能人才；坚持依法实施，遵守国家法律法规和合作协议，保障合作各方的合法权益；坚持平等自愿，调动校企双方积极性，实现共同发展。

第五条　国务院教育行政部门负责职业学校校企合作工作的综合协调和宏观管理，会同有关部门做好相关工作。

县级以上地方人民政府教育行政部门负责本行政区域内校企合作工作的统筹协调、规划指导、综合管理和服务保障；会同其他有关部门根据本办法以及地方人民政府确定的职责分工，做好本地校企合作有关工作。

行业主管部门和行业组织应当统筹、指导和推动本行业的校企合作。

第二章　合作形式

第六条　职业学校应当根据自身特点和人才培养需要，主动与具备条件的企业开展合作，积极为企业提供所需的课程、师资等资源。

企业应当依法履行实施职业教育的义务，利用资本、技术、知识、设施、设备和管理等要素参与校企合作，促进人力资源开发。

第七条　职业学校和企业可以结合实际在人才培养、技术创新、就业创业、社会服务、文化传承等方面，开展以下合作：

（一）根据就业市场需求，合作设置专业、研发专业标准，开发课程体系、教学标准以及教材、教学辅助产品，开展专业建设；

（二）合作制定人才培养或职工培训方案，实现人员互相兼职，相互为学生实习实训、教师实践、学生就业创业、员工培训、企业技术和产品研发、成果转移转化等提供支持；

（三）根据企业工作岗位需求，开展学徒制合作，联合招收学员，按照工学结合模式，实行校企双主体育人；

（四）以多种形式合作办学，合作创建并共同管理教学和科研机构，建设实习实训基地、技术工艺和产品开发中心及学生创新创业、员工培训、技能鉴定等机构；

（五）合作研发岗位规范、质量标准等；

（六）组织开展技能竞赛、产教融合型企业建设试点、优秀企业文化传承和社会服务等活动；

（七）法律法规未禁止的其他合作方式和内容。

第八条　职业学校应当制定校企合作规划，建立适应开展校企合作的教育教学组织方式和管理制度，明确相关机构和人员，改革教学内容和方式方法、健全质量评价制度，为合作企业的人力资源开发和技术升级提供支持与服务；增强服务企业特别是中小微企业的技术和产品研发的能力。

第九条　职业学校和企业开展合作，应当通过平等协商签订合作协议。合作协议应当明确规定合作的目标任务、内容形式、权利义务等必要事项，并根据合作的内容，合理确定协议履行期限，其中企业接收实习生的，合作期限应当不低于3年。

第十条　鼓励有条件的企业举办或者参与举办职业学校，设置学生实习、学徒培养、教师实践岗位；鼓励规模以上企业在职业学校设置职工培训和继续教育机构。企业职工培训和继续教育的学习成果，可以依照有关规定和办法与职业学校教育实现互认和衔接。

企业开展校企合作的情况应当纳入企业社会责任报告。

第十一条　职业学校主管部门应当会同有关部门、行业组织，鼓励和支持职业学校与相关企业以组建职业教育集团等方式，建立长期、稳定合作关系。

职业教育集团应当以章程或者多方协议等方式，约定集团成员之间合作的方式、内容以及权利义务关系等事项。

第十二条　职业学校和企业应建立校企合作的过程管理和绩效评价制度，定期对合作成效进行总结，共同解决合作中的问题，不断提高合作水平，拓展合作领域。

第三章　促进措施

第十三条　鼓励东部地区的职业学校、企业与中西部地区的职业学校、企业开展跨区校企合作，带动贫困地区、民族地区和革命老区职业教育的发展。

第十四条　地方人民政府有关部门在制定产业发展规划、产业激励政策、脱贫攻坚规划时，应当将促进企业参与校企合作、培养技术技能人才作为重要内容，加强指导、支持和服务。

第十五条 教育、人力资源社会保障部门应当会同有关部门，建立产教融合信息服务平台，指导、协助职业学校与相关企业建立合作关系。

行业主管部门和行业组织应当充分发挥作用，根据行业特点和发展需要，组织和指导企业提出校企合作意向或者规划，参与校企合作绩效评价，并提供相应支持和服务，推进校企合作。

鼓励有关部门、行业、企业共同建设互联互通的校企合作信息化平台，引导各类社会主体参与平台发展、实现信息共享。

第十六条 教育行政部门应当把校企合作作为衡量职业学校办学水平的基本指标，在院校设置、专业审批、招生计划、教学评价、教师配备、项目支持、学校评价、人员考核等方面提出相应要求；对校企合作设置的适应就业市场需求的新专业，应当予以支持；应当鼓励和支持职业学校与企业合作开设专业，制定专业标准、培养方案等。

第十七条 职业学校应当吸纳合作关系紧密、稳定的企业代表加入理事会（董事会），参与学校重大事项的审议。

职业学校设置专业，制定培养方案、课程标准等，应当充分听取合作企业的意见。

第十八条 鼓励职业学校与企业合作开展学徒制培养。开展学徒制培养的学校，在招生专业、名额等方面应当听取企业意见。有技术技能人才培养能力和需求的企业，可以与职业学校合作设立学徒岗位，联合招收学员，共同确定培养方案，以工学结合方式进行培养。

教育行政部门、人力资源社会保障部门应当在招生计划安排、学籍管理等方面予以倾斜和支持。

第十九条 国家发展改革委、教育部会同人力资源社会保障部、工业和信息化部、财政部等部门建立工作协调机制，鼓励省级人民政府开展产教融合型企业建设试点，对深度参与校企合作，行为规范、成效显著、具有较大影响力的企业，按照国家有关规定予以表彰和相应政策支持。各级工业和信息化行政部门应当把企业参与校企合作的情况，作为服务型制造示范企业及其他有关示范企业评选的重要指标。

第二十条 鼓励各地通过政府和社会资本合作、购买服务等形式支持校企合作。鼓励各地采取竞争性方式选择社会资本，建设或者支持企业、学校建设公共性实习实训、创新创业基地、研发实践课程、教学资源等公共服务项目。按规定落实财税用地等政策，积极支持职业教育发展和企业参与办学。

鼓励金融机构依法依规审慎授信管理，为校企合作提供相关信贷和融资支持。

第二十一条　企业因接收学生实习所实际发生的与取得收入有关的合理支出，以及企业发生的职工教育经费支出，依法在计算应纳税所得额时扣除。

第二十二条　县级以上地方人民政府对校企合作成效显著的企业，可以按规定给予相应的优惠政策；应当鼓励职业学校通过场地、设备租赁等方式与企业共建生产型实训基地，并按规定给予相应的政策优惠。

第二十三条　各级人民政府教育、人力资源社会保障等部门应当采取措施，促进职业学校与企业人才的合理流动、有效配置。

职业学校可在教职工总额中安排一定比例或者通过流动岗位等形式，用于面向社会和企业聘用经营管理人员、专业技术人员、高技能人才等担任兼职教师。

第二十四条　开展校企合作企业中的经营管理人员、专业技术人员、高技能人才，具备职业学校相应岗位任职条件，经过职业学校认定和聘任，可担任专兼职教师，并享受相关待遇。上述企业人员在校企合作中取得的教育教学成果，可视同相应的技术或科研成果，按规定予以奖励。

职业学校应当将参与校企合作作为教师业绩考核的内容，具有相关企业或生产经营管理一线工作经历的专业教师在评聘和晋升职务（职称）、评优表彰等方面，同等条件下优先对待。

第二十五条　经所在学校或企业同意，职业学校教师和管理人员、企业经营管理和技术人员根据合作协议，分别到企业、职业学校兼职的，可根据有关规定和双方约定确定薪酬。

职业学校及教师、学生拥有知识产权的技术开发、产品设计等成果，可依法依规在企业作价入股。职业学校和企业对合作开发的专利及产品，根据双方协议，享有使用、处置和收益管理的自主权。

第二十六条　职业学校与企业就学生参加跟岗实习、顶岗实习和学徒培养达成合作协议的，应当签订学校、企业、学生三方协议，并明确学校与企业在保障学生合法权益方面的责任。

企业应当依法依规保障顶岗实习学生或者学徒的基本劳动权益，并按照有关规定及时足额支付报酬。任何单位和个人不得克扣。

第二十七条　推动建立学生实习强制保险制度。职业学校和实习单位应根据有关规定，为实习学生投保实习责任保险。职业学校、企业应当在协议中约定为实习学生投保实习责任保险的义务与责任，健全学生权益保障和风险分担机制。

第四章　监督检查

第二十八条　各级人民政府教育督导委员会负责对职业学校、政府落实校企合作职责的情况进行专项督导，定期发布督导报告。

第二十九条　各级教育、人力资源社会保障部门应当将校企合作情况作为职业学校办学业绩和水平评价、工作目标考核的重要内容。

各级人民政府教育行政部门会同相关部门以及行业组织，加强对企业开展校企合作的监督、指导，推广效益明显的模式和做法，推进企业诚信体系建设，做好管理和服务。

第三十条　职业学校、企业在合作过程中不得损害学生、教师、企业员工等的合法权益；违反相关法律法规规定的，由相关主管部门责令整改，并依法追究相关单位和人员责任。

第三十一条　职业学校、企业骗取和套取政府资金的，有关主管部门应当责令限期退还，并依法依规追究单位及其主要负责人、直接负责人的责任；构成犯罪的，依法追究刑事责任。

第五章　附　则

第三十二条　本办法所称的职业学校，是指依法设立的中等职业学校（包括普通中等专业学校、成人中等专业学校、职业高中学校、技工学校）和高等职业学校。

本办法所称的企业，指在各级工商行政管理部门登记注册的各类企业。

第三十三条　其他层次类型的高等学校开展校企合作，职业学校与机关、事业单位、社会团体等机构开展合作，可参照本办法执行。

第三十四条　本办法自 2018 年 3 月 1 日起施行。

附录5

国务院关于印发《国家职业教育改革实施方案》的通知

国发〔2019〕4号

各省、自治区、直辖市人民政府，国务院各部委、各直属机构：

现将《国家职业教育改革实施方案》印发给你们，请认真贯彻执行。

国务院

2019 年 1 月 24 日

（此件公开发布）

国家职业教育改革实施方案

职业教育与普通教育是两种不同教育类型，具有同等重要地位。改革开放以来，职业教育为我国经济社会发展提供了有力的人才和智力支撑，现代职业教育体系框架全面建成，服务经济社会发展能力和社会吸引力不断增强，具备了基本实现现代化的诸多有利条件和良好工作基础。随着我国进入新的发展阶段，产业升级和经济结构调整不断加快，各行各业对技术技能人才的需求越来越紧迫，职业教育重要地位和作用越来越凸显。但是，与发达国家相比，与建设现代化经济体系、建设教育强国的要求相比，我国职业教育还存在着体系建设不够完善、职业技能实训基地建设有待加强、制度标准不够健全、企业参与办学的动力不足、有利于技术技能人才成长的配套政策尚待完善、办学和人才培养质量水平参差不齐等问题，到了必须下大力气抓好的时候。没有职业教育现代化就没有教育现代化。为贯彻全国教育大会精神，进一步办好新时代职业教育，落实《中华人民共和国职业教育法》，制定本实施方案。

总体要求与目标：坚持以习近平新时代中国特色社会主义思想为指导，把职业教育摆在教育改革创新和经济社会发展中更加突出的位置。牢固树立新发展理念，服务建设现代化经济体系和实现更高质量更充分就业需要，对接科技发展趋势和市场需求，完善职业教育和培训体系，优化学校、专业布局，深化办学体制改革和育人机制改革，以促进就业和适应产业发展需求为导向，鼓励和支持社会各界特别是企业积极支持职业教育，着力培养高素质劳动者和技术技能人才。经过5—10年左右时间，职业教育基本完成由政府举办为主向政府统筹管理、社会多元办学的格局转变，由追求规模扩张向提高质量转变，由参照普通教育办学模式向企业社会参与、专业特色鲜明的类型教育转变，大幅提升新时代职业教育现代化水平，为促进经济社会发展和提高国家竞争力提供优质人才资源支撑。

具体指标：到2022年，职业院校教学条件基本达标，一大批普通本科高等学校向应用型转变，建设50所高水平高等职业学校和150个骨干专业（群）。建成覆盖大部分行业领域、具有国际先进水平的中国职业教育标准体系。企业参与职业教育的积极性有较大提升，培育数以万计的产教融合型企业，打造一批优秀职业教育培训评价组织，推动建设300个具有辐射引领作用的高水平专业化产教融合实训基地。职业院校实践性教学课时原则上占总课时一半以上，顶岗实习时间一般为6个月。"双师型"教师（同时具备理论教学和实践教学能力的教师）占专业课教师总数超过一半，分专业建设一批国家级职业教育教师教学创新团队。从2019年开始，在职业院校、应用型本科高校启动"学历证书＋若干职业技能等级证书"制度试点（以下称1+X证书制度试点）工作。

一、完善国家职业教育制度体系

（一）健全国家职业教育制度框架

把握好正确的改革方向，按照"管好两端、规范中间、书证融通、办学多元"的原则，严把教学标准和毕业学生质量标准两个关口。将标准化建设作为统领职业教育发展的突破口，完善职业教育体系，为服务现代制造业、现代服务业、现代农业发展和职业教育现代化提供制度保障与人才支持。建立健全学校设置、师资队伍、教学教材、信息化建设、安全设施等办学标准，引领职业教育服务发展、促进就业创业。落实好立德树人根本任务，健全德技并修、工学结合的育人机制，完善评价机制，规范人才培养全过程。深化产教融合、校企合作，育训结合，健全多元化办学格局，推动企业深度参与协同育人，扶持鼓励企业和社会力量参与举办各类职业教育。推进资历框架建设，探索实现学历证书和职业技能等级证书互通衔接。

（二）提高中等职业教育发展水平

优化教育结构，把发展中等职业教育作为普及高中阶段教育和建设中国特色职业教育体系的重要基础，保持高中阶段教育职普比大体相当，使绝大多数城乡新增劳动力接受高中阶段教育。改善中等职业学校基本办学条件。加强省级统筹，建好办好一批县域职教中心，重点支持集中连片特困地区每个地（市、州、盟）原则上至少建设一所符合当地经济社会发展和技术技能人才培养需要的中等职业学校。指导各地优化中等职业学校布局结构，科学配置并做大做强职业教育资源。加大对民族地区、贫困地区和残疾人职业教育的政策、金融支持力度，落实职业教育东西协作行动计划，办好内地少数民族中职班。完善招生机制，建立中等职业学校和普通高中统一招生平台，精准服务区域发展需求。积极招收初高中毕业未升学学生、退役军人、退役运动员、下岗职工、返乡农民工等接受中等职业教育；服务乡村振兴战略，为广大农村培养以新型职业农民为主体的农村实用人才。发挥中等职业学校作用，帮助部分学业困难学生按规定在职业学校完成义务教育，并接受部分职业技能学习。

鼓励中等职业学校联合中小学开展劳动和职业启蒙教育，将动手实践内容纳入中小学相关课程和学生综合素质评价。

（三）推进高等职业教育高质量发展

把发展高等职业教育作为优化高等教育结构和培养大国工匠、能工巧匠的重要方式，使城乡新增劳动力更多接受高等教育。高等职业学校要培养服务区域发展的高素质技术技能人才，重点服务企业特别是中小微企业的技术研发和产品升级，加强社区教育和终身学习服务。建立"职教高考"制度，完善"文化素质＋职业技能"的考试招生办法，提高生源质量，为学生接受高等职业教育提供多种入学方式和学习方式。在学前教育、护理、养老服务、健康服务、现代服务业等领域，扩大对初中毕业生实行中高职贯通培养的招生规模。启动实施中国特色高水平高等职业学校和专业建设计划，建设一批引领改革、支撑发展、中国特色、世界水平的高等职业学校和骨干专业（群）。根据高等学校设置制度规定，将符合条件的技师学院纳入高等学校序列。

（四）完善高层次应用型人才培养体系

完善学历教育与培训并重的现代职业教育体系，畅通技术技能人才成长渠道。发展以职业需求为导向、以实践能力培养为重点、以产学研用结合为途径的专业学位研究生培养模式，加强专业学位硕士研究生培养。推动具备条件的普通本科高校向应用型转变，鼓励有条件的普通高校开办应用技术类型专业或课程。开展本科层次职业教育试点。制定中国技能大赛、全国职业院校技能大赛、世界技能大赛获奖选手等免试入学政策，探索长学制培养高端技术技能人才。服务军民融合发展，把军队相关的职业教育纳入国家职业教育大体系，共同做好面向现役军人的教育培训，支持其在服役期间取得多类职业技能等级证书，提升技术技能水平。落实好定向培养直招士官政策，推动地方院校与军队院校有效对接，推动优质职业教育资源向军事人才培养开放，建立军地网络教育资源共享机制。制订具体政策办法，支持适合的退役军人进入职业院校和普通本科高校接受教育和培训，鼓励支持设立退役军人教育培训集团（联盟），推动退役、培训、就业有机衔接，为促进退役军人特别是退役士兵就业创业作出贡献。

二、构建职业教育国家标准

（五）完善教育教学相关标准

发挥标准在职业教育质量提升中的基础性作用。按照专业设置与产业需求对接、课程内容与职业标准对接、教学过程与生产过程对接的要求，完善中等、高等职业学校设置标准，规范职业院校设置；实施教师和校长专业标准，提升职业院校教学管理和教学实践能力。持续更新并推进专业目录、专业教学标准、课程标准、顶岗实习标准、实训条件建设标准（仪器设备配备规范）建设和在职业院校落地实施。巩固和发展国务院教育行政部门联合行业制定国家教学标准、职业院校依据标准自主制订人才培养方案的工作格局。

（六）启动1+X证书制度试点工作

深化复合型技术技能人才培养培训模式改革，借鉴国际职业教育培训普遍做法，制订工作方案和具体管理办法，启动1+X证书制度试点工作。试点工作要进一步发挥好学历证书作用，夯实学生可持续发展基础，鼓励职业院校学生在获得学历证书的同时，积极取得多类职业技能等级证书，拓展就业创业本领，缓解结构性就业矛盾。国务院人力资源社会保障行政部门、教育行政部门在职责范围内，分别负责管理监督考核院校外、院校内职业技能等级证书的实施（技工院校内由人力资源社会保障行政部门负责），国务院人力资源社会保障行政部门组织制定职业标准，国务院教育行政部门依照职业标准牵头组织开发教学等相关标准。院校内培训可面向社会人群，院校外培训也可面向在校学生。各类职业技能等级证书具有同等效力，持有证书人员享受同等待遇。院校内实施的职业技能等级证书分为初级、中级、高级，是职业技能水平的凭证，反映职业活动和个人职业生涯发展所需要的综合能力。

（七）开展高质量职业培训

落实职业院校实施学历教育与培训并举的法定职责，按照育训结合、长短结合、内外结合的要求，面向在校学生和全体社会成员开展职业培训。自2019年开始，围绕现代农业、先进制造业、现代服务业、战略性新兴产业，推动职业院校在10个左右技术技能人才紧缺领域大力开展职业培训。引导行业企业深度参与技术技能人才培养培训，促进职业院校加强专业建设、深化课程改革、增强实训内容、提高师资水平，全面提升教育教学质量。各级政府要积极支持职业培训，行政部门要简政放权并履行好监管职责，相关下属机构要优化服务，对于违规收取费用的要严肃处理。畅通技术技能人才职业发展通道，鼓励其持续获得适应经济社会发展需要的职业培训证书，引导和支持企业等用人单位落实相关待遇。对取得职业技能等级证书的离校未就业高校毕业生，按规定落实职业培训补贴政策。

（八）实现学习成果的认定、积累和转换

加快推进职业教育国家"学分银行"建设，从2019年开始，探索建立职业教育个人学习账号，实现学习成果可追溯、可查询、可转换。有序开展学历证书和职业技能等级证书所体现的学习成果的认定、积累和转换，为技术技能人才持续成长拓宽通道。职业院校对取得若干职业技能等级证书的社会成员，支持其根据证书等级和类别免修部分课程，在完成规定内容学习后依法依规取得学历证书。对接受职业院校学历教育并取得毕业证书的学生，在参加相应的职业技能等级证书考试时，可免试部分内容。从2019年起，在有条件的地区和高校探索实施试点工作，制定符合国情的国家资历框架。

三、促进产教融合校企"双元"育人

（九）坚持知行合一、工学结合

借鉴"双元制"等模式，总结现代学徒制和企业新型学徒制试点经验，校企共同研究制定人才培养方案，及时将新技术、新工艺、新规范纳入教学标准和教学内容，强化学生实习实训。健全专业设置定期评估机制，强化地方引导本区域职业院校优化专业设置的职责，原则上每5年修订1次职业院校专业目录，学校依据目录灵活自主设置专业，每年调整1次专业。健全专业教学资源库，建立共建共享平台的资源认证标准和交易机制，进一步扩大优质资源覆盖面。遴选认定一大批职业教育在线精品课程，建设一大批校企"双元"合作开发的国家规划教材，倡导使用新型活页式、工作手册式教材并配套开发信息化资源。每3年修订1次教材，其中专业教材随信息技术发展和产业升级情况及时动态更新。适应"互联网＋职业教育"发展需求，运用现代信息技术改进教学方式方法，推进虚拟工厂等网络学习空间建设和普遍应用。

（十）推动校企全面加强深度合作

职业院校应当根据自身特点和人才培养需要，主动与具备条件的企业在人才培养、技术创新、就业创业、社会服务、文化传承等方面开展合作。学校积极为企业提供所需的课程、师资等资源，企业应当依法履行实施职业教育的义务，利用资本、技术、知识、设施、设备和管理等要素参与校企合作，促进人力资源开发。校企合作中，学校可从中获得智力、专利、教育、劳务等报酬，具体分配由学校按规定自行处理。在开展国家产教融合建设试点基础上，建立产教融合型企业认证制度，对进入目录的产教融合型企业给予"金融＋财政＋土地＋信用"的组合式激励，并按规定落实相关税收政策。试点企业兴办职业教育的投资符合条件的，可按投资额一定比例抵免该企业当年应缴教育费附加和地方教育附加。厚植企业承担职业教育责任的社会环境，推动职业院校和行业企业形成命运共同体。

（十一）打造一批高水平实训基地

加大政策引导力度，充分调动各方面深化职业教育改革创新的积极性，带动各级政府、企业和职业院校建设一批资源共享，集实践教学、社会培训、企业真实生产和社会技术服务于一体的高水平职业教育实训基地。面向先进制造业等技术技能人才紧缺领域，统筹多种资源，建设若干具有辐射引领作用的高水平专业化产教融合实训基地，推动开放共享，辐射区域内学校和企业；鼓励职业院校建设或校企共建一批校内实训基地，提升重点专业建设和校企合作育人水平。积极吸引企业和社会力量参与，指导各地各校借鉴德国、日本、瑞士等国家经验，探索创新实训基地运营模式。提高实训基地规划、管理水平，为社会公众、职业院校在校生取得职业技能等级证书和企业提升人力资源水平提供有力支撑。

（十二）多措并举打造"双师型"教师队伍

从 2019 年起，职业院校、应用型本科高校相关专业教师原则上从具有 3 年以上企业工作经历并具有高职以上学历的人员中公开招聘，特殊高技能人才（含具有高级工以上职业资格人员）可适当放宽学历要求，2020 年起基本不再从应届毕业生中招聘。加强职业技术师范院校建设，优化结构布局，引导一批高水平工科学校举办职业技术师范教育。实施职业院校教师素质提高计划，建立 100 个"双师型"教师培养培训基地，职业院校、应用型本科高校教师每年至少 1 个月在企业或实训基地实训，落实教师 5 年一周期的全员轮训制度。探索组建高水平、结构化教师教学创新团队，教师分工协作进行模块化教学。定期组织选派职业院校专业骨干教师赴国外研修访学。在职业院校实行高层次、高技能人才以直接考察的方式公开招聘。建立健全职业院校自主聘任兼职教师的办法，推动企业工程技术人员、高技能人才和职业院校教师双向流动。职业院校通过校企合作、技术服务、社会培训、自办企业等所得收入，可按一定比例作为绩效工资来源。

四、建设多元办学格局

（十三）推动企业和社会力量举办高质量职业教育

各级政府部门要深化"放管服"改革，加快推进职能转变，由注重"办"职业教育向"管理与服务"过渡。政府主要负责规划战略、制定政策、依法依规监管。发挥企业重要办学主体作用，鼓励有条件的企业特别是大企业举办高质量职业教育，各级人民政府可按规定给予适当支持。完善企业经营管理和技术人员与学校领导、骨干教师相互兼职兼薪制度。2020 年初步建成 300 个示范性职业教育集团（联盟），带动中小企业参与。支持和规范社会力量兴办职业教育培训，鼓励发展股份制、混合所有制等职业院校和各类职业培训机构。建立公开透明规范的民办职业教育准入、审批制度，探索民办职业教育负面清单制度，建立健全退出机制。

（十四）做优职业教育培训评价组织

职业教育包括职业学校教育和职业培训，职业院校和应用型本科高校按照国家教学标准和规定职责完成教学任务和职业技能人才培养。同时，也必须调动社会力量，补充校园不足，助力校园办学。能够依据国家有关法规和职业标准、教学标准完成的职业技能培训，要更多通过职业教育培训评价组织（以下简称培训评价组织）等参与实施。政府通过放宽准入，严格末端监督执法，严格控制数量，扶优、扶大、扶强，保证培训质量和学生能力水平。要按照在已成熟的品牌中遴选一批、在成长中的品牌中培育一批、在有需要但还没有建立项目的领域中规划一批的原则，以社会化机制公开招募并择优遴选培训评价组织，优先从制订过国家职业标准并完成标准教材编写，具有专家、师资团队、资金实力和 5 年以上优秀培训业绩的机构中选择。培训评价组织应对接职业标准，与国际先进标准接轨，按有关规定开发职业技能等级标准，负责实施职业技能考核、评价和证书发放。政府部门要加强监管，防止出现乱培训、滥发证现象。行业协会要积极配合政府，为培训评价组织提供好服务环境支持，不得以任何方式收取费用或干预企业办学行为。

五、完善技术技能人才保障政策

（十五）提高技术技能人才待遇水平

支持技术技能人才凭技能提升待遇，鼓励企业职务职级晋升和工资分配向关键岗位、生产一线岗位和紧缺急需的高层次、高技能人才倾斜。建立国家技术技能大师库，鼓励技术技能大师建立大师工作室，并按规定给予政策和资金支持，支持技术技能大师到职业院校担任兼职教师，参与国家重大工程项目联合攻关。积极推动职业院校毕业生在落户、就业、参加机关事业单位招聘、职称评审、职级晋升等方面与普通高校毕业生享受同等待遇。逐步提高技术技能人才特别是技术工人收入水平和地位。机关和企事业单位招用人员不得歧视职业院校毕业生。国务院人力资源社会保障行政部门会同有关部门，适时组织清理调整对技术技能人才的歧视政策，推动形成人人皆可成才、人人尽展其才的良好环境。按照国家有关规定加大对职业院校参加有关技能大赛成绩突出毕业生的表彰奖励力度。办好职业教育活动周和世界青年技能日宣传活动，深入开展"大国工匠进校园"、"劳模进校园"、"优秀职校生校园分享"等活动，宣传展示大国工匠、能工巧匠和高素质劳动者的事迹和形象，培育和传承好工匠精神。

（十六）健全经费投入机制

各级政府要建立与办学规模、培养成本、办学质量等相适应的财政投入制度，地方政府要按规定制定并落实职业院校生均经费标准或公用经费标准。在保障教育合理投入的同时，优化教育支出结构，新增教育经费要向职业教育倾斜。鼓励社会力量捐资、出资兴办职业教育，拓宽办学筹资渠道。进一步完善中等职业学校生均拨款制度，各地中等职业学校生均财政拨款水平可适当高于当地普通高中。各地在继续巩固落实好高等职业教育生均财政拨款水平达到12000元的基础上，根据发展需要和财力可能逐步提高拨款水平。组织实施好现代职业教育质量提升计划、产教融合工程等。经费投入要进一步突出改革导向，支持校企合作，注重向中西部、贫困地区和民族地区倾斜。进一步扩大职业院校助学金覆盖面，完善补助标准动态调整机制，落实对建档立卡等家庭经济困难学生的倾斜政策，健全职业教育奖学金制度。

六、加强职业教育办学质量督导评价

（十七）建立健全职业教育质量评价和督导评估制度

以学习者的职业道德、技术技能水平和就业质量，以及产教融合、校企合作水平为核心，建立职业教育质量评价体系。定期对职业技能等级证书有关工作进行"双随机、一公开"的抽查和监督，从2019年起，对培训评价组织行为和职业院校培训质量进行监测和评估。实施职业教育质量年度报告制度，报告向社会公开。完善政府、行业、企业、职业院校等共同参与的质量评价机制，积极支持第三方机构开展评估，将考核结果作为政策支持、绩效考核、表彰奖励的重要依据。完善职业教育督导评估办法，建立职业教育定期督导评估和专项督导评估制度，落实督导报告、公报、约谈、限期整改、奖惩等制度。国务院教育督导委员会定期听取职业教育督导评估情况汇报。

（十八）支持组建国家职业教育指导咨询委员会

为把握正确的国家职业教育改革发展方向，创新我国职业教育改革发展模式，提出重大政策研究建议，参与起草、制订国家职业教育法律法规，开展重大改革调研，提供各种咨询意见，进一步提高政府决策科学化水平，规划并审议职业教育标准等，在政府指导下组建国家职业教育指导咨询委员会。成员包括政府人员、职业教育专家、行业企业专家、管理专家、职业教育研究人员、中华职业教育社等团体和社会各方面热心职业教育的人士。通过政府购买服务等方式，听取咨询机构提出的意见建议并鼓励社会和民间智库参与。政府可以委托国家职业教育指导咨询委员会作为第三方，对全国职业院校、普通高校、校企合作企业、培训评价组织的教育管理、教学质量、办学方式模式、师资培养、学生职业技能提升等情况，进行指导、考核、评估等。

七、做好改革组织实施工作

（十九）加强党对职业教育工作的全面领导

以习近平新时代中国特色社会主义思想特别是习近平总书记关于职业教育的重要论述武装头脑、指导实践、推动工作。加强党对教育事业的全面领导，全面贯彻党的教育方针，落实中央教育工作领导小组各项要求，保证职业教育改革发展正确方向。要充分发挥党组织在职业院校的领导核心和政治核心作用，牢牢把握学校意识形态工作领导权，将党建工作与学校事业发展同部署、同落实、同考评。指导职业院校上好思想政治理论课，实施好中等职业学校"文明风采"活动，推进职业教育领域"三全育人"综合改革试点工作，使各类课程与思想政治理论课同向同行，努力实现职业技能和职业精神培养高度融合。加强基层党组织建设，有效发挥基层党组织的战斗堡垒作用和共产党员的先锋模范作用，带动学校工会、共青团等群团组织和学生会组织建设，汇聚每一位师生员工的积极性和主动性。

（二十）完善国务院职业教育工作部际联席会议制度

国务院职业教育工作部际联席会议由教育、人力资源社会保障、发展改革、工业和信息化、财政、农业农村、国资、税务、扶贫等单位组成，国务院分管教育工作的副总理担任召集人。联席会议统筹协调全国职业教育工作，研究协调解决工作中重大问题，听取国家职业教育指导咨询委员会等方面的意见建议，部署实施职业教育改革创新重大事项，每年召开两次会议，各成员单位就有关工作情况向联席会议报告。国务院教育行政部门负责职业教育工作的统筹规划、综合协调、宏观管理，国务院教育行政部门、人力资源社会保障行政部门和其他有关部门在职责范围内，分别负责有关的职业教育工作。各成员单位要加强沟通协调，做好相关政策配套衔接，在国家和区域战略规划、重大项目安排、经费投入、企业办学、人力资源开发等方面形成政策合力。推动落实《中华人民共和国职业教育法》，为职业教育改革创新提供重要的制度保障。

参考文献

一、马克思主义经典著作及重要文件

［1］马克思.资本论（第1~3卷）［M］.北京：人民出版社，2004.

［2］马克思，恩格斯.马克思恩格斯全集（第31卷）［M］.北京：人民出版社，1972.

［3］马克思，恩格斯.马克思恩格斯全集（第42卷）［M］.北京：人民出版社，1979.

［4］马克思，恩格斯.马克思恩格斯全集（第46卷上）［M］.北京：人民出版社，1979.

［5］马克思，恩格斯.马克思恩格斯全集（第46卷下）［M］.北京：人民出版社，1952.

［6］马克思.1844年经济学—哲学手稿［M］.北京：人民出版社，2000.

［7］列宁.列宁全集（第1~33卷）［M］.北京：人民出版社，1972.

［8］斯大林.斯大林全集（第13卷）［M］.北京：人民出版社，1956.

［9］毛泽东.毛泽东选集（第1~4卷）［M］.北京：人民出版社，1991.

［10］毛泽东.毛泽东选集（第5卷）［M］.北京：人民出版社，1977.

［11］邓小平.邓小平文选（第1~3卷）［M］.北京：人民出版社，1994.

［12］邓小平.建设有中国特色的社会主义（增订本）［M］.北京：人民出版社，1984.

［13］周恩来.周恩来选集（上）［M］.北京：人民出版社，1984.

［14］周恩来.周恩来选集（下）［M］.北京：人民出版社，1984.

［15］刘少奇.刘少奇选集（上卷）［M］.北京：人民出版社，1985.

［16］刘少奇.刘少奇选集（下卷）［M］.北京：人民出版社，1985.

［17］朱德.朱德选集［M］.北京：人民出版社，1983.

［18］陈云.陈云文选（第1~3卷）［M］.北京：人民出版社，1995.

［19］江泽民.江泽民文选（第1卷）［M］.北京：人民出版社，2006.

［20］江泽民.江泽民文选（第2卷）［M］，北京：人民出版社，2006.

［21］江泽民.江泽民文选（第3卷）［M］.北京：人民出版社，2006.

［22］江泽民.论社会主义市场经济［M］.北京：中央文献出版社，2006.

［23］江泽民.论科学技术［M］.北京：中央文献出版社，2001.

［24］习近平.摆脱贫困［M］.福州：福建人民出版社，2014.

［25］《中国共产党第十一次全国代表大会报告》。

［26］《中国共产党第十一届中央委员会第三次全体会议公报》。

［27］《中国共产党第十二次全国代表大会报告》。

［28］《中国共产党第十二届中央委员会第三次全体会议公报》。

［29］《中国共产党第十三次全国代表大会报告》。

［30］《中国共产党第十三届中央委员会第三次全体会议公报》。

［31］《中国共产党第十四次全国代表大会报告》。

［32］《中国共产党第十四届中央委员会第三次全体会议公报》。

［33］《中国共产党第十五次全国代表大会报告》。

［34］《中国共产党第十五届中央委员会第三次全体会议公报》。

［35］《中国共产党第十六次全国代表大会报告》。

［36］《中国共产党第十六届中央委员会第三次全体会议公报》。

［37］《中国共产党第十七次全国代表大会报告》。

［38］《中国共产党第十七届中央委员会第三次全体会议公报》。

［39］《中国共产党第十八次全国代表大会报告》。

［40］《中国共产党第十八届中央委员会第三次全体会议公报》。

［41］《中国共产党第十九次全国代表大会报告》。

［42］《中国共产党第十九届中央委员会第三次全体会议公报》。

［43］《中共中央关于坚持和完善中国特色社会主义制度　推进国家治理体系和治理能力现代化若干重大问题的决定》。

［44］《中共中央关于制定国民经济和。社会发展十年规划和"八五"计划的建议》。

［45］《中共中央关于制定国民经济和社会发展"九五"计划和二零一零年远景目标的建议》。

［46］《中共中央关于制定国民经济和社会发展第十个五年规划的建议》。

〔47〕《中共中央关于制定国民经济和社会发展第十一个五年规划的建议》。

〔48〕《中共中央关于制定国民经济和社会发展第十二个五年规划的建议》。

〔49〕《中共中央关于制定国民经济和社会发展第十三个五年规划的建议》。

〔50〕《国务院关于大力推进职业教育改革与发展的决定》（国发〔2002〕16号）。

〔51〕《教育部关于以就业为导向 深化高等职业教育改革的若干意见》（教高〔2004〕1号）。

〔52〕《教育部等七部门关于进一步加强职业教育工作的若干意见》（教职成〔2004〕13号）。

〔53〕《国务院关于大力发展职业教育的决定》（国发〔2005〕35号）。

〔54〕《教育部 财政部关于实施国家示范性高等职业院校建设计划加快高等职业教育改革与发展的意见》（教高〔2006〕14号）。

〔55〕《国家中长期教育改革和发展规划纲要（2010—2020年）》。

〔56〕《国务院关于推进文化创意和设计服务与相关产业融合发展的若干意见》（国发〔2014〕10号）。

〔57〕《国务院关于加快发展现代职业教育的决定》（国发〔2014〕19号）。

〔58〕《现代职业教育体系建设规划（2014-2020年）》（教发〔2014〕6号）。

〔59〕《教育部关于开展现代学徒制试点工作的意见》（教职成〔2014〕9号）。

〔60〕《教育部关于深化职业教育教学改革 全面提高人才培养质量的若干意见》（教职成〔2015〕6号）。

〔61〕习近平在省部级主要领导干部学习贯彻党的十八届五中全会精神专题研讨班上的讲话〔N〕.人民日报，2016-05-10.

〔62〕《国务院办公厅关于深化产教融合的若干意见》（国办发〔2017〕95号）。

〔63〕《教育部等六部门关于印发职业学校校企合作促进办法的通知》（教职成〔2018〕1号）。

〔64〕《国务院关于印发国家职业教育改革实施方案的通知》（国发〔2019〕4号）。

二、专著

[1]威廉·配第.赋税论 献给英明人士 货币略论[M].北京：商务印书馆，1963.

[2]威廉·配第.政治算数[M].北京：中国社会科学出版社，2010.

[3]李斯特.政治经济学的国民体系[M].邱伟立译.北京：人民日报出版社，2009.

[4]马歇尔.经济学原理[M].彭逸林译.北京：人民日报出版社，2009.

[5]李斯特.政治经济学的自然体系（英文版）[M].伦敦：弗兰克·卡斯出版公司，1983.

[6]亚当·斯密.国民财富的性质和原因的研究[M].上海：上海三联书店，2009.

[7]米尔顿·弗里德曼.资本主义与自由[M].张瑞玉译.北京：商务印书馆，2004.

[8][美]西奥多·W.舒尔茨.人力投资——人口质量经济学[M].北京：华夏出版社，1990.

[9][美]西奥多·W.舒尔茨.人力资本投资——教育和研究的作用[M].北京：商务印书馆，1990.

[10]顾海良.马克思主义发展史[M].北京：中国人民大学出版社，2010.

[11]武力.中华人民共和国经济史（上下卷）[M].北京：中国时代经济出版社，2010.

[12]徐伟新.中国新常态[M].北京：人民出版社，2015.

[13]陈征，李建平，郭铁民.《资本论》在社会主义市场经济中的运用与发展[M].福州：福建教育出版社，1998.

[14]陈征.《资本论》解说（第1~3卷）[M].福州：福建教育出版社，1999.

[15]李建平.《资本论》第一卷辩证法探索[M].北京：社会科学文献出版社，2006.

[16]李建平.科技进步与经济增长[M].北京：中国经济出版社，2005.

[17]程恩富，李建平.中国经济规律研究报告（2013年）[M].北京：经济科学出版社，2014.

［18］李建建，黄茂兴，李军军．经济科学实验方法［M］.北京：经济科学出版社，2013.

［19］黄茂兴．论技术选择与经济增长［M］.北京：社会科学文献出版社，2010.

［20］苌景州．教育投资经济分析［M］.北京：中国人民大学出版社，1996.

［21］邱渊．教育经济学导论［M］.北京：人民教育出版社.1989.

［22］姜大源．当代世界职业教育发展趋势研究［M］.北京：电子工业出版社，2012.

［23］邢晖．高等职业教育百名书记校长思考录：研究者与实践者的对话［M］.北京：学苑出版社，2013.

［24］陈兴林．中国史纲［M］.北京：人民教育出版社，2000.

［25］陈婴婴．职业结构与流动［M］.北京：东方出版社，1995.

［26］顾明远，梁忠义．职业教育［M］.长春：吉林教育出版社，2000.

［27］顾明远，梁忠义．世界教育大系［M］.长春：吉林教育出版社，2000.

［28］顾明远，薛理银．比较教育导论——教育与国家发展［M］.北京：人民教育出版社，1998.

［29］胡定荣．课程改革的文化研究［M］.北京：教育科学出版社，2005.

［30］胡海波．正义的追寻［M］.长春：东北师范大学出版社，1997.

［31］胡顺延，周明祖．中国城镇化发展战略［M］.北京：中共中央党校出版社，2002.

［32］胡兆量，王恩涌，韩茂莉．中国区域经济差异及其对策［M］.北京：清华大学出版社，1997.

［33］扈中平．教育目的论［M］.武汉：湖北教育出版社，2004.

［34］华桦，蒋瑾．教育公平论［M］.天津：天津教育出版社，2006.

［35］黄济．教育哲学通论［M］.太原：山西教育出版社，2004.

［36］黄瑞雄．两种文化的冲突与融合［M］.桂林：广西师范大学出版社，2000.

［37］霍益萍．近代中国的高等教育［M］.上海：华东师范大学出版社，1999.

［38］纪芝信．职业技术教育学［M］.福州：福建教育出版社，2002.

［39］季卫东 . 法治秩序的建构［M］. 北京：中国政法大学出版社，2000.

［40］姜蕙 . 当代国际高等职业技术教育概论［M］. 兰州：兰州大学出版社，2002.

［41］蒋志学 . 人口与可持续发展［M］. 北京：中国环境科学出版社，2000.

［42］靳希斌 . 教育经济学［M］. 北京：人民教育出版社，2009.

［43］靳希斌 . 中国教育经济学理论与实践［M］. 成都：四川教育出版社，1997.

［44］景体华 . 中国区域经济发展报告［M］. 北京：社会科学文献出版社，2004.

［45］瞿葆奎 . 教育产业与教育产业化［M］. 上海：华东师范大学出版社，2001.

［46］瞿葆奎 . 中国教育研究新进展（2002）.［M］上海：华东师范大学出版社，2004.

［47］康永久 . 教育制度的生成与变革：新制度教育学论纲［M］. 北京：教育科学出版社，2001.

［48］王大一 . 苏霍姆林斯基教育理论体系［M］. 北京：人民教育出版社，1992.

［49］周蕖 . 中外职业技术教育比较［M］. 北京：人民教育出版社，1991.

［50］西蒙·马金森 . 澳大利亚教育与公共政策［M］. 杭州：浙江大学出版社，2007.

［51］［英］安迪·格林 . 教育与国家形成：英、法、美教育体系起源之比较［M］. 北京：教育科学出版社，2004.

［52］［日］矢野真和 . 高等教育的经济分析与政策［M］. 北京：北京大学出版社，2006.

［53］吉利 . 职业教育经济效能评价分析［M］. 北京：教育科学出版社，2008.

［54］何小刚 . 职业教育研究［M］. 合肥：安徽人民出版社，2006.

［55］［美］罗伯特·G. 欧文斯 . 教育组织行为学：适应型领导与学校改革（第8版）［M］. 北京：中国人民大学出版社，2007.

［56］张可创，李其龙 . 德国基础教育［M］. 广州：广东教育出版社，2005.

［57］顾明远 . 教育大辞典［M］. 上海：上海教育出版社，1998.

［58］联合国教科文组织.发展中国家的高等教育：危机与出路［M］.上海：教育科学出版社，2001.

［59］石伟平.比较职业技术教育［M］.上海：华东师范大学出版社，2001.

［60］杭永宝.职业教育的经济发展贡献和成本收益问题研究［M］.南京：东南大学出版社，2005.

［61］朱琴芬.新制度经济学［M］.上海：华东师范大学出版社，2006.

［62］黄林芳.教育发展机制论［M］.上海：上海财经大学出版社，2006.

［63］周建松，唐林伟.中国高等职业教育研究十年2001-2010［M］.杭州：浙江大学出版社，2012.

［64］徐为新.中国新常态［M］.北京：人民出版社，2015.

［65］［英］琳达·克拉克.职业教育：国际策略、发展与制度［M］.翟海魂译.北京：外语教学与研究出版社，2011.

［66］姜大源.当代德国职业教育主流教学思想研究——理论、实践与创新［M］.北京：清华大学出版社，2007.

［67］范先佐.教育经济学［M］.北京：中国人民大学出版社，2012.

［68］黄尧.职业教育可持续发展战略研究［M］.北京：高等教育出版社，2011.

［79］王清连，张社字.职业教育社会学［M］.北京：教育科学出版社，2008.

［70］马树超，郭扬.中国高等职业教育历史的抉择［M］.北京：高等教育出版社，2009.

［71］杨进，赵志群，刘杰.职业教育与中国制造业发展研究［M］.北京：高等教育出版社，2009.

三、期刊论文

［1］王奇.我国高等职业教育经费投入机制研究［J］.重庆交通大学学报（社会科学版），2015（2）.

［2］丁奕.转型地方高校发展的路径依赖与锁定效应分析，［J］.华中师范大学学报（人文社会科学版），2014（11）.

［3］何杨勇.高职教育经济功能的合理性批判［J］.职教论坛，2014（8）.

［4］王雅蕾．论高等教育经济效益的提升［J］.中国成人教育，2014（6）.

［5］周光礼．国家工业化与现代职业教育：高等教育与社会经济的耦合分析［J］.高等工程教育研究，2014（5）.

［6］王英伟．技术异化与职业技术教育定位的反思［J］.职业技术教育，2013（4）.

［7］陈舒，王学．教育经济学理论研究文献综述［J］.课程教育研究，2012（8）.

［8］郭福春．大陆与台湾高等职业教育比较研究［J］.黑龙江高教研究，2011（9）.

［9］吴宣恭．"人力资本"观念悖论分析［J］.经济学动态，2005（10）.

［10］陈明昆．英、法、德三国职业培训模式生成的社会文化背景分析［J］.外国教育研究，2008（1）.

［11］胡晓玉，滕超．基于人力资本投资视角的职业教育成本与收益问题研究［J］.职业教育研究，2009（7）.

［12］姜大源．职业教育的地位和作用被低估了［J］.中国农村教育，2008（7）.

［13］桑光淇．新古典经济学人力资本思想的特征［J］.扬州教育学院学报，2012（6）.

［14］马树超．完善职业教育体系条件保障的思考［J］.中国职业技术教育，2004（2）.

［15］周劲松．全面质量管理下高等职业院校的使能机制研究［J］.职业技术教育，2008（10）.

［16］余秀琴，金炳燮．中韩职业教育政策的若干比较研究［J］.职业技术教育，2006（34）.

［17］施斌．经济转型期中国的产业升级障碍分析［J］.科技创业月刊，2007（5）.

［18］陈篙．高等职业教育发展的现状分析及对策［J］.河北师范大学学报（教育科学版），2003（3）.

［19］沈剑光等．构建职业教育发展指标体系的思考［J］.职业技术教育，2003（31）.

［20］王明伦．高等职业教育发展评价及其指标体系构建［J］.当代教育论坛，2006（11）.

［21］陈继海，唐翌．中国产业集聚模式的动态考察［J］．当代财经，2003（10）．

［22］陈建新．教育起功利价值的贬抑和提升［J］．九江师专学报（哲学社会科学版），2003（4）．

［23］陈先运．高等职业教育与地方经济建设发展的关系［J］．中国高教研究，2005（3）．

［24］陈幼德．德国职业教育教师资格及培养模式的启迪［J］．教育发展研究，2000（2）．

［25］戴谷芳，杨虹．对高等职业教育的认识和思考［J］．北京成人教育，2001（4）．

［26］陈柳钦．教育经济学研究的理论拓展及其进一步发展［J］．高等教育研究（成都），2010（6）．

［27］董仁忠．制约中职校本课程开发的因素及对策［J］．中国职业技术教育，2004（28）．

［28］范唯，吴爱华．对高等职业教育发展的思考和建议［J］．中国高等教育，2006（15）．

［29］方钢山．国际职业教育政策分析［J］．职业技术教育，2005（22）．

［30］高长春．从区域经济协调角度看长三角经济增长极的发展［J］．南阳师范学院学报，2007（2）．

［31］工业化与城市化协调发展研究课题组．工业化与城市化关系的经济学分析［J］．中国社会科学，2002（2）．

［32］龚唯平．当代世界先进制造业发展的动因及新趋势［J］．产经论坛，2007（12）．

［33］垢宝印．德国职业教育概况［J］．教育与职业，2003（11）．

［34］周力辉，方世南．马克思恩格斯精神生产理论的经济学来源［J］．黑龙江社会科学，2012（6）．

［35］北京联合大学高等职业教育研究课题组．高等职业教育研究报告［J］．北京联合大学学报，1998（1）．

［36］何光峰．流动人口子女生活技能存在的问题及教育干预［J］．教育科学研究，2002（11）．

［37］何志方．职业技术教育与宏观经济发展［J］．教育与职业，2004（29）．

［38］郝文武．平等与效率相互促进的教育公平论［J］．教育研究，2007

（11）.

［39］郝文武．经济欠发达地区中等职业教育的发展与高等师范教育的改革［J］.教育研究，2004（4）.

［40］郝文武．舒尔茨人力资本与穷国经济增长理论探讨［J］.北京师范大学学报，1989（3）.

［41］胡永远．人力资本与经济增长：一个实例分析［J］.经济科学，2003（2）.

［42］扈中平．教育规律与教育价值［J］.教育评论，1996（2）.

［43］宦平．论新时期我国职业教育培养目标的界定与实现［J］.现代技能开发，2000（1）.

［44］黄璐．论产业结构调整中的高等职业教育发展［J］.南通职业大学学报，2000（3）.

［45］贾岩．我国高等职业教育人才培养模式探讨［J］.大连理工大学学报，2001（3）.

［46］蒋丽珠．浅谈构建适应我国农村劳动力转移的职业教育体系［J］.理论导刊，2006（5）.

［47］孔凡菊．高技能人才培养的重要性和紧迫性［J］.济宁学院学报，2007（5）.

［48］匡瑛，石伟平．职业教育集团化办学的比较研究［J］.教育发展研究，2008（7）.

［49］李春方．产学研结合必须加快三个创新［J］.理论前沿，2004（24）.

［50］李术蕊．创新发展高等职业教育——《2014 中国高等职业教育质量年度报告》［J］.中国职业技术教育，2014（9）.

［51］李会娟．民办中等职教发展结构概况分析［J］.职教论坛，2006（4）.

［52］李家成．当代中国学校教育价值取向：概念与研究定位［J］.宁波大学学报，2003（5）.

［53］李军，冯大鸣.1985—2004 年我国教育政策研究状况分析［J］.教育发展研究，2006（5）.

［54］李路路．论社会分层研究［J］.社会学研究，1999（1）.

［55］李时椿．基于信息化的制造业管理创新［J］.南京邮电大学学报，2007（3）.

［56］李守富．国外发展职业教育的几种模式［J］.中国民族教育，2003

（4）.

［57］李仲生.中国产业结构与就业结构的变化［J］.人口与经济，2000
（2）.

［58］梁红丽.对当前教育价值取向的几点思考［J］.机械工业高教研究，
2002（3）.

［59］李影.高等职业教育经济辐射效应的区域差异性研究——以江苏省
和山西省为例［J］.教育理论与实践，2014（4）.

［60］刘精明.教育与社会分层结构的变迁［J］.中国人民大学学报，2001
（2）.

［61］刘军，孙敏.创建高等职业教育特色的探索［J］.大连大学学报，
2001（1）.

［62］刘兰明.从美国社区学院看我国高职教育［J］.中国高等教育，2002
（2）.

［63］刘兰明.高等职业教育应走特色发展之路［J］.职业技术教育，2000
（9）.

［64］刘小兵.我国高级人才面临短缺危机［N］.光明日报，1999-02-15.

［65］刘旭东.教育价值浅论［J］.青海师范大学学报（社会科学版），
1990（1）.

［66］柳海民.平衡与制约：保证教育公平的一种选择和借鉴［J］.外国教
育研究，2003（6）.

［67］娄立志.尝试一种新的教育价值分类［J］.教育理论与实践，2002
（11）.

［68］卢品慕.高等职业教育与劳动力转移问题研究［J］.文教资料，2005
（34）.

［69］吕立志.教育创新与产业结构调整［J］.江苏高教，2003（1）.

［70］马凤岐.教育价值的理论问题［J］.北京师范大学学报（社会科学
版），1994（6）.

［71］马陆亭.教育对经济的推动与拉动［J］.高等教育研究，2006（1）.

［72］马庆发.职业教育：新农村建设的原动力［J］.职教论坛，2005（5）.

［73］孟天运，尉建文.山东地区农村社会分层的个案研究［J］.东方论坛，
2003（2）.

［74］欧阳河，郭峰，张燕，安秀芳.2006—2020年我国中等职业教育发

展趋势预测［J］.中国职业技术教育，2006（32）.

　　［75］欧阳河.职业教育基本问题初探［J］.中国职业技术教育，2005（12）.

　　［76］潘艺林.论教育价值的分裂与统一［J］.教育理论与实践，2000（11）.

　　［77］彭民璋.办学特色是高等职业教育生命力所在［J］.广西高教研究，1999（1）.

　　［78］彭泽平.对教育公平与效率关系的思考［J］.中国教育学刊，2003（5）.

　　［79］齐爱平.关于职业教育规律性的思考［J］.职教论坛，2006（4）.

　　［80］曲铁华.论民国时期职业教育的特点及当代价值［J］.河北师范大学学报，2007（3）.

　　［81］曲铁华.南京国民政府初期农村职业教育必要性和可能性探析——兼论"农业破产论"［J］.黑龙江社会科学，2009（3）.

　　［82］曲铁华.论国民政府初期职业教育的发展及启示［J］.东北师范大学学报，2008（2）.

　　［83］阮茂荣.当前我国职业教育的若干问题［J］.中国合作经济，2005(1).

　　［84］沈美媛.台湾职业教育及其启示［J］.中国职业技术教育，2000（11）.

　　［85］沈琴琴.德国人力资本投资与劳动力质量［J］.中国人力资源开发，1998（8）.

　　［86］盛乐.人力资本投资与经济增长关系的实证研究［J］.经济问题探索，2001（6）.

　　［87］石伟平，徐国庆.世界职业教育体系比较研究［J］.职业技术教育，2004（1）.

　　［88］檀传宝.教育是人类价值生命的中介［J］.教育研究，2003（3）.

　　［89］唐宙彬.职业教育学学科建设：问题与策略——学科规训理论视角［J］.职教论坛，2007（6）.

　　［90］陶晋如.职业教育是经济发展的推进器［J］.中国职业技术教育，2006（15）.

　　［91］田忠民，吴方艳，拉国.多渠道开展中职师资培养培训工作［J］.中国职业技术教育，2006（27）.

　　［92］佟颖.职业教育在人才强国战略中的地位［J］.政工研究动态，2006（8）.

　　［93］王川.论职业教育的内涵与本质属性［J］.职教论坛，2005（6）.

［94］王川.职业教育的概念、学科及学科框架［J］.职业技术教育，2007（34）.

［95］王汉澜，马平.浅谈教育的价值［J］.华东师范大学学报（教育科学版），1991（1）.

［96］王佳援，李慧民.论职业教育与经济发展之辩证关系［J］.西安航空技术高等专科学校学报，2006（7）.

［97］王坤庆.论价值、教育价值与价值教育［J］.华中师范大学学报，2003（4）.

［98］王敏.德国职业教育介绍［J］.机械职业教育，2003（1）.

［99］王明伦.产学研结合：高职教育办学模式的理想选择［J］.河南职业技术师范学院学报，2001（6）.

［100］王莉，孙旭.吉林省高技能人才现状及培养体系研究［J］.职业技术教育，2008（4）.

［101］王明伦.高等职业教育发展研究的原则与方法［J］.当代教育论坛，2006（8）.

［102］王蓉辉，柳娜.美国振兴先进制造业的政策措施及启示［J］.价值工程，2007（2）.

［103］王卫东.教育价值概念的历史考察与理论分析［J］.北京师范大学学报，1996（2）.

［104］魏百军.高校贫困学生资助政策现状及对策［J］.宁波工程学院学报，2005（3）.

［105］魏曼华.教育内容城市化：精英教育还是大众教育［J］.中国教师，2003（10）.

［106］邬志辉.现代化进程中教育价值观的嬗变与问题反思［J］.集美大学学报，2002（1）.

［107］吴海升.职业教育与新农村建设［J］.安徽工业大学学报，2007（1）.

［108］吴亮亮.重振职业教育［J］.瞭望闻周刊，2007（31）.

［109］吴玺玖.高职高专产学合作的难点和对策研究［J］.交通高教研究，2001（4）.

［110］夏建国.产学研合作机制的探讨［J］.天津职业大学学报，2002（1）.

［111］肖化移.关于高等职业教育产学研结合体系的构想［J］.职教通讯，2004（4）.

［112］肖仁政，王作兴．高职高专产学研结合教育模式的研究与实践［J］．职业技术教育，2001（2）．

［113］熊建民，明航，吴方艳．论我国职业教育理论的世纪转变［J］．职教通讯，2002（4）．

［114］徐廷福．教育价值的回归：从功利到人性完善［J］．辽宁教育研究，2003（11）．

［115］薛小荣．对当前我国教育价值取向评价的思考［J］．西安财经学院学报，2003（4）．

［116］严伟涛．我国城市化进程的路径选择［J］．重庆三峡学院学报，2004（2）．

［117］杨金土．以人为本的职业教育价值观［J］．教育发展研究，2006（1）．

［118］杨生斌．民办中等职业教育发展战略研究［J］．教育与职业，2006（30）．

［119］杨燕．产业结构调整对教育层次和科类结构的影响［J］．教育评论，2000（1）．

［120］杨雪．东北三省劳动力供给现状及趋势分析［J］．人口学刊，2007（6）．

［121］叶茂林．教育发展与经济增长［J］．社会科学文献出版社，2005（8）．

［122］于伟，张力跃，李伯玲．我国农村职业教育发展的困境与对策［J］．东北师范大学学报，2006（4）．

［123］余秀琴，金炳燮．中韩职业教育政策的若干比较研究［J］．职业技术教育，2006（34）．

［124］余在岁．发展农村职业技术教育是解决"三农"问题的重要途径［J］．安徽技术师范学院学报，2004（5）．

［125］曾满超．教育成本分析［J］．教育研究，1993（9）．

［126］曾庆红．重视人力资源开发工作［J］．中国人力资源开发，2002（2）．

［127］张东辉．经济机制理论：回顾与发展［J］．福建论坛，2003（8）．

［128］张建．制度与经济发展的增长理论综述［J］．经济问题探索，2002（10）．

［129］张建锋，沈亚芳．从教育价值观的历史变迁看现代教育价值的取向［J］．学术交流，2003（2）．

［130］张昆明．对解决中职招生生源问题的认识与实践［J］．中国职业技

术教育，2006（2）.

［131］张社字 . 我国职业教育政策的效度分析［J］. 教育与职业，2006（32）.

［132］张薇之 . 建设有中国特色的职业大学［J］. 高等职业教育，1998（1）.

［133］张献召 . 职业教育与区域经济协调发展模式的思考［J］. 青海教育，2006（5）.

［134］张翼 . 中国人社会地位的获得——阶级继承和代内流动［J］. 社会学研究，2004（4）.

［135］陈恒敏 . "金砖国家"高等学校分类体系：域外四国的经验［J］. 比较教育研究，2019（10）.

［136］李延平，郑少扬 . 制度效用：德国职业教育高质量可持续发展的逻辑［J］. 比较教育研究，2019（10）.

［137］娄玉英 . 从异域到本土——人工智能时代对职业教育的思考［J］. 现代职业教育，2019（27）.

［138］张颖，杨进 . 法国建立职业和资格园区提高职业教育适应产业发展能力探索［J］. 中国职业技术教育，2018（36）.

［139］苏荟，周勤 . 改革开放40年中国职业教育发展的回顾、反思与展望［J］. 职业技术教育，2018（36）.

四、硕博论文

［1］朱迎春 . 区域"高等教育——经济"系统协调发展研究［D］. 天津大学博士学位论文，2009.

［2］刘二亮 . 高等职业教育质量管理若干问题研究［D］. 天津大学博士学位论文，2004.

［3］李晶莹 . 我国人力资本不均等对经济增长的影响研究［D］. 哈尔滨工业大学博士学位论文，2009.

［4］肖化移 . 高等职业教育质量标准研究［D］. 华东师范大学博士学位论文，2004.

［5］宇靖 . 建国六十年高等职业教育发展研究［D］. 东北师范大学硕士学位论文，2010.

［6］慕静 . 高等教育可持续发展的经济学分析［D］. 天津大学博士学位论

文，2005.

　　［7］孙玫璐.职业教育制度分析［D］.华东师范大学博士学位论文，2008.

　　［8］董仁忠.“大职教观”视野中的职业教育制度变革研究［D］.华东师范大学博士学位论文，2008.

　　［9］范树花.改革开放以来我国职业教育政策走向研究［D］.陕西师范大学博士学位论文，2005.

　　［10］杨海燕.城市化进程中职业教育发展研究［D］.北京师范大学硕士学位论文，2006.

　　［11］李博.中国地区高等教育投入效率与效果研究［D］.南开大学博士学位论文，2012.

　　［12］李晓纯.教育、人力资本、经济增长——理论阐释和实证检验［D］.吉林大学博士学位论文，2009.

　　［13］徐晓林.中等职业学校教学全面质量管理的研究［D］.天津大学博士学位论文，2005.

　　［14］卢丹萍.中等职业教育家庭人力资本投资的成本收益分析［D］.天津大学博士学位论文，2007.

　　［15］蒋义.我国职业教育对经济增长和产业发展贡献研究［D］.财政部财政科学研究所博士学位论文，2010.

　　［16］陈霞.高等教育投入与经济发展协调关系的研究［D］.新疆大学博士学位论文，2011.

　　［17］龚岳华.我国高等职业教育发展中的问题及对策研究［D］.云南大学硕士学位论文，2013.

五、英文文献

　　［1］Cedefop Info. Digging Increasingly Deeper into State Coffers to Finance Vocational Training［J］. Vocational Training in Europe，2004（3）：18.

　　［2］European Training Foundation. Quality and Quality Assurance in Technical and Vocational Education and Training［C］. Luxembourg：Office for Official Publications of the European Communities，2008：3-7.

　　［3］D. L. Nuttall，K. A. Riley.Choosing Indicators，in Measuring Quality：Education Indicators – United Kingdom and International Perspectives［M］.

London： The Falmer Press，1994.

［4］Woodhouse D. Research Issues in Quality in Open Distance Education［J］. Indian Journal of Open Learning，2000（9）.

［5］Van den Berghe W.Quality Issues and Trends in Vocational Education and Training in Europe［M］. Thessaloniki： CEDEFOP，1996.

［6］Van den Berghe. Application of ISO 9000 Standards to Education and Training： Interpretation and Guidelines in a European Perspective［M］. Thessaloniki： CEDEFOP，1997.

［7］Willian E. Becket，Darrell R. Lewis. Higher Education and Economic Growth［M］. Norwell USA： Kluwer Academic Publishers，1993

［8］Dickey D. A，Fuller W. A. Distribution of the Estimators for Autoregressive Time Series with a Unit Root［J］. Journal of the American Statistical Association，1979，74（366）：427–431.

［9］Granger C.W.J. Investigating Causal Relations by Econometric Model and Cross–Spectral Methods［J］. Econometrica，1987,37（3）：424–438.

［10］Diana Green.What is Quality in Higher Education?［M］. Buckingham： Open University Press，1994.

［11］TAM Tim-kui. Peter，Evaluating Education Quality： Issues and Trend，in SIU Pingkee & TAM Tim–kui.Peter.Quality in Education： Insights from Different Perspectives［J］. The Hong Kong Educational Reasearch Association，1995： 75–77.

［12］Daniel T. Seymour. On Q： Causing Quality in Higher Education［M］. Phoenix： The Oryx Press，1993.

［13］Pascheropoulos. Returns to Education： A Further International Update and Implications［J］. The Journal of Human Resources，1985（120）.

［14］Luis–Eduardo Vila and Jose–Gines Mora.Changing Returns to Education in Spain during the 1980s［J］. Economics of Education Review，1998（17）.

［15］Siphambe H.K. Rates of Return to Education in Botswana［J］. Economics of Education Review，2000（19）.

后 记

    改革开放 40 多年来，高等职业教育在经济发展与产业结构调整中扮演着重要的角色。随着《国务院办公厅关于深化产教融合的若干意见》（国办发〔2017〕95 号）、《教育部等六部门关于印发职业学校校企合作促进办法的通知》（教职成〔2018〕1 号）、《国务院关于印发国家职业教育改革实施方案的通知》（国发〔2019〕4 号）等文件的相继发布，我国高等职业教育迎来了前所未有的发展机遇。然而，也必须清醒地看到，我国高等职业教育的发展仍然滞后于经济的发展，归根结底，是高等职业教育供给侧不适应市场需求侧的问题。中国特色社会主义进入新时代，新时代下应如何从经济思想史的视域进一步分析高等职业教育与经济发展的辩证关系，如何科学规划高等职业教育的发展方向是学术界研究的热点问题。此外，我就职于福建省内高职院校，多年来的工作实践探索逐渐让我对当前高等职业教育有了更加深刻的认识。

    由此，我以中国高等职业教育为研究对象，探索其发展过程中的经济学逻辑，在导师李建平的悉心指导下，于 2015 年完成了题为《中国高等职业教育发展的经济学研究》的博士学位论文。在此论文的基础上，我进一步考察了近年来高等职业教育的发展状况，并继续充实完善相关数据资料，形成了这部同名专著。

    本书以习近平新时代中国特色社会主义思想为指导，在借鉴国内外已有研究成果的基础上，考察马克思主义经典作家与西方近现代经济学家关于职业教育的论述，梳理我国高等职业教育发展的历史嬗变轨迹，运用相关数据分析我国高等职业教育发展的现状与存在的问题，总结德国、瑞士、美国、澳大利亚、日本等西方发达国家以及中国台湾地区高等职业教育发展的经验，提出新时代实现我国高等职业教育高质量发展的对策建议。

    能够完成本书稿，要感谢老师、同学、亲人和朋友们的帮助与支持。感谢我的导师李建平教授的悉心培养。李老师广博的学识，严谨的态度，宽厚仁和的素养，以及对治学、对工作、对生活精辟独到的见解，令我十分敬佩。导师一直以来的鼓励和鞭策，使我克服了工作和学习上的一道道难关。此外，令我感动的是，李老师还在百忙之中为本书专门作序。感谢陈征教授、郭铁民教授、廖福霖教授、李建建教授、李闽榕教授、张华荣教授、黄茂兴教授、林子华教授、蔡秀玲教授、陈少晖教授、刘义圣教授、祝健教授等的教育培养。感谢黄瑾教授、徐羽中副教授、俞建群副书记、曹裕虎副院长、林宇老师、张银霞老师、刘喜玲老师、郑云峰博士、朱珍博士的指导和帮助。

感谢国家教育部职业技术中心研究所姜大源研究员为本书专门作序，感谢国家教育行政学院邢晖教授、福建省教育厅唐鲁榕处长，感谢沈斐敏教授、黄克安教授、郭淑华教授、陈瑞晶教授、郑郁善教授、王萍辉教授、傅高升教授、黄建华教授、彭文宇教授、江勇教授、黄亚惠教授、杨琳研究员、杜朝运教授、张迅捷教授、郑健成教授、唐宁教授等职业教育同行专家的指导和帮助。

感谢经济管理出版社的鼎力支持，特别是王光艳老师为本书的出版做了许多细致的工作并提出了宝贵的建议。此外，本书参阅并吸收了国内外学者的相关研究成果，在此一并表示衷心的感谢！

最后，要特别感谢我的妻子和女儿长期以来对我学习、工作始终如一地理解和支持。

由于本人学识有限，书中难免存在疏漏和不足，敬请批评指正。

唐文忠

2020 年 6 月于福州